体育院校通用教材

运动生物化学实验

翁锡全　林文弢　曹建民　主编

全国体育院校教材委员会　审定

人民体育出版社

图书在版编目（CIP）数据

运动生物化学实验 / 翁锡全，林文弢，曹建民主编. –北京：人民体育出版社, 2011.3（2021.2.重印）
体育院校通用教材
ISBN 978-7-5009-3984-9

Ⅰ. ①运… Ⅱ. ①翁… ②林… ③曹… Ⅲ. ①运动生物化学—实验—高等学校—教材 Ⅳ. ①G804.7-33

中国版本图书馆 CIP 数据核字（2010）第 223271 号

*

人民体育出版社出版发行
北京新华印刷有限公司印刷
新 华 书 店 经 销

*

787 × 1092 16 开本 13.5 印张 295 千字
2011 年 3 月第 1 版 2021 年 2 月第 4 次印刷
印数：12,001—13,500 册

*

ISBN 978-7-5009-3984-9
定价：40.00元

社址：北京市东城区体育馆路 8 号（天坛公园东门）
电话：67151482（发行部） 邮编：100061
传真：67151483 邮购：67118491
网址：www.sportspublish.cn

编写组成员

主编

翁锡全	广州体育学院	教授
林文弢	广州体育学院	教授
曹建民	北京体育大学	教授

编者（按姓氏笔画排序）

何晓嬉	广州体育学院	副教授
陈晓彬	广州体育学院	讲师
林文弢	广州体育学院	教授
孟　艳	广州体育学院	讲师
徐国琴	广州体育学院	副教授
翁锡全	广州体育学院	教授
黄丽英	广州体育学院	教授
曹建民	北京体育大学	教授

前 言

运动生物化学是一门实验性学科，实验课不仅是整个教学工作中的重要环节，而且在培养学生严谨务实的科学态度、协作共事的团队精神、创新性思维以及分析和解决问题的能力等方面有着不可替代的作用。目前，运动生物化学已具备一套完整的理论教学体系，然而实验教学内容相对单一，且实践应用环节薄弱，不利于学生实践能力的培养。因此，当务之急必须建立一套符合培养创新人才要求的运动生物化学实验教学体系。基于以上目标，作为一种尝试，我们根据培养实验能力的层次特点编写了这本实验教材，与普通高等教育“十一五”国家级规划教材《运动生物化学》（谢敏豪、林文弢、冯炜权主编，人民体育出版社，2008）配套使用。

本书将运动生物化学实验作为独立的课程体系，按其自身的系统性、完整性，分六章进行编写。编写内容充分体现基础性、先进性和实用性。第一章为运动生物化学实验概述，主要介绍运动生物化学的实验目的、内容形式和实验各环节要求以及实验室工作的要求。第二章为运动生物化学实验的基本操作，主要介绍运动生物化学实验中常用实验仪器设备和运动设备的种类及其使用、试剂配制，以及人体和动物实验某些样品的采集和处理。第三章设置了20个基础性实验项目，内容涉及磷酸原、糖、脂肪、蛋白质代谢，以及某些酶活性、自由基、激素和骨代谢等相关常规生化指标的测试，适用各专业学生进行基本生化实验技能训练。第四章安排了10个综合性实验项目，内容涉及磷酸原、糖酵解、有氧代谢能力评定，以及一节训练课和一个训练周期负荷强度、量度及身体机能的综合评定。第五章为运动生物化学研究性实验，重点介绍开展运动生物化学研究性实验中如何选题、设计和实施以及结果处理与分析。第六章为运动生物化学研究性论文的撰写，主要介绍运动生物化学研究性论文撰写的要求和写作技巧。后三章是本书的特色和本科生运动生物化学实验教学的重要突破。通过后三章内容的学习，不但可以把前面的有关知识和技能系统化，而且与运动实践结合起来进行实验研究，从而为学生今后学习或工作中从事运动人体科学研究打下良好的基础。由于目前各院校体育专业的运动生物化学课程教学时数大多为36或48学时，而综合性实验往往需要的时间较长，因此，除了将部分基础性实验改为综合性实验外，难以在运动生物化学课程中安排全部的综合性实验，各院校可结合实际在学生学习运动生物化学课程后开设诸如《运动生物化学综合性实验》《生化指标测定与运动应用》或《运动负荷生化评定》等课程供学生选修，最后由教师根据学生前期学习运动生物化学理论及基础性实验能力情况，实行分层次教学。

本书由翁锡全、林文弢、曹建民任主编。编写人员有孟艳、陈晓彬、何晓嫱、徐国琴、曹建民和黄丽英。全书由翁锡全负责整体构思及全书的修改、统稿。研究生翟三华、王震、杜亚、何晓龙、杨玲和蔺海旗，进修教师范锦勤参与附录文字录入和全书的校对工作。在本书编写过程中，许多专家学者特别是北京体育大学冯炜权、谢敏豪两位教授提出了许多宝贵的意见和建议，在此深表谢意。本书虽经三年多的努力编写和修改，但限于编者的知识水平和经验不足，缺点和错误在所难免，希望读者在使用过程中批评指正，以期不断完善。

编　者

2010 年 5 月

目 录

第一章　运动生物化学实验概述

运动生物化学是研究运动对机体化学组成的影响和运动时物质及能量代谢的特点、规律的一门学科，其发展是建立在科学实验研究和运动实践应用的基础上的。因此，运动生物化学实验是学习运动生物化学的一个重要环节。自 1959 年我国体育院校开设运动生物化学课程开始，就非常重视这门学科的实验教学。随着运动生物化学在运动训练和健身锻炼中发挥的指导作用越来越大，以及培养学生动手能力和创新能力的需要，系统学习运动生物化学实验基本理论和技能就显得更加重要。

第一节　运动生物化学实验的目的

运动生物化学是一门实验性较强的学科。因此，实验课是运动生物化学教学的一个重要组成部分。通过实验课教学使学生观察到生物化学变化的现象，验证运动时机体的物质变化特点和规律，更好地加深对运动生物化学基本概念和理论的理解。并且，在运动训练和健身锻炼中通过实验测试某些生化指标，可以监控机体承受运动负荷能力，以便及时调整运动负荷，并结合营养手段干预等措施，达到提高训练效果和促进身体健康的目的，从而加强理论与运动实践的结合，指导运动训练和体育锻炼。当然，学生通过实验教学环节可掌握运动生物化学实验原理、实验基本操作和常规仪器的使用，培养科学实验技能和严谨的科学态度，准确记录，科学分析并作出实事求是的实验报告；同时，逐步提高观察问题、分析问题、解决问题的能力，最终达到培养学生科研能力、创新思维和团队合作精神的目的。

第二节　运动生物化学实验内容与措施

运动生物化学实验方法和技术是运动人体科学重要的研究手段，广泛应用于全民健身和竞技体育训练的科学监控。运动生物化学实验教学内容必须以素质、创新和创造教育为宗旨，以培养学生科学素养为过程。因此，在实验内容设计上首先考虑通过运动生物化学实验培养学生的实验基本技能和应用能力；其次，通过实验教学有助于学生对运动生物化学学科理论知识的理解与掌握，并达到在实验过程中培养学生动手能力以及发现问题、分析问题和解决问题的能力；另外，针对学科发展的趋势，在设计上还应体现多课程、多学科的综合性和实用性，在实验中将相关学科的理论知识与体育运动实践应用融会贯通，从而巩固、深化相关知识的理解和掌握，在实验教学中使学生的综合能力与创新能力得到培养和提高。

一、基础性实验

基础性实验的教学内容通常是与运动和身体机能密切相关的某些特殊物质性质的鉴定或生化指标的测试，如血红蛋白、血尿素、血糖、血乳酸、血脂和尿蛋白、尿肌酐、尿胆原、酶活性等实验项目。具体项目安排可视教学大纲的要求和学校实验室条件的情况具体选择，目的在于锻炼学生实验的基本操作技能能力，学会如何使用仪器。即要求学生掌握试剂配制、血样、尿样采集与处理等实验技能，以及分光光度技术、离心分离技术等常规生物化学技术的实验原理与操作。

基础性实验教学应强调在教师的指导下，要求每个学生独立完成整个实验过程，从提高学生综合素质出发，实验设计上不能仅仅停留在安静状态的测试，也要结合运动状态下的测试，这样才有利于调动学生学习积极性，发挥学生的主观能动性，体现以学生为主体的教学理念，并有助于培养学生实验能力和理论联系实际的能力，进一步帮助学生理解运动生物化学相关理论知识要点。

二、综合性实验

综合性实验教学内容可开设应用血尿素、血糖、血乳酸、血脂和尿蛋白、尿酮体等生化指标综合评定运动负荷或身体机能等实验项目，具体实验内容可由教师拟定过渡到教师下达实验目的，学生设计实验过程。要求学生从简单的血、尿样品的采集逐步过渡到动物解剖与血样、组织、器官、骨骼的采集、处理、测定和结果分析，最后写出规范的实验报告。综合性实验过程将各个实验内容与环节有机地结合起来，使学生对运动生物化学实验研究有一个整体的了解与认识。通过综合性实验的学习，进一步打牢实验基础，初步具备进行研究性实验的知识与能力。

三、研究性实验

研究性实验不再安排具体的实验内容，由教师给出选题范围和方向或学生自己选题，在教师指导下学生组成小组或学生个人自主进行实验设计，并完成实验。大致流程为：教师或学生自身确定选题范围和方向、学生查阅文献确定选题、学生设计实验方案、教师参与完善可行性实验方案、学生具体操作实验、实验结果分析、撰写实验报告、总结经验。通过研究性实验，既可使学生加深对运动生物化学理论的实践应用的理解和拓展，探索运动生物化学新的基础理论，又可培养学生的团队合作能力及科学探索精神和创新意识，提高学生的科研能力。

与综合性实验一样，研究性实验的开展同样受到课堂教学时数的限制。为开展运动生物化学研究性实验，可采用实验室开放式教学，根据以往的经验，每年从已修读过运动生物化学的学生中挑选一些优秀的、对科研有兴趣的学生成立运动生物化学课外科研小组，参加教师科研项目或学生自选课题，并且有意识地引导学生将实验研究与毕业论文结合起来，让学生利用实验室开放的时间进行科学实验。这不仅可以缓解实验教学学时紧张的现实情况，而且更能使学生在实验中变被动为主动，充分发挥学生的主观能动性，全面提高学生科研素质。

第三节　运动生物化学实验环节与要求

在运动生物化学实验教学过程中，为达成实验教学目的，获得实验教学效果，学生必须按要求做好以下各环节工作。

一、预　习

充分预习实验指导是保证做好实验的一个重要环节。对于基础性和综合性实验项目，预习时应当明确实验的目的、内容、原理、操作方法和注意事项等，并初步估计实验的预期结果，根据实验及指导教师的要求做好预习报告，对于实验内容后面的思考题，预习时应认真思考。对于研究性实验则需要在阅读相当数量文献资料的基础上，确定研究题目，再进行相关实验项目的准备。

二、实　验

一般两人一组进行实验，实验前必须做好分工，做到既分工、又合作，每个组员各司其责，并且在适当的时候进行轮换，这样既能保证实验质量，又能获得全面的训练。实验操作时要注意以下事项：

(1) 确认实验用品、试剂、仪器设备的放置及数量。

(2) 按实验指导上的规定方法、步骤及试剂的用量进行操作，仔细观察实验现象，并如实记录，如出现不符合规律和理论的现象或结果时应深入思考，分析其原因，如有疑问，可相互讨论或咨询任课教师。

(3) 实验设备的使用操作，应按教材说明的程序逐项进行。特别是使用设备前必须按要求认真检查各功能按键，确定开关是否处于正常位置后，才能接上电源。需预热的设备应按要求预热，确保仪器设备在稳定条件下进行测试。设备结束测试时，应先关闭仪器设备电源开关，再将各功能按键恢复至实验前所处的位置，然后再切断电源，并做好仪器使用登记。

三、实验记录

凡是与实验结果有关或是整理数据时必需的参数和（或）现象都应一一记录。原始记录表的设计应在实验前完成。记录时，必须如实地记录实验结果、现象，不要凭主观臆测修改记录数据，也不要随意舍弃实验数据。对可疑数据，除有明显原因，如读错、误记等情况使数据不正常可以舍弃之外，一般应在数据处理时检查处理。对于定量实验结果，每一个结果至少要重复观测两次以上，每次测试结果都要记录，即使显示结果相同也要如实记录。读取数据必须充分利用仪表的精度，读至仪表最小分度的下一位数，这个数应为估计值。记录完毕要仔细检查一遍，有无漏记或记错之处，特别要注意仪表上的计量单位。实验完毕，确定其准确无误后由测试者签名方可结束实验。

四、实验报告

实验报告是实验工作的全面总结和系统概括，是实践环节中不可缺少的一个重要组成部分。不同实验类型、性质项目的实验报告，其撰写方式有所不同。基础性、综合性实验报告可按传统实验报告格式撰写，研究性实验报告可按科研论文格式撰写。

（一）基础性、综合性实验报告

这类实验报告的内容应包括以下几项。

1. 实验名称（注明测试方法）

报告人姓名、班级及同组实验人姓名，实验地点，指导教师，实验日期。

2. 实验目的

简要说明实验要达成的目的，实验要解决什么问题。

3. 实验原理

简要说明实验项目采用测试方法所依据的基本原理，包括实验涉及的主要概念、化学反应式、实验现象以及测试条件。

4. 实验试剂与仪器

详细列出实验过程中所用的试剂和仪器设备。

5. 实验对象

如人体实验包括受试者的性别、年龄、运动专项、训练水平及近期训练状况等资料。动物实验则包括动物品种、级别、周龄（月龄）、性别、体重，特别是要说明动物的合格证。

6. 实验操作步骤

可利用实验流程图形式将实验程序步骤表示出来，各步骤中要扼要写明样品、试剂的规格和量及仪器设备的使用要求。

7. 原始数据记录与处理

主要包括实验现象的描述、原始数据的记录。如记录实验过程中从测量仪表所读取的数值，读数方法要正确，记录数据要准确，要根据仪表精度决定实验数据的有效数字的位数。数据处理是实验报告的重点内容之一，要求将实验原始数据按公式计算，实验结果要注意有效小数点及计量单位。

8. 实验结果分析与讨论

实验结果分析与讨论是实验者理论水平的具体体现，也是对实验方法和结果进行的综合分析研究，是实验报告的重要内容之一，主要内容包括：

（1）从理论上对实验所得结果进行分析和解释，说明其必然性；

（2）将实验结果与正常参考值和（或）前人的结果对比，说明结果的异同，并解释这种异同；

（3）对实验中的异常现象进行分析讨论，说明影响实验的主要因素；

（4）本实验结果在运动实践中的价值和指导意义，推广和应用效果的预测等。

（二）研究性实验报告格式

研究性实验报告通常采用科学论文的格式进行撰写。科学论文有其独特的写作格式，其构成常包括以下部分：题目、作者、单位、摘要、关键词、前言、正文、结论（或结果讨论）、致谢、参考文献等。详见第六章。

第四节　运动生物化学实验室工作基本要求

运动生物化学实验室与其他实验室一样，是教师、学生从事实验教学和科学研究活动的场所。由于实验中涉及化学药品及相关操作的安全卫生问题，为了顺利完成实验任务，确保人身、设备安全，培养学生严谨、踏实、实事求是的科学作风，营造文明、整洁、安全、环保的实验环境，因此，要求每个学生必须了解并严格遵守实验设备的安全操作规程和药品管理制度。同时，针对运动生物化学实验室的安全问题，防患于未然，特别介绍实验室安全及防护救治知识，增强实验人员的防范意识。

一、运动生物化学实验室学生规则

运动生物化学实验室学生守则包括运动生物化学实验室相关基础知识及相关安全卫

生等 10 个方面内容，要求学生在进入实验室进行实验时严格执行，认真遵守。

(1) 实验前必须认真预习，明确实验目的，掌握实验的基本原理、方法和步骤。否则，不能参与实验。

(2) 严禁学生穿背心、短裤、拖鞋或不穿鞋子进入实验室（有可能的情况下可换穿工作服）。进入实验室后按教师编好的位置就座，自觉遵守课堂纪律，保持室内安静和良好秩序。

(3) 实验开始，应先检查实验用品是否齐全，未经教师同意，不得随意挪动实验用品和仪器。

(4) 实验过程中应听从教师指导，严格操作规程，仔细观察实验现象，认真记录实验数据与结果。实验完毕应及时整理数据，分析结果，按时上交实验报告。

(5) 实验过程中，应保持实验室和实验台面的整齐、清洁，实验试剂和其他用品使用后应立即放回原处。实验废物、废液应倒入指定地方，不能乱丢或倒入水槽中。

(6) 使用贵重精密仪器时，应严格遵循仪器操作规程和有关实验室规定，如出现故障，应停止使用，及时告知教师，不得擅自修理。

(7) 实验室内的一切物品，未经实验室负责人员及教师许可，严禁带出实验室。

(8) 实验室内严禁吸烟、饮水和进食；严禁用嘴吸移液管；严禁对易燃液体进行明火和电炉加热；严格遵守实验室安全用电规则和其他安全规则。

(9) 实验完毕应及时洗净并放好相关实验器具，擦净实验台，整理实验台上的用品，摆好座凳，得到教师许可后，方可离开实验室。

(10) 每次实验课后，值日生要认真做好实验室的卫生工作，并做好实验室使用登记，离开实验室时必须检查并关好水、电、门、窗。

二、运动生物化学实验室安全及防护知识

在运动生物化学实验室进行实验，经常要接触到易爆、易燃、腐蚀性、毒性、放射性化学药品和可能带有细菌、病毒的实验样本，同时，实验过程中又经常使用灯火或其他热源加热，容易发生如失火、爆炸、触电、割伤、烧伤和中毒等事故。因此，实验安全操作是一个至关重要的问题，每位学生都要熟悉实验室安全知识，并掌握相关安全操作，并学会一些自救自护方法。图 1–1 是实验室工作场所标志，图 1–2 是实验室的安全防护标志。

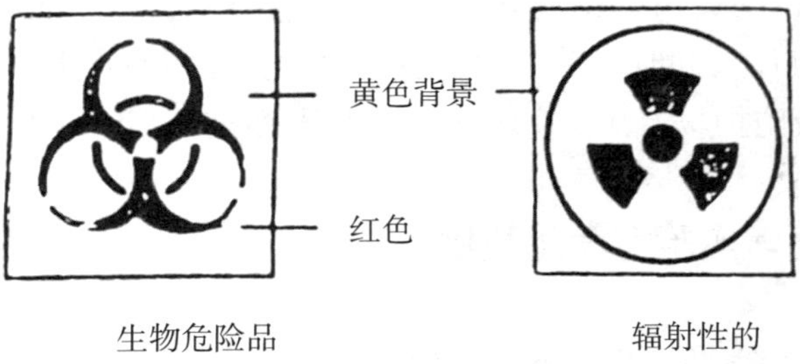

图 1–1　工作场所标志

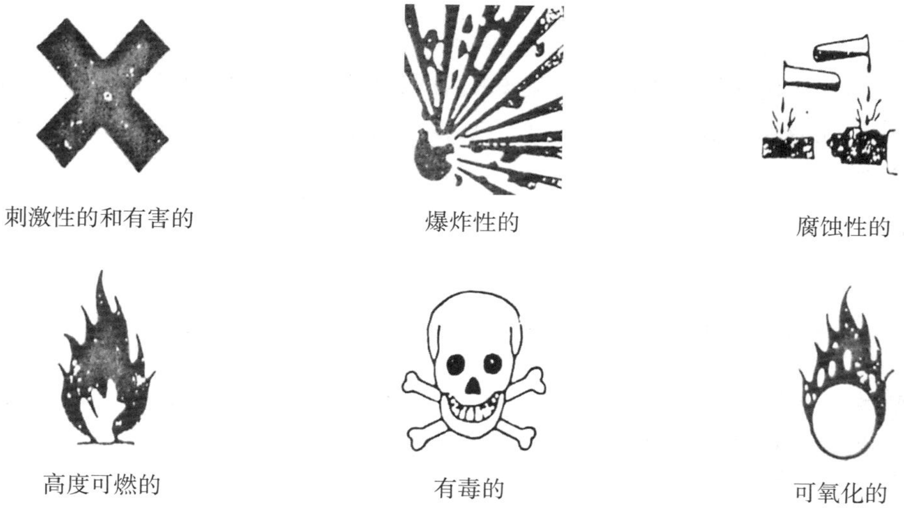

图 1–2　安全防护标志

（一）运动生物化学实验室安全知识

实验前，必须事先做好预习，了解实验内容、程序及仪器设备的性能。实验时严格按实验内容、步骤及规程进行操作。实验试剂应按规定量取用。取用固体试剂须用药匙或镊子，不可用手直接抓取。使用有毒药品时必须注意防止有毒药品进入口、眼内，也不要使药品接触伤口。在不了解化学药品性质时，不允许将药品任意混合，以免发生意外事故。使用有毒、挥发性、刺激性试剂的实验时，应在通风橱内或通风处进行。加热试剂时试管口不可对准人，更不能近距离俯视正在加热的容器，以防液体溅出灼伤。稀释浓酸，特别是稀释浓硫酸时，必须缓慢地将酸沿玻璃棒注入水中，而不可注水入酸，否则将导致飞溅造成伤害。使用易燃试剂时，一定要远离火源，以免发生火灾。实验中使用电器时，应注意防止触电，不要用湿手触摸电器，电器用后要及时切断电源。实验后的废液不能随便乱倒，应按要求统一倒入指定地方。实验室的试剂、药品等，一律不得私自带出实验室。

另外，在采集人体血液样本时，采集者应戴乳胶手套，并按要求做好消毒；在采集或处理可能带有细菌或病毒的动物组织、细胞培养液、血液和分泌物等生物样本时要严加防护，避免危害人体和造成环境的污染。如在实验中被动物咬伤，应尽快进行相应处理并及时打预防针。

另外，不要将餐具带入实验室，不能在实验室内进食、吸烟。每次实验课完毕，应洗净双手后才能离开实验室。运动生物化学实验虽有一定的危险性，但只要严格遵守操作规程、遵守实验室制度及实验注意事项，事故就可以避免。

（二）运动生物化学实验室事故的处理

下面重点介绍实验过程中灼伤、起火和触电三种事故的应急处理。

1. 灼伤

若发生酸碱灼伤事故，先用大量自来水清洗，酸灼伤者用饱和 $NaHCO_3$ 溶液中和，碱灼伤者用饱和 H_3BO_3（硼酸）溶液中和，氧化剂伤害者用 $Na_2S_2O_4$ 处理。伤势严重者，应立即送医院。

2. 起火

若发生起火事件，要立即一面灭火，一面防止火势蔓延（如切断电源，移走可燃药物等措施），并根据发生起火性质分别采用沙、水、CO_2 或 CCl_4 灭火器扑灭。

3. 触电

首先切断电源，然后在必要时对触电者进行人工呼吸。

思考题

(1) 简述学习运动生物化学实验的目的和意义。
(2) 运动生物化学实验教学有哪些形式?
(3) 运动生物化学实验包括哪些环节? 有何要求?
(4) 运动生物化学实验中要掌握哪些安全常识?

参考文献

[1] 翁锡全. 运动生物化学实验教学与创新人才培养 [C]. 第二届全国运动人体科学教学研讨会暨休闲体育生化营养研讨会. 2007.

[2] 冯美云. 运动生物化学 [M]. 北京：人民体育出版社，1999.

[3] 翁锡全. 运动生物化学教学指南 [M]. 广州：广东人民出版社，2001.

[4] 曾慧慧，刘俊义. 现代实验化学（上册）[M]. 北京：北京大学医学出版社，2004.

[5] 代天修. 制定运动生物化学实验规则应注意的若干问题 [J]. 体育函授通讯，2001，17（3）：41-44.

第二章 运动生物化学实验基本操作

人体运动过程中体内物质代谢的状况往往要通过生化实验检测才能了解，而每个生化实验中，都要使用到相关的化学试剂和仪器设备，同时测试之前也要对样品进行采集和处理。对于初学者来说如果没有很好地了解、掌握运动生化实验中常用的基本器具、仪器的性能和规范的操作方法，势必会影响实验结果的准确性，甚至损害仪器。因此，在学习运动生物化学实验时，掌握正确、规范的实验基本操作技能是进行运动生物化学实验的首要条件。本章主要介绍运动生物化学实验中常用的生化仪器设备和运动设备的性能及其使用、化学试剂配制及其使用、样品的采集与处理等内容。

第一节 常用生化仪器设备及其使用

运动生物化学实验的仪器设备种类很多，尽管每种仪器设备都有相应的使用说明书，但在使用过程中，如果对这些仪器设备的性能和特点不了解，将会影响实验过程的开展甚至损坏仪器，因此，了解并熟悉掌握运动生物化学实验常用仪器设备对于实验者来说是进行实验的开始。本节主要介绍运动生物化学实验教学中常用仪器设备及其使用。

一、常用基本器具及其使用

运动生物化学实验常用的基本器具，根据功能可以分为量器和容器，当然还包括一些特殊的仪器如干燥器、漏斗和称量瓶等；从其材质来讲，多分为玻璃和塑料（树脂，如聚乙烯、聚丙烯）两类。在运动生物化学实验中，应根据实验需要选用合适的器具。同时，这些器具的干净与否也直接影响实验结果的准确性，所以在实验前、后做好器具的洗涤工作是十分重要的。

（一）量器

量器如量筒、量杯、移液管（刻度吸管）、容量瓶和滴定管等，基本上为玻璃制品，不能加热，也不能量取热溶液，量液体时不能超越刻度。下面主要介绍移液管和容量瓶。

1. 移液管

移液管（图 2-1）是运动生化实验中最常用的一种精确移取一定体积试剂或溶液的

仪器之一，常用规格有 0.1ml、0.2ml、0.5ml、1ml、2ml、5ml、10ml 等，管壁上都有刻度，选用不同的规格可以任意移取 0.001 ~ 10ml 的量。移液时用洗耳球使管内产生负压，吸入液体后再注入其他容器，故也称刻度吸管。移液管有完全流出式和不完全流出式两种，完全流出式在管的上端壁标有"吹"字，这种管将所量的液体全部放出后，还需要吹出残留于管尖端的溶液；不完全流出式管壁未标"吹"字，则不必吹出管尖的残留液体。此外，还有一种快流速刻度吸管，其区别在于这种吸管的尖端口径大，流速快，通常在管的上端壁标注一个"快"或"快吹"字样。

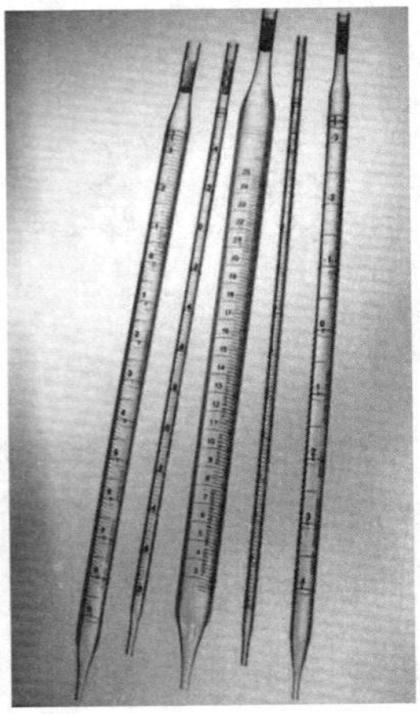

图 2-1　移液管

移液管的使用步骤如下：

(1) 选管。选择与移取溶液容量相等或大于并最相近量程规格的移液管。

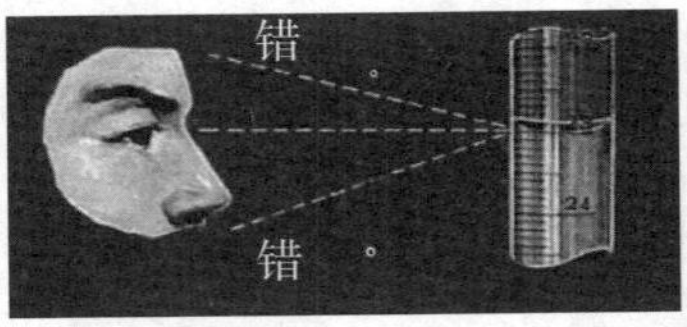

图 2-2　移液管读数方法

(2) 吸取溶液。一手的拇指和中指持移液管，并将移液管放到移取溶液液面以下适中的部位，另一手揿洗耳球多次，把溶液吸到管径标线以上后，用食指捂住管口，然后，轻轻转动移液管（或放松食指），垂直地将多余液体流出，同时观察管内液体弯月面的最低点恰好与所需要标线相切，如图 2-2 所示。

(3) 移入溶液。移入移液管内溶液时，应将移液管的下端紧贴容器的内壁，放开食指，让溶液沿容器壁自行流出，不能用吹气的方法加快流速，残留在移液管尖端的最后一点溶液依照该管是否标有"吹"字来确定是否吹出。

目前，有条件的生化实验室已基本使用加液器代替移液管进行移液或加液。加液器的使用见本节后面内容介绍。

2. 容量瓶

容量瓶也叫量瓶（图 2-3），它属于精密量器。主要用于配制一定浓度的溶液。量瓶带有磨口塞或塑料塞。它的颈部刻有环形标线，以表示 20℃时液面凹点与标线相切时，其容积等于容量瓶的标称容量。因此，使用时应在 20℃左右环境为宜。容量瓶有 5ml、10ml、25ml、50ml、100ml、200ml、250ml、500ml、1000ml、2000ml 等规格。

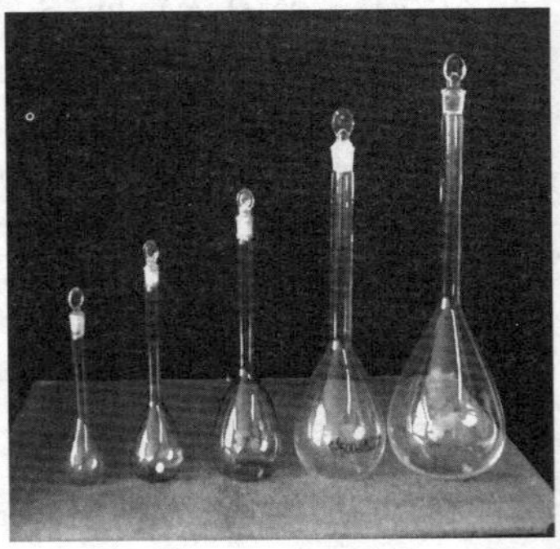

图 2-3　容量瓶

容量瓶不能直接加热，洗净后也不能置烤箱中烘烤。另外，强碱溶液不能用容量瓶储存，因为强碱能腐蚀玻璃，致使其容积改变造成误差。

容量瓶使用前应先进行密合性实验。按容量瓶容量加水，把口、塞擦干并塞紧瓶塞。用手轻压瓶塞，使容量瓶向下倒立，停留 10 秒。然后用滤纸擦瓶口，看是否渗水，不渗水方可使用。

配制溶液时，应先将称好的固体溶质在干净的烧杯中用部分蒸馏水完全溶解。在溶解过程中如有温度变化，必须等温度恢复室温后再把溶液转移到容量瓶中。烧杯需用少量蒸馏水冲洗 2 ~ 3 次，冲洗液也要转移到容量瓶中。然后分几次加蒸馏水至接近标线，每次加水后都应将瓶塞塞紧，再把量瓶摇匀。最后改用胶头滴管滴加蒸馏水至标线并反复颠倒摇匀。配制好的溶液，应贮在试剂瓶中。

使用结束后，容量瓶应及时洗净，塞上塞子，并在磨口与瓶塞之间垫一纸条，以防再用时不易打开瓶塞。

（二）容　器

运动生化实验中常用到的容器有烧杯、烧瓶、试剂瓶、试管等，下面具体介绍烧杯、试剂瓶和试管及其使用方法。

1. 烧杯

烧杯主要用于溶解较多量物质或加热较多量液体。烧杯是用硬质玻璃或特硬玻璃制成的。常用的烧杯有 50ml 至 5000ml 各种不同规格。为了便于在操作过程中定量地保持溶液的体积，有一些烧杯印有容积标线，其容积标记是近似容积。

使用烧杯时应注意下列规则：

（1）不能用火焰直接加热。烧杯底面较大，若用火焰直接加热，由于加热的部位与远离火焰部位温差过大，会使玻璃膨胀不匀而破裂。所以，用烧杯加热液体时必须垫上石棉网。加热前还需把烧杯外壁擦干。

（2）用烧杯加热液体时，液体量以不超过烧杯容量的 1 / 3 为宜，如用烧杯蒸发溶液时，最好在烧杯上放一个用玻璃棒制成的三角架，上边再正放一个表面皿，防止液体溅失或落入尘埃。不能用烧杯加热易燃液体，以防发生火灾。也不能用烧杯加热蒸发挥发性强酸，以免污染环境。

（3）不可在烧杯中长期存放化学药剂。

（4）溶解物质用玻璃棒搅拌时，不能触及杯壁和 / 或杯底。

此外，为了弥补玻璃烧杯易碰破的缺点，近年来又生产出塑料烧杯。这种烧杯只能用水浴加热，或做不需要加热的实验使用。

2. 试剂瓶

试剂瓶是实验室用于储存各种试剂的容器，多为圆形。目前有玻璃和塑料两类产品，应根据试剂的理化性质和其他要求来选择试剂瓶。试剂瓶分为广口瓶、细口瓶和滴瓶等（图 2–4）。

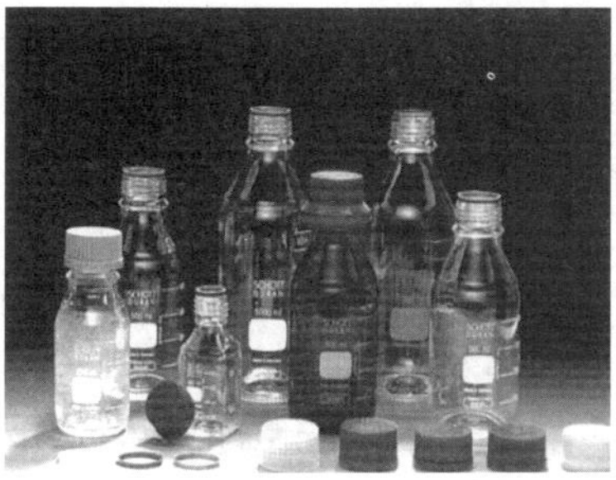

图 2–4　试剂瓶

广口瓶主要用于盛装固体试剂，瓶口大，取、装固体试剂比较方便，有无色和棕色两种。见光易分解的固体物质，应使用棕色瓶。广口瓶又有磨口瓶塞和无塞两种。规格有30ml、60ml、125ml、250ml、500ml、1000ml、2000ml、3000ml、5000ml和10000ml。

使用时应注意：（1）不能加热。（2）瓶塞不能任意调换。（3）盛固体NaOH等强碱时应用橡皮塞塞紧，以防粘连。

细口瓶主要用于盛装液体试剂，有无色和棕色两种。见光易分解的试剂，应使用棕色瓶，如硝酸银溶液。细口瓶均具磨口玻璃瓶塞。其规格有30ml、60ml、125ml、250ml、500ml、1000ml和2000ml。由于NaOH等强碱溶液对玻璃有腐蚀性，因此，不宜用玻璃瓶储存强碱溶液。

滴瓶分无色和棕色两种，容量规格有30ml、60ml、120ml三种，用于盛放少量液体试剂。

取液时，先取出滴管，捏紧胶头，排除空气和液体，再从瓶中吸取适量液体。

滴管取出后，不可平放和倒放，滴试剂时，滴管下端切勿接触接收器具，用后立即放回原瓶。

3. 试管

和试剂瓶一样，试管的材质有玻璃和塑料两大类，其容量从2～20ml不等。根据实验要求，其形状有多种，如平滑圆底、锥形尖底，带刻度、不带刻度，带盖、不带盖，以及带螺口、不带螺口等，运动生化实验时可根据具体需要选择使用（图2–5）。

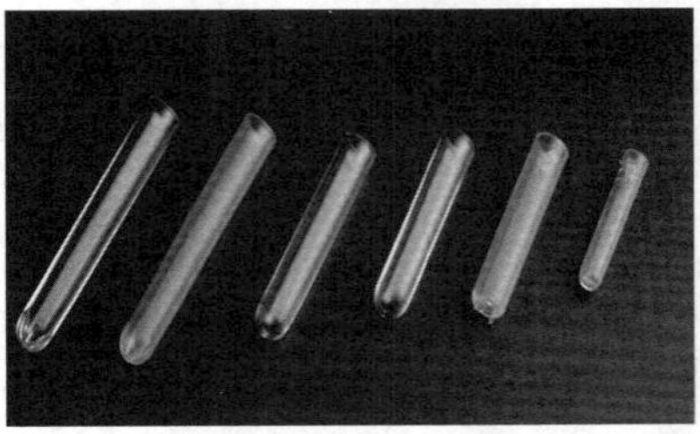

图2–5　试管

（三）常用器具的洗涤与干燥

运动生物化学实验常用的各种器具，其干净程度将直接影响实验结果的精确性。因此，器具的洗涤清洁不仅是实验前后的常规工作，而且是一项重要的基本技术。

1. 新购玻璃器具的清洗

新购玻璃仪器表面附着油污和灰尘，特别是附着有可游离的金属离子，通常需用药剂洗涤。因此，新购仪器首先用洗涤剂刷洗，流水冲净，浸于10%Na_2CO_3溶液中煮沸，再用水冲净，然后浸泡于1%～2%HCl溶液中过夜，再用自来水洗净酸液，最后用少量蒸馏水多次冲洗后，干燥备用。

2. 使用过的玻璃器具的清洗

使用过的玻璃仪器的清洗方法多种多样，根据不同玻璃仪器特点，采用不同方法。

（1）一般非计量玻璃仪器或粗容量仪器，如试管、烧杯、量筒等先用洗涤剂刷洗，再用自来水冲洗干净，最后用蒸馏水冲洗2～3次后，倒置于清洁处晾干。

（2）容量分析仪器，如吸量管、滴定管、容量瓶等，先用自来水冲洗，晾干后，浸于铬酸洗液浸泡数小时。然后用自来水和蒸馏水冲洗干净，干燥备用。

（3）比色杯，使用后立即用自来水反复冲洗，如有污物黏附于杯壁，宜用盐酸或适当的溶剂清洗，然后用自来水、蒸馏水冲洗干净。切忌用刷子、粗糙的布或滤纸等擦拭。洗净后，倒置晾干备用。

3. 塑料器具的洗涤

目前，新购置的塑料器具一般都是干净和经灭菌的，因此，使用前一般不需清洗。同时，实验常用的塑料器材如微量离心管、吸头等，不易清洗，而且成本低廉，因此多为一次性物品，使用后即可丢掉。但对于较大器具，特别是丙烯树脂制器具，可洗净后再次使用。洗净方法基本与玻璃器具相同，但不能用毛刷用力擦洗，以免产生划痕，影响再次使用。

4. 常用器具的干燥

实验中经常要用到的仪器应在每次实验完毕之后洗净干燥备用。通常塑料器具采用晾干法，而玻璃器具除了晾干法外，可用烘干箱烘干，如急需干燥使用时还可利用吹风机吹干。

二、常用仪器设备及其使用

在运动生化实验中，只有掌握实验仪器设备的正确操作方法，才能确保实验结果的准确、可靠。运动生化实验中常用的仪器设备有天平、微量加样器、离心机、电热恒温水浴箱、分光光度计、半自动生化分析仪和酶标仪等。

（一）天平

天平是实验中用于称取固体物质重量的重要仪器，根据所称量物质的不同或称量精度的要求不同，可选用不同的天平。如粗略的固体试剂的称重可用托盘药物天平（感量为 100mg），实验动物体重的称量可使用台秤（感量为 1000mg）。更精细的称量可用分析天平（精确至 0.01mg）。

电子天平（图 2-6）具有称量准确、操作简单、便于使用等优点，近年来被大多数实验室使用，电子天平的最大称量范围可以从数百到数千克，较精细电子天平的感量可以从 100mg 到 0.1mg，使用者可根据实验目的要求进行选择。

下面介绍电子天平的使用方法：

（1）用气泡水平仪观察并调整天平至水平状态。

（2）接通天平电源。

（3）用镊子取称量纸一张，对折后再打开，内面向上平放在天平的称量台上。

（4）按动“0-rest”键，使指示窗内的数字回到“0”。

图 2-6　电子天平

(5) 轻轻叩打试剂瓶，使试剂徐徐倒在称量纸上（或用牛角匙取出试剂），注意由少至多。

(6) 取除试剂量直到所需要的重量。注意取除掉的试剂应丢弃，不要放回试剂瓶内。有危险或造成污染的试剂应按规定特殊处理。

(7) 关闭电源，用手轻持称量纸的一侧，将试剂移到烧杯或其他容器内。

(8) 清理称量台及天平周围桌面。

注意事项：

(1) 在称量之前，特别是称量大的试剂或连同容器一起称量时，一定要先用托盘药物天平粗称，判断所称量总量是否在使用天平的称量范围之内，如超出称重范围，往往会引起天平故障。

(2) 精确度高的天平因环境空气流动引起称量数字的不稳定，因此，称量时应关闭天平的玻璃门。对于具有腐蚀性的物质或吸湿性的物质要放入称量瓶内或在适当密闭的容器中称量，并尽量缩短称量时间。

(3) 电子天平属于精密仪器，应避免震动，减少移动。

(4) 称量结束后在取走称量物之前应先关闭电源。

(5) 天平周围及称量盘面应保持清洁。

（二）微量加样器

几乎所有生化实验都需要准确移取各种液体样品或试剂，这种操作虽然可以使用各种规格的移液管来完成，但是，对于移取微量液体体积的操作来说却不够方便、快捷，当然其准确性也受到影响。因此，在要求移取微量液体样品或试剂时可用微量加样器进行操作（图 2-7）。微量加样器不但简便、精确，而且种类繁多，从单一的吸头发展至多通道微量加样器，已被生化实验室广泛使用。目前，微量加样器的品牌规格很多，但其基本结构和原理基本一致，即通过按动芯轴排出空气，将前端安装的吸头置入液体试剂中，放松对芯轴的按压，靠内装弹簧机械力，芯轴复原，形成负压，吸入液体。

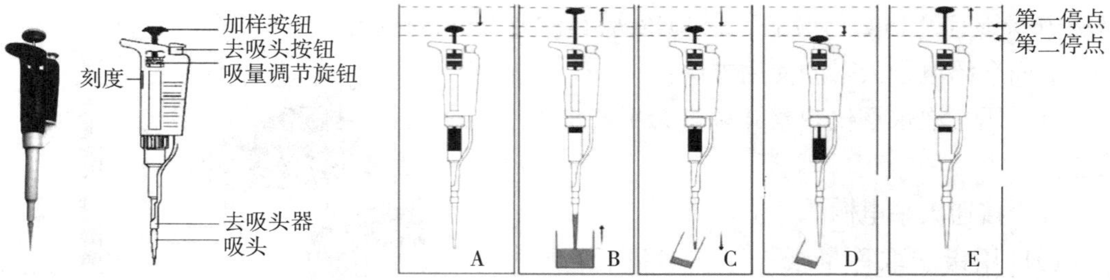

图 2-7　微量加样器

微量加样器的使用方法如下：

(1) 使用前先选择一支量程合适的加样器，加样器只能在特定的量程范围内准确移取液体，使用时如超出最低最大量程的液体，则会损坏加样器。

(2) 加样器量程调节系统有 3 个数字组成，通过旋钮设置至所需要的体积数值。

(3) 选择合适的吸头装在吸液杆上，使吸头套紧，否则移取的液体将少于设定体积，并可能出现漏液。

(4) 垂直持握加样器，大拇指按下加样按钮，直到第一档，然后将加样器吸头垂直浸入液面 2~3mm 深处，再缓慢平稳地松开拇指，慢慢吸入液体。当移入吸头吸满液体后，将吸头撤出液面（注意目测吸头内的液体体积是否合理）。

(5) 将加样器吸头贴靠在待移液体容器的内壁上，成 15°~20°倾角，缓慢按下加样按钮到第一档，液体泄出，再继续按动加样按钮至第二档，排除残留液体，松开加样按钮使之复原。如继续移取同一液体，则重复（4）~（5）操作。

(6) 移液完毕可按下卸吸头按钮退下移液吸头，或用手摘除。

（三）离心机

在运动生物化学实验过程中，如要对溶液中的生物分子进行分离时，离心分离是最常用的技术之一。离心分离是利用离心力将悬浮液中的悬浮微粒快速沉降，借以分离比重不同的各种物质成分的方法。离心机就是根据这个原理制造的仪器。离心机有很多种类，转速低于 6000rpm 的为常速（低速）离心机；转速低于 25000rpm 的为高速离心机；转速超过 25000rpm 的为超速离心机。根据离心机的用途不同，还可以将离心机分为分析离心机和制备离心机。其中制备离心技术又分为分级离心技术和密度梯度离心技术，用于生物大分子分离的还有超速离心技术。为了防止高速离心过程中温度升高而使酶等生物分子变性失活，一般高速离心机均装有冷冻装置，故高速离心机又称高速冷冻离心机。在此重点介绍实验室常用的常速离心机的使用（图 2-8）。

(1) 使用前必须先检查面板上的各旋钮是否在规定的位置上（即电源在关的位置上，调速旋钮和定时器旋钮在零的位置上）。

(2) 在每支试管中放置等量的样品，然后对称放入转头架上，以免由于重量不均放置不对称，而使整机在运转过程中产生震动。

(3) 盖好离心机上盖，接通电源，打开电源开关，指示灯亮。

(4) 调节定时旋钮，设定所需时间。

(5) 调节调速旋钮，逐渐增加转速至所需速度。

(6) 离心时间结束后，必须将调速旋钮调回到零位，待机器完全停止后，方可取出试管进行分析。

使用离心机时的注意事项如下：

(1) 离心机要平稳放在地上或台面上。

图 2-8　台式低速离心机

(2) 离心机的起动、停止都要慢，否则离心管易破碎或液体从离心管中溅出。

(3) 离心过程中，若听到特殊响声，应立即断电，等离心机停止后，检查离心管。若离心管已碎，应清除并更换新管；若管未碎，应重新平衡。

(4) 不可在机器运转过程中打开离心机盖门或移动机器。

(5) 不使用时，必须切断离心机的电源。

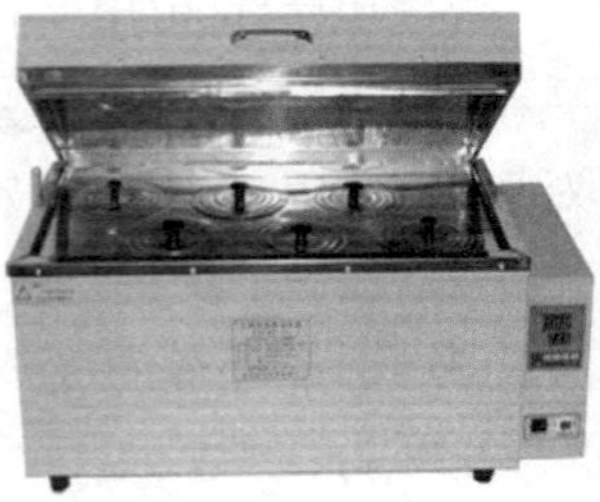

图 2–9 电热恒温水浴箱

(四) 电热恒温水浴箱

电热恒温水浴箱用于恒温、加热、消毒及蒸发等（图 2–9）。常用的有 2 孔、4 孔、6 孔和 8 孔。以“小型三用水箱”最适用。工作温度从室温以上至 100℃，恒温波动 0.5℃ ~ 1℃。

电热三用水箱综合电热煮沸消毒器、电热恒温水浴锅、电热恒温水箱等三种设备特点，在运动生化实验中通常用于样品反应的恒温和加热以及一般器械的消毒使用。

三用水箱的使用方法如下：

(1) 使用前关闭水浴箱底部外侧的放水阀门，加水至适当的深度，最低水位不得低于电热管以上 10mm（因水位过低将导致电热管表面温度过高而烧毁）。

(2) 接通电源。

(3) 做消毒用时，将开关置于标有“消毒”字样的位置，黄色指示灯亮，表示正在加热。

(4) 做恒温水浴用时，首先要把水加足。然后将开关置于标有“消毒”字样的位置，黄灯亮表示电源接通，再将开关置于标有“恒浴”字样的位置，调节温度控制器选定所需温度。当温度计达到所需要的温度时，则黄、绿灯交替亮熄，此时绿灯表示恒温，黄灯表示加热，稍待数分钟后即能自动控制。

(5) 调温旋钮盘的数字并不表示恒温水浴内的温度。随时记录调温旋钮在度盘上的位置与恒温水浴内温度计指示的温度的关系，在多次使用的基础上，可以比较迅速地调节、控制需要的温度。

(6) 使用完毕，关闭电源开关，拔下电源插头。

(7) 若较长时间不使用，应将调节器调温旋钮退回零位，并打开放水阀门，放尽水浴槽内的全部存水。

使用三用水箱时的注意事项如下：

(1) 在未加水以前切勿接通电源，水浴内的水位绝对不能低于电热管，否则电热管会被烧坏。

(2) 箱外壳必须接地线。

(3) 控制箱部分切勿受潮，以防漏电损坏。

(4) 初次使用时，应加入足够水后再通电，切忌水箱内无水时接通电源。

(5) 使用过程中注意随时盖上水浴槽盖，防止水箱内水被蒸干。

(6) 使用完毕应将电源关掉；箱内外应经常保持清洁，不用时应将其内的水倒掉。

(五) 分光光度计

分光光度计是利用物质对光的吸收来确定物质含量的仪器。其工作原理是基于物质对光的吸收具有选择性，不同的物质都有各自的吸收光带，所以，当光色散后的光谱通过某一溶液时，其中某些波长的光线就会被溶液吸收。在一定的波长下，溶液中物质的浓度与光能量减弱的程度有一定的比例关系，即符合朗伯—比尔 (Lambert–Beer) 定律。

$$T = I / I_0 \qquad A = \lg (I_0 / I) = \varepsilon cb$$

式中，T 为透射比，I_0 为入射光强度，I 为透射光强度，A 为消光值（吸光度），ε为吸收系数，b 为溶液的光径长度（溶液厚度），c 为溶液的浓度。从以上公式可以看出，当入射光、吸收系数和溶液厚度一定时，透光率是根据溶液的浓度而变化的。

目前运动生化实验室使用的分光光度计有多种型号，常见的有 721 型分光光度计、722 型光栅分光光度计，S22PC 型分光光度计、730 型双光束紫外—可见分光光度计及 TU–1900 双光束紫外—分光光度计等。下面重点介绍 721 型、S22PC 型分光光度计和 TU–1900 双光束紫外—分光光度计的使用。

1. 721 型分光光度计

721 分光光度计是一种采用光电管为受光器的可见光分光光度计，测试波长范围为 360 ~ 800nm，在 410 ~ 710nm 之间最为灵敏。如图 2–10 所示。其使用方法如下：

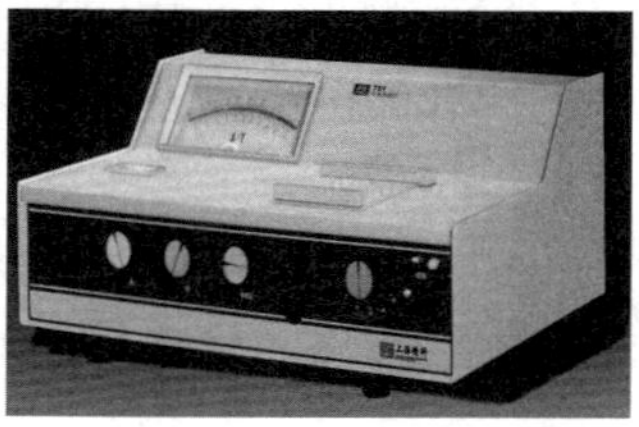

图 2–10　721 型分光光度计

(1) 预热仪器。为使测试稳定，接上电源后打开仪器开关，使仪器预热 20 分钟，为防止光电管疲劳，不要连续光照。预热仪器时和不测定时应将比色杯暗箱盖打开，使光路切断。

(2) 选定波长。根据实验要求，转动波长调节器，使指针指在所需要的单色光波长。

(3) 固定灵敏度档。根据有色溶液对光的吸收情况，为使吸光度读数为 0.2 ~ 0.7，选择合适的灵敏度。为此，旋动灵敏度档，使其固定于某一档，在实验过程中不再变动。一般测量固定在“1”档。

(4) 调节“0”点。轻轻旋动调“0”电位器，使读数表头指针恰好位于透光度为“0”处（此时，比色箱盖是打开的，光路被切断，光电管不受光照）。

(5) 调节 100%。将盛蒸馏水（或空白溶液或纯溶剂）的比色杯放入比色杯座架中的第一格内，样品溶液放在其他格内，把比色杯暗箱盖子轻轻盖上，转动光量调节器，使透光度为 100%，即表头指针恰好指在 100%处。

(6) 测定。轻轻推拉比色杯座架拉杆，使样品溶液进入光路，此时表头指针所示为该有色溶液的吸光度 A。读数后，打开比色杯暗箱盖。

(7) 关机。实验完毕，切断电源，将比色杯取出洗净并晾干，并将比色杯座架及暗箱用软纸擦净，比色杯暗箱盖盖好。

图 2-11　S22PC 型分光光度计

2. S22PC 型分光光度计使用

S22PC 分光光度计是一种普及型智能化分光光度计（图 2-11），能从 340 ~ 1000nm 范围内执行透射比、吸光度和浓度直读测定，其使用方法如下：

(1) 预热仪器。为使测定稳定，将电源开关打开，使仪器预热 20 分钟，为了防止光电管疲劳，不要连续光照。预热仪器和不测定时应将比色箱盖打开，使光路切断。

(2) 调节 0%。使用“模式”按钮，将指示灯指向“透射比”（此时，比色杯暗箱盖是打开的），按动 0%按钮调节数字显示为“0”。

(3) 调节 100%。将盛蒸馏水（或空白溶液或纯溶剂）的比色杯放入比色杯座架中的第一格内，样品溶液放在其他格内，把比色箱盖子轻轻盖上，按动 100%按钮，使透射比为 100%，即数字显示为“100”处。

(4) 重复（2）、（3）操作，直到显示稳定。

(5) 测定。使用“模式”按钮，将指示灯指向“吸光度”，轻轻推拉比色杯座架拉杆，使样品溶液进入光路，此时电子显示屏所示为该有色溶液的吸光度 A，读数后，打开比色箱盖。

(6) 关机。实验完毕，切断电源，将比色杯取出洗净并晾干，并将比色杯座架及暗箱用软纸擦净，比色杯暗箱盖盖好。

3. TU-1900 双光束紫外—分光光度计

TU-1900 双光束紫外—分光光度计属于通用型的双光束的紫外—分光光度计（图 2-12）。它由分光光度计主机和计算机两部分组成，测定波长范围为 190 ~ 900nm，测试模式及结果显示均通过专用计算机软件实现。该仪器具有多种测量方式和双孔样品池架。其使用方法如下：

(1) 开机，自检。①打开计算机主机电源，进入 Windows 操作系统。②打开 TU-1900 分光光度计的主机电源，检查样品池架内无任何遮挡物。双击 UV-VIS TU-1900 软件。仪器开始自检，等待仪器自检结束（这一软件可以在不开分光光度计电源的情况下运行）。

(2) 测量方式的选择。在菜单【应用】项下→选择【光谱测量】【光度测量】【定量测定】【时间扫描】中的相应项目，进行测定。

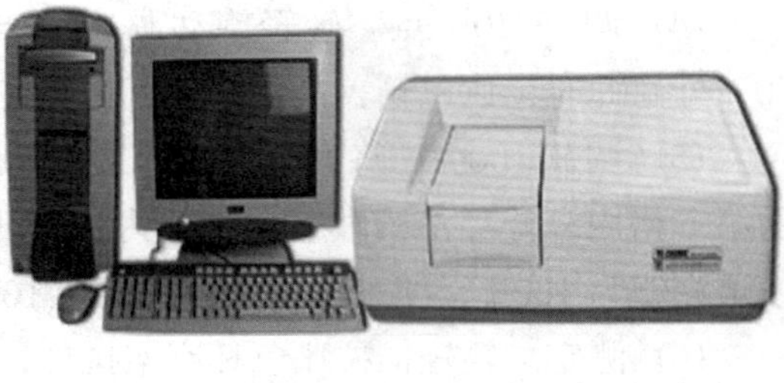

图 2-12　TU-1900 双光束紫外—分光光度计

(3) 测定条件的参数设置。选择菜

单【配置】→【参数】项，弹出相应的测量参数设置对话框，根据实验要求的内容设置，设定测量条件。

（4）基线或零点校准。在进入测定之前，在不同的测量模式下，需要进行基线的校准或零点的自动校准。如 Base line 或 Auto zero。这时，注意要把两个装有空白溶液的比色杯分别放入里面的参比池架和外边的样品池架中进行校准。

（5）测量。根据不同的模式，选择相应的测定指令进行测定。如 Start 或 Read 等指令。

（6）光谱测量时的波长检出。选择菜单【数据处理】→【峰值检出】→选择相应的数据通道，屏幕上即出现该数据通道的相应信息。

（7）数据的保存。选择菜单【文件】→【保存】→D（数据存贮盘）→相应的数据后缀［*.spd］→（自命名）.spd。

（8）关机。先关闭 TU-1900 UVWin 窗口，再关闭光度计仪器电源，正常关闭计算机。

4. 分光光度计使用注意事项

（1）为了防止光电管疲劳，比色时间应尽量缩短。不测定时必须将比色箱盖打开，使光路切断，以延长光电管使用寿命。

（2）应注意仪器的防震、防潮、防腐蚀。

（3）应及时清理样品槽洒落的溶液。

（4）如果长时间不使用仪器应先关闭电源。

（5）出现故障时应及时报告实验室工作人员。

（六）自动生化分析仪

自动生化分析仪是把生化分析中的取样、加试剂、去干扰物、混合、保温反应、检测、结果计算和显示，以及清洗等步骤自动化的仪器。其工作原理仍然基于分光光度计，以吸光测量为基本方法，通过计算机处理将原来手工进样、手工计算完全智能化，它不仅提高了工作效率，而且也稳定了检验质量，减少了主观误差。

自动生化分析仪工作流程包括：样品定量吸取和转移，通过沉淀、过滤、离心、层析或透析技术分离并去除大分子干扰物，试剂的定量吸取及样品混合，在一定温度下反应、显色，通过光学或各种电极技术进行测量、数据处理、显示、打印报告结果，以及测定后的反应容器、管道系统的清洗等。不同类型的生化分析仪器，尽管检测方法大同小异，但其性能不会有明显的差异，自动生化分析仪通常分为以下几类：

（1）按反应装置的结构分为连续流动式、分离式和离心式三类。

（2）按同时可测项目分为单信道和多信道两类，单信道每次只能检验一个项，但项目可更换；多通道每次可测多个项目。

（3）按仪器复杂的程度及功能分为小型、中型和大型三类。

（4）按测定程度可变与否，分为程序固定式和程序可变式分析仪两类。

(5) 按试剂是否是液体的还是干的，可分为湿式和干式两种。

(6) 根据计算机功能的不同，自动生化分析仪又分为全自动和半自动两种。目前，全自动生化分析仪自动化程度高，但价格昂贵、实验环境要求也很严格，而半自动生化分析仪价格相对较低，功能实用、方便灵活，测试实验环境要求相对宽松，所以为运动生物化学实验室广泛使用。

半自动生化分析仪的检测方法基本固定为终点法、二点法、动力学法、双波长法、吸光度法，其光学系统大多为滤光片分光，一般配置 6 块标准滤光片，可扩展增至多个。较为可靠的分光系统应使用光栅分光，其中后分光的光栅系统重复性好、精确度高。随着半自动生化分析仪技术的提高，自动补偿蠕动泵的采用，样品需要量逐步减少，所用试剂也是开放式的，其测试项目数量不受预设限制，可自主编程，同时具备质控、自检和故障提示，实时显示反应曲线，可存储大量的检查项目数据，并具打印测试报告功能。

下面介绍 RT-1904C 型半自动生化分析仪（图 2-13）的使用方法。

(1) 开机。打开仪器背面的电源开关，几秒钟后屏幕出现系统初始化画面，仪器开始自检。自检大约需要 1 分钟，随即转入等待光源稳定约 2 分钟。然后以蒸馏水自检光路系统，将吸液管插入蒸馏水中并按一下吸液键，仪器将吸入一定量的蒸馏水。系统以蒸馏水对各波长做一系列测定并获得一组数据。若这组数据在设定范围内，说明系统稳定，各部分工作正常，系统自动进入测试程序。若数据超出设定范围，则出现差值过大，考虑是否重做。选择 NO 键，系统将忽略错误直接进入测试项目菜单。选择 YES 键，系统将再次要求吸入蒸馏水并重复前面的测定。再次测定之前可先按清洗键清洁流动比色池，再按吸液键启动测定。如蒸馏水正常，系统将进入固定测试项目菜单。

图 2-13 RT—1904C 型
半自动生化分析仪

(2) 参数设置。仪器自检完成后，进入测试项目菜单。若要进行系统参数设定，如日期、时间等基本参数，在固定测试项目菜单上按主菜单键，显示器将显示主菜单画面。按系统设置键，进入系统设置画面，再进行设置。

(3) 程序设置。参数设置完成后，按样品测试，进入固定测试项目菜单；若不需要设置系统参数，即可在开机后显示的固定测试项目菜单中选择所要测试项目，进入测试预览菜单；如要进入测试程序，可按确认键进入；若需要修改参数，按更改键后可进入参数设置菜单，要根据试剂盒的要求确定该测试项目的测试方法，重新设置测试方法、质控参数、标准参数。按保存修改键，可将以上所有更改内容全部、暂时保存起来。按取消返回键，则不做任何修改回到固定项目测试菜单。

(4) 样品测试。在测试项目选择菜单中，移动光标选定测试项目，进入测试预览状态。按确认键进入测试程序。按照页面右下方提示窗的提示，将溶液置于吸液管下，然后按动吸液键。如果该检测项目需要定标，则必须先定标后测试样品。在样品测试过程中，如果某个样品（如5号样品）需要重测，可先按重新测试，可先按更改序号键（此时可弹出一个数字软键盘），将当前的测试号码改为需要重测的样品号，然后重测该样品即可。重测的结果将覆盖掉原来的结果。该项目所有的样品测完后，按返回键退到测试项目菜单。将盛有蒸馏水的容器放置在吸管按冲洗键一次，开始冲洗比色池，30秒后再按一次，可停止冲洗。

（5）打印报告。所有的检测完后，可打印检测结果，给出检验报告。

（6）关机。所有的测试完成后，返回到主菜单下，按关机键，执行关机程序：关机确认—保存数据—清洗流动比色池（准备好足够的蒸馏水，按吸液键，清洗比色池）—可以关机（关电源）。

（七）酶联免疫分析仪

酶联免疫吸附测定（Enzyme-Linked Immunosorbnent Assay，ELISA）是继免疫荧光和放射免疫技术之后发展起来的一种免疫酶技术。此项技术自20世纪70年代初问世以来，发展十分迅速，目前已广泛用于生物学和医学科学的许多领域。酶联免疫吸附测定的原理是以免疫学反应为基础，将抗原、抗体的特异性反应与酶对底物的高效催化作用相结合起来的一种敏感性很高的试验技术。由于抗原、抗体的反应在一种固相载体——聚苯乙烯微量滴定板的孔中进行，每加入一种试剂孵育后，可通过洗涤除去多余的游离反应物，再加入酶，作用底物催化显色，底物显色后用分光光度计判定结果。在实际应用中，通过不同的设计，具体的方法步骤可有多种，常用的方法有双抗体夹心法、间接法、竞争法三种类型。目前酶联免疫分析仪的型号很多，自动化程度也有所不同，下面以RT-2100C型自动酶标分析仪（图2-14）为例介绍酶标仪的使用方法。

（1）使用前应对仪器的安全性进行检查。

（2）开机。打开主机电源，约10秒，仪器进入系统自检状态。屏幕出现系统初始化画面，然后预热10分钟。开机流程结束后，进入主菜单窗口，屏幕会显示各种功能图标，操作者可以根据需要进行具体功能操作。

（3）检测项目参数的设置。在项目设置前首先要阅读被检项目试剂盒说明书，然后根据说明书要求设定各种参数。定性检测选择cut-off计算方法，定量检测可选择仪器提供的各种定量计算方法，但在实际操作中大多采用折线回归的定量方法，同时，波长最好选择双波长。

（4）样本的检测。在样本测试前，根据需要依次对布板方向、进板方式、振板设置进行选择。然后，点击确定键进入96孔酶标板可视界面。按新项目键，选中测定的项目，注意同一项目在同一板上不能选择两次，否则仪器会提示该项目已设置。在96孔酶标板屏幕界面相对应的孔位依次设置空白、阳性对照、阴性对照、样本。注意布板的设置顺序要与加样的实际操作过程一

图2-14 RT-2100C型自动酶标分析仪

致，否则会出现相反的结果，造成假阴性或假阳性现象。布板完成后，点击开始键，即开始走板测试。走板结束后，系统进入吸光度显示窗口，点击结果键可显示每个样本的测定结果，点击打印键可打印整板结果。

(5) 关机。所有测试完成，关闭仪器时，应在主菜单上点击关机键，系统显示确认窗口，按 YES 键执行关机程序，保存数据，屏幕出现关闭电源的提示后，安全关闭仪器电源开关。关闭电源后，如需重新开机，应等待 30 秒后再开机，否则会对仪器造成不利影响。

在使用仪器时要注意以下事项。

(1) 每周开机关机自检一次。

(2) 严格按要求顺序开机和关机。

(3) 不要随便更换滤光器上的滤光片的位置。

(4) 使用过程中，如出现故障要记录，并及时报告管理人员。

(5) 使用结束后，应清洁设备，并填写使用仪器记录。

第二节　实验试剂配制与使用

运动生物化学实验离不开化学试剂，在实验测试前必须根据实验所需购买和配制试剂，而实验试剂的配制是实验室的一项经常性工作，正确配制各种实验所需要的试剂是成功完成一个实验的基础。在生化实验中最常需要配制的实验试剂包括各种浓度酸、碱、盐溶液以及缓冲液和培养基等，对于一个初学者来说，如何正确无误地依照配方用正确的步骤、加入正确数量的药品并调整到正确的要求是一项重要的任务。

一、实验试剂的配制流程

准确配制一定浓度的溶液一般包括计算试剂用量、选择试剂、称量、溶解、移液、定容和装瓶等步骤。

(一) 计算

计算是配制试剂最重要的步骤，即，根据所要配制试剂浓度及所需数量计算确定药品的分量。

(二) 选择合适的化学试剂类型

化学试剂产品成千上万种，按其用途可分为一般试剂、标准试剂、高纯试剂、专用试剂等。运动生化实验中应根据实验需要选择合适的化学试剂类型。一般试剂是实验室最普通使用的试剂，按化学试剂中所含杂质的量，其质量规格一般分为四个等级。一般试剂的级别、规格、标志及适用范围见表 2-1。

表 2-1　一般试剂的规格和适用范围

级别	一	二	三	四	生化试剂
名称	优级纯（保证试剂）	分析纯（分析试剂）	化学纯	实验试剂	生物试剂 生物染色剂
英文名称	Guarantee Reagent	Analytical Reagent	Chemical Pure	Laboratorial Reagent	Biological Reagent
英文缩写	G.R.	A.R.	C.P.	L.R.	B.R.,C.R.
标签颜色	深绿色	金光红色	中蓝色	棕色或黄色	咖啡色 玫瑰色
适用范围	精密分析和科学研究	一般分析和科学研究	一般定性和化学制备	一般化学制备	生物化学实验

注：表中所列标签颜色为我国标准《化学试剂包装及标志》（GB15346-1994）中所规定。

（三）检查药品安全性

在称量前一定要先检查药品的安全性，了解所要配制的试剂中各种成分是否具有危险性，通常药品的外包装上会有物质安全标签。如遇到表示不清或是不清楚的药品时可先查阅《化学试剂目录手册》。而配制试剂过程中可根据相应要求使用以下防护措施来保护自己。

（1）手套：为确保安全，配制试剂全过程要带乳胶或是塑胶手套，但是如果配制腐蚀性化学试剂如酚溶液时则必须佩戴抗腐蚀的橡胶手套才行。

（2）口罩：有些粉末会对呼吸道造成伤害，因此，配制此类试剂时要记得戴上口罩。

（3）护目镜：避免试剂突然溅出、玻璃容器破碎及腐蚀性气体伤害到眼睛。

（4）抽风橱：配制挥发性试剂一定要到抽风橱中进行。

（四）称量或量取

准确计算出溶质的质量后，可用天平称量；若是溶质的体积，可用量筒或移液管量取。

（五）溶解

溶质需先在烧杯中用适量的试剂级水溶解（按要求选用合适试剂级水，一般为蒸馏水或双蒸水，见附录四），冷却至室温。

（六）移液

溶解并冷却至室温后，选择所需容积的容量瓶，将烧杯中的溶液用玻璃棒小心地转入到容量瓶中，特别要注意不能让溶液洒在容量瓶外，也不要让溶液在刻度线上面沿瓶壁流下，并且用试剂级水洗涤烧杯 2 ~ 3 次，并将每次洗涤后的溶液都注入容量瓶中，轻轻振荡容量瓶，使溶液充分混合。

(七) 定容

缓缓地将试剂级水注入容量瓶，直到容量瓶中的液面接近容量瓶刻度 1 ~ 2cm 处时，改用胶头滴管滴加试剂级水至溶液的凹面正好与刻度相切。这时，将容量瓶用瓶塞盖好，反复上下颠倒，摇匀。

(八) 装瓶

实验试剂配制完毕后，不能长时间存放在容量瓶中，应盛放在细口瓶或滴瓶等试剂瓶中，见光易分解的试剂则应盛放在棕色试剂瓶内。试剂装瓶后应在每一试剂瓶上贴上标签，标明试剂的名称、规格或浓度以及配制日期。

二、不同实验试剂浓度的配制

根据提供实验试剂浓度配制的条件，只要掌握了这些浓度表示法相互之间的关系，就可以灵活运用来配制各种试剂。以下介绍常用实验试剂浓度的配制方法，对于缓冲液的配制要求见附录。

(一) 从化学试剂产品直接配制

从市售的化学试剂直接配制一定浓度的实验试剂，可根据配制试剂浓度计算所需要的溶质的质量或容量。

1. 固体溶质的一定百分比浓度溶液的配制

称取溶质的克数=需配制溶液的总质量×需配制溶液的浓度

称取溶剂的克数=需配制溶液的总质量–需溶质的克数

例如：配制 10%的氢氧化钠溶液 200g。

称取固体氢氧化钠：200×0.1=20（g）

称取溶剂水的质量：200–20=180（g）

将 20g 氢氧化钠溶于 180g 溶剂水即可。

2. 液体溶质的一定百分比浓度溶液的配制

$$\text{应量取含溶质原液的体积}=\frac{\text{需配制溶液的总质量}}{\text{原液的密度}\times\text{原液溶质的百分比浓渡}}\times\text{需配制溶液的浓度}$$

需用溶剂水的克数（体积）=需配制溶液的总质量–（原液的体积×原液的密度）

例如：配制 20%硝酸溶液 500g（浓硝酸的浓度为 90%，密度为 1.49）。

$$\text{应量取原液的体积}=\frac{500}{1.49\times0.9}\times0.2$$

$$=74.57\text{（ml）}$$

应量取的溶剂水的体积=500−74.57×1.49=388.89（ml）

量取 388.89ml 溶剂水，再量取 74.57ml 浓硝酸混匀即可。

3. 质量—体积百分比浓度溶液的配制

例如：配制 1%氟化钠溶液。

用天平称取氟化钠 1g，溶解于适量的蒸馏水小烧杯中，然后转移到 100ml 的容量瓶中定容即可。

4. 一定体积物质的量浓度溶液的配制

$$应称取溶质的质量（克数）=\frac{配制溶液物质的量浓度（mol）\times 配制溶液的体积（ml）}{100ml}\times 溶质的分子量$$

例如：配制 2M（摩尔浓度）碳酸钠溶液 500ml（碳酸钠的相对分子质量是 106）。

需要称取的碳酸钠的量为：2×500÷1000×106=106（g）

（1）称取纯碳酸钠 106g 后溶解、移液、定容即可。

（2）若是含有十个结晶水的碳酸钠晶体，还需进一步计算。

$$晶体的质量=\frac{纯碳酸纳的质量}{碳酸钠晶体中碳酸钠的百分比}$$

$$=\frac{106}{(106\div 286)\times 100\%}$$

$$=286（g）$$

称取纯碳酸钠晶体 286g 后溶解、移液、定容即可。

5. 一定当量浓度溶液的配制

首先要掌握各种物质当量的计算方法，再计算需配制溶质的质量，最后称量、配制。

(1) 物质当量的计算方法

元素的当量=原子量÷化合价

酸的当量=相对分子质量÷酸分子中可被金属置换的氢原子数

碱的当量=相对分子质量÷碱分子中氢氧根数

氧化还原物质当量=相对分子质量÷每一分子失去或得到的电子数

(2) 一定当量浓度溶液的配制

例 1：配制 1N（当量浓度）的盐酸溶液。

计算配制 1L 1N 盐酸溶液需要浓盐酸（密度 1.19，浓度 37.6%）的体积为：

$$\frac{Hcl 的相对分子质量\times 当量浓度}{化合价\times 密度\times 百分比浓度}=\frac{36.47\times 1}{1\times 1.19\times 0.376}=85.15\approx 85（ml）$$

量取浓盐酸 85ml，用水稀释定容 1000ml，即为近似的 1N 盐酸溶液，必要时用标准液标定。

例 2：配制 0.15N 硫酸溶液。

计算配制1L 0.15N 硫酸溶液需要浓硫酸（密度 1.84，浓度 98%）的体积为：

$$\frac{H_2SO_4\text{的相对分子质量}\times\text{当量浓度}}{\text{酸分子中可被金属置换的氢原子数}\times\text{密度}\times\text{百分比浓度}}=\frac{98\times0.15}{2\times1.84\times0.98}=4.07\approx4\text{（ml）}$$

量取浓硫酸 4ml，用水稀释定容 1000ml，即为近似的 0.15N 硫酸溶液，必要时用标准液标定。

（二）从不同浓度溶液配制

在配制试剂中往往会用浓溶液来配制浓度低的溶液，或为了节约试剂，有时会将现有的一种浓溶液同一种稀溶液混合，使其恰好等于需要的浓度溶液，以上两种配制过程都需要先计算出高浓度溶液的体积以及两种溶液相混合的体积。

1. 溶液的稀释

可根据浓度与体积成反比，溶液浓度改变前后其毫克当量数相等的原理计算。

即 $C_1V_1=C_2V_2$

式中，C_1 为浓溶液的浓度，V_1 为浓溶液的体积，C_2 为稀溶液的浓度，V_2 为稀溶液的体积。

例如：要配制 1.25N 稀硫酸 500ml，需 3N 的硫酸多少升？

计算：将相关参数代入以上公式

$3\times V_1=1.25\times500$

$V_1=\frac{1.25\times500}{3}=208.3$（ml）

配制：量取3N 浓硫酸 208.3ml，用水稀释定容 500ml，即为近似的 1.25N 硫酸溶液，必要时用标准液标定。

2. 由浓溶液和稀溶液配制中间浓度的溶液

例如：现有 0.25N 氢氧化钠溶液 800ml，需要加多少毫升的 1N 的氢氧化钠溶液，才能配制成 0.4N 的氢氧化钠？

首先可根据浓度与体积成反比原理，公式：

$C（V_1+V_2）=C_1V_1+C_2V_2$

式中，C 为所需溶液的浓度，C_1 为浓溶液的浓度， C_2 为稀溶液的浓度，V_1 为浓溶液的体积，V_2 为稀溶液的体积。

根据公式，设所需 1N 浓氢氧化钠溶液的体积 xml，代入公式得：

$0.4\times(x+800) = (0.25\times800) + (1\times x)$

解得：$x=200$（ml）

另外，也可采用十字交叉法进行计算。设浓溶液的浓度为 a，稀溶液的浓度为 b，要求配制的溶液浓度为 c，则：

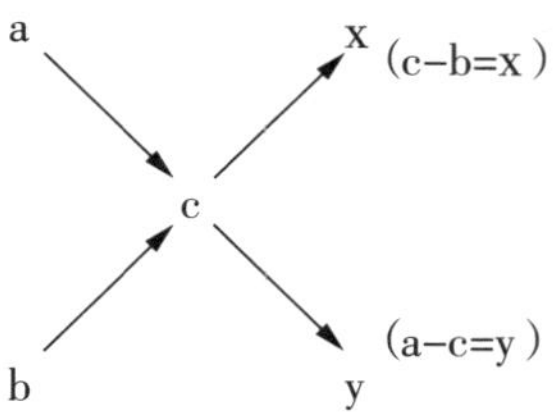

即：

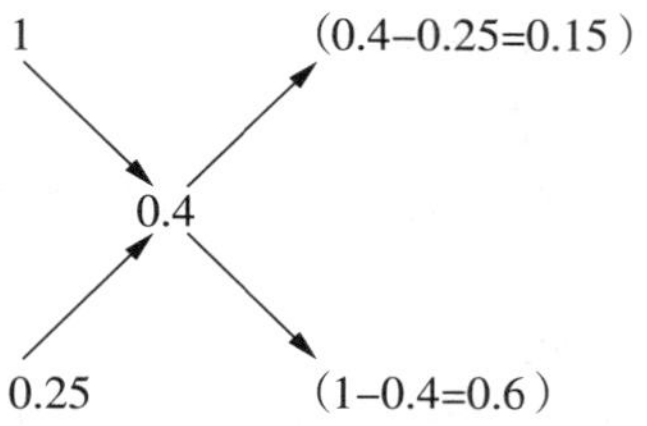

c-b=x，a-c=y，那么 x / y 为所需体积的比，可表示为：
则浓溶液和稀溶液体积比为 0.15∶0.6=1∶4。
因为稀溶液为 800ml，故需用稀溶液为 200ml。
配制：各量取 0.25N 氢氧化钠溶液 800ml 和 200ml 的 1N 的氢氧化钠溶液，混合便可配制成 0.4N 的氢氧化钠。

三、实验试剂配制的注意事项

以上介绍实验试剂的配制步骤，下面重点强调在实验试剂配制过程中要注意的事项。

（1）精确计算、准确称量，特别是在配制标准溶液、缓冲溶液时，更要注意。有特殊要求的，要按规定进行干燥，提纯后再称量。

（2）称量试剂的天平应保持清洁、干燥，避免潮湿及腐蚀性试剂的侵蚀。在进行称量操作时，被称取的试剂应置于称量纸上或其他器皿内，不可在盘中直接称量。

（3）在配制强酸、强碱溶液或接触有毒性药物时，应严格按操作规程进行。如稀释硫酸时，应谨慎地将浓硫酸缓缓倾注入水中，切不可把水倒入浓硫酸中。

（4）配制溶液用的玻璃器皿都要清洁干净。

（5）取用药品时要足够而不能太多，如取出过量，不得再放回原瓶，以防不清洁造成整瓶药品污染。

（6）盛放配制好的溶液的试剂瓶需避光的可置于棕色瓶，并应贴上标签。写明溶液名称、浓度大小、配制日期及配制人。

（7）注意配制时的安全，应尽量避免用手直接接触。在配制时应戴上手套和口罩，配好后应注意洗手消毒。

四、生化试剂盒

实验试剂除了根据实验方法所需要的化学药品进行配制外，还有购买现成的试剂盒。这种试剂盒是试剂厂家或试剂商按生化指标检测方法要求生产的一种成套测试试剂，生化试剂盒的出现，使生化临床测试变得快捷、方便。

（一）生化试剂盒的分类和特点

商品试剂与标准液按检测项目组合成一套放在一个包装盒内叫试剂盒，或叫试剂组合。由于试剂盒的测试目的、性质、类型及规格不同，所以其分类方法很多，根据试剂盒试剂状态性质可为液体型试剂和粉剂型试剂。

1. 液体型试剂

液体型试剂又分为液体单试剂和液体双试剂两种类型。

(1) 液体单试剂

所谓液体单试剂就是将某种生化检验项目所用到的试剂科学地混合在一起，组成为一种试剂。应用时，只须将样品和试剂按一定比例混合，即可进行相应的生化反应，然后用适当的方法检测结果。应用十分方便。

(2) 液体双试剂

所谓液体双试剂就是将某些生化检测项目所用到的试剂，按用途科学地分成两类，分别配成两种试剂，通常第一试剂加入后可起到全部或部分消除某些内源性干扰因素的作用，第二试剂为启动被检测物质反应的试剂，两种试剂混合后才能共同完成被检项目的生化反应，然后用适当的方法检测结果。

2. 粉（片）剂型试剂

所谓粉剂型及片剂型试剂，即是将试剂的各组分用球磨技术粉碎成粉剂或混合后压成片剂，使用前再加入指定的溶液复溶成液体试剂。

（二）生化试剂盒的选择

生化测试前，除了根据测试指标及仪器条件选择试剂盒外，在同类产品的选择上，为了使测试结果准确，还应考虑同类产品不同试剂盒的性能指标。试剂盒的性能指标有准确度、精密度、灵敏度、稳定性和抗干扰作用等。因此，选购试剂盒时要考虑以下要求和注意事项。

1. 选购试剂盒的一般要求

(1) 所采用的测定方法特异性好，灵敏度、准确度、精密度符合卫生部临床检验中心、国际临床化学和实验室医学联盟（IFCC）、世界卫生组织（WHO）等推荐的方法性能。

（2）试剂盒的储存期至少为 1 年。

（3）水溶性、低黏性、无腐蚀、无毒害、不爆炸、不易燃、不污染环境。

（4）所用标准品或标准参考物符合卫生部临床检验中心、国际临床化学和实验室医学联盟、世界卫生组织推荐的标准和要求。

2. 选购试剂盒的注意事项

（1）首先要仔细阅读试剂盒的说明书，对试剂盒选用方法有所了解，实验研究时应选择参考方法试剂盒或选择公认的测定方法试剂盒。此外，对试剂盒的组成、方法性能指标加以分析，是用于手工操作，还是用于自动分析仪。如果属于后者，其实验参数是否与本单位自动分析仪的实验参数相符。

（2）有无卫生部的批准文号。凡已列入卫生部临床检验体外诊断试剂审批管理范围的试剂盒，没有生产批准文号的，不应使用。对有生产批准文号者的，也需考察生产厂家的信誉。

（3）对试剂盒的包装、理学性能、方法学性能指标进行考察和检测，并经实际应用。符合说明书规定及本实验室实验要求者方可选购。

（4）根据实验项目测试样本量、分析仪试剂用量、试剂复溶后 4℃稳定期等因素综合分析，应选购合适包装，近期出厂的产品。

（5）注意季节对试剂质量的影响。一般在气温较低的季节购买试剂，防止试剂盒在运输途中变质。

（6）在确保试剂盒质量前提下，应选购价格低的产品。

第三节　实验样品采集与制备

实验样品的采集与制备是运动生物化学实验中必要的实验环节。实验结果的准确程度与实验样品采集、制备的规范性有密切关系。在运动生物化学实验中，主要涉及人体实验与动物实验两种情况，本节将介绍人体、动物不同样品的采集、制备。

一、人体实验样品的采集与制备

在运动生化人体实验中，通常采集血液和尿液样品进行研究，这些样品的采集与制备都有相应的操作规程与注意事项。

（一）血液样品的采集与制备

在运动生化实验中，血液样品的采集根据采血部位主要有毛细血管采血法、静脉采血法。

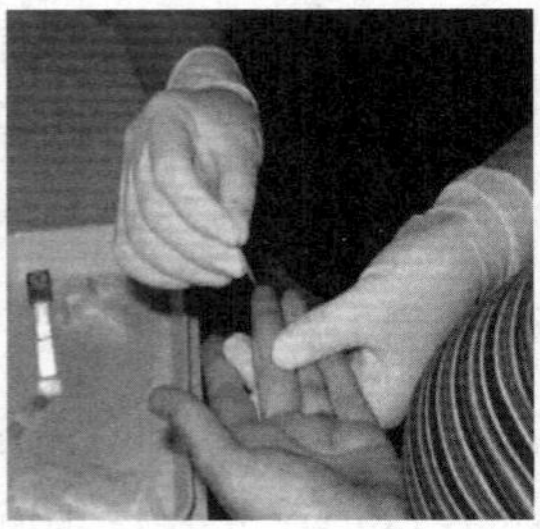

图 2-15 指尖血采血操作

1. 毛细血管采血法

毛细血管采血法又称为皮肤采血法（skin puncture for blood collection），主要用于需血量微小的检查项目。所获得的末稍血不单纯是毛细血管血，实际是微动脉、微静脉和毛细血管的混合血，并依采血时挤压的力度不同会含有少量细胞间质和细胞内液。

皮肤采血多选择手指指端或耳垂作为采血部位，采血针刺入皮肤深度应为 2mm（<2.5mm），采血局部应无炎症、水肿等。耳垂采血痛感较轻，操作方便，但血循环较差，受气温影响较大，检查结果不够恒定。手指采血操作方便，可获相对较多血量，检查结果也比较恒定，一般推荐采集左手无名指或中指指端内侧血。

采血针要用特制三棱针或专用“采血针”。为避免交叉感染，必须严格实行一人一针一管（毛细吸管）。其操作步骤如下：

(1) 消毒。以 75%的酒精消毒无名指或中指，然后以干棉球拭干手指上的酒精。

(2) 刺手指。手拿采血针，手的动作幅度不能过大，以免引起受试者胆怯。以手腕摆动的力量迅速刺入手指，不能过深也不能过浅，以刺入皮肤深度约 2mm 为宜。

(3) 取血。先将刺指尖后自然流出的血滴用干棉签拭去，再稍挤压手指以形成新的血滴，水平拿毛细管，用毛细管依靠虹吸作用吸入血液达所需 20μl 的刻度。

(4) 用干棉签拭去毛细管表面的血液和吸出多于所需刻度的血液。

(5) 将毛细管吸血的一端置于试管的液面以下，用胶头套住毛细管的另一端。

(6) 轻轻挤压吸头，使血液进入液体，然后稍微吸入一点液体冲洗干净毛细管里的血液，以免测试误差。

(7) 摇匀试管里的血液。

由于毛细血管采血方便易行，容易被受试者接受，因此在运动生化实验中广泛使用，但是，在应用毛细血管采血时应注意以下注意事项。

(1) 毛细血管采血时，务必清洁消毒，并使用一次性采血针，皮肤破损处禁止采血。

(2) 皮肤消毒后，一定要等酒精挥发干燥后采血，否则流出的血液会四处扩散而不形成血滴。

(3) 采血时不可用力挤压，以免组织液混入血液，使血液易于凝固或稀释，出现误差。

2. 静脉采血法

当检查项目使用血量较多时通常使用静脉采血法。静脉血能准确反映全身血液的真实情况，且不易受气温和末梢循环的干扰，更具有代表性。静脉采血时通常采用肘部静脉作为采血部位，如果肘部静脉不明显，还可用手背静脉、腕背静脉等。静脉采血法根据注射器与容器是否分开分为开放式静脉采血与封闭式静脉采血。开放式静脉采血由于对测试指标结果可能存在潜在的影响，目前通常采用封闭式静脉采血法。

封闭式静脉采血法，又称为负压采血法。其原理是封闭的试管内有定量的负压，使血液定量进入试管内，如果使用血量或检查项目较多，只要更换封闭的负压试管就可连续采血。封闭式采血有较多优点，所采集的血样无容器之间的转移，减少了溶血现象而有效保护血液有形成分，减少二次污染机会，保证待检血液样品原始性状的完整性，使检查结果更为真实；另外，采血样品运送方便，特别适用于运动场地流动采血，能避免对受试者血样品间的交叉污染。下面介绍封闭式静脉采血的操作步骤。图 2-16 为封闭式静脉采血所用真空管及采血方法。

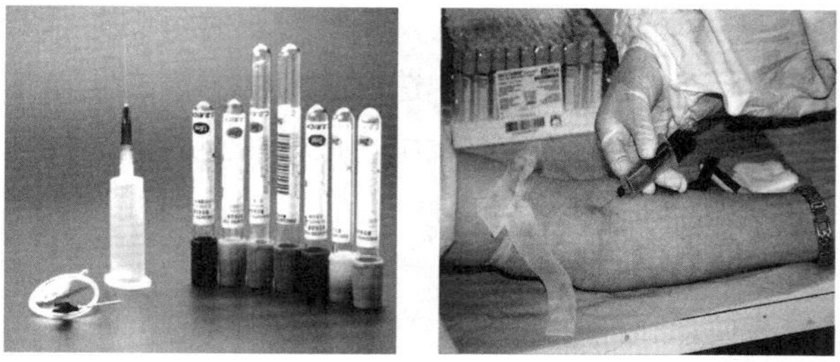

图 2-16　封闭式静脉采血所用真空管及采血操作方法

(1) 实验用品的准备

真空管、一次性采血针、止血带、小垫枕、2%碘酊、75%酒精、棉签。

(2) 采血部位选取

抽取静脉血时应选择粗直、弹性好、不易滑动的静脉。若要多次采集静脉血，为保护血管，应有计划地自远心端往近心端选择血管进行采血。常用做静脉血采集的有肘窝的贵要静脉、正中静脉、头静脉或手背。

(3) 操作方法

①备齐用品，核对试管编号。②选择合适的静脉部位，以手指探明静脉方向及深浅，在穿刺部位的上方（近心端）约 6cm 处扎紧止血带，用 2%碘酊消毒皮肤，待干后以 75%酒精脱碘，嘱受试者握拳，使静脉充盈。③穿刺时，以左手拇指绷紧静脉下端皮肤，使其固定，右手持静脉采血针，针头斜面向上，针头和皮肤呈 20°斜角，由静脉上方或侧方刺入皮下，再沿静脉方向潜行刺入（图 2-17）。④见回血，证实针头已入静

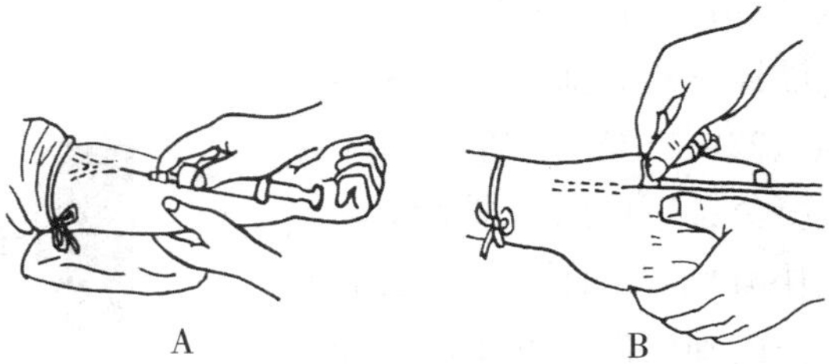

图 2-17　静脉采血操作中针头进针方法

A. 注射器进针法；B. 头皮针进针法

脉，可再顺静脉进针少许，松开止血带，嘱受试者松拳，固定针头，将针头的另一端刺入真空管以抽取一定量的血液。在抽血过程中，若血液流出缓慢或停滞，有可能是针头斜面贴紧血管壁或滑出静脉或穿透血管壁，应更改针头方向或拔出针头更换部位。⑤抽血完毕，以消毒棉签按压穿刺点，迅速拔出针头，嘱受试者屈肘按压片刻，以制止局部渗血。

(4) 注意事项

①采血前应向受试者解释，以消除其疑虑和恐惧心理。如遇受试者采血后发生晕厥，可让其迅速平卧休息片刻，一般可很快恢复。必要时可嗅芳香氨酊，针刺或指掐人中、合谷等穴位。②应防止血液样品溶血。造成溶血的原因有止血带捆扎时间太长，瘀血过久，或穿刺不顺损伤组织过多等。一般用止血带压迫时间最好不超过半分钟，否则将使生化结果升高或下降。③很多生化成分受膳食影响，因此，采血前要确认受试者是否空腹。

(二) 血液样品的处理

已收集的血液样品应防止样品管振荡造成溶血。溶血可影响测定结果。运动生化指标测试分析中，用来测试指标的血液样品分为血清、血浆和全血三种。血清不含纤维蛋白原，其余多数化学成分与血浆无差异。

1. 全血

保留血液的全部成分，由血细胞和血浆组成，主要用于血液学检查，如血细胞计数、分类和形态学检查等。全血样品一般不能冷藏，否则容易导致溶血，影响测试结果。

2. 血清与血浆

血液样品采取后应尽可能早地、自然地使血清（浆）从与血细胞接触的全血中分离出来。一般应于采血后 2 小时内分离出血清或血浆。全血制备血清或血浆时有不同的具体要求。

(1) 血清

血清为血液离体后自然凝固后析出的液体部分，除纤维蛋白原等凝血因子在凝血时被消耗外，其他成分与血浆基本相同（图 2-18）。全血样本制备成血清时，血液样本离心前一般应令其自行凝集，通常于室温（22～25℃）放置 30～60 分钟血样本可自发完全凝集，不可用木棍等剥离凝血块。加促凝剂可加快凝集，但样本采集后应轻轻颠倒混合 5～10 次，以确保促凝剂作用。为加快血清与血凝块间的分离，待血液样本自行凝集 1～2 小时后，可采用离心机进行离心，转速

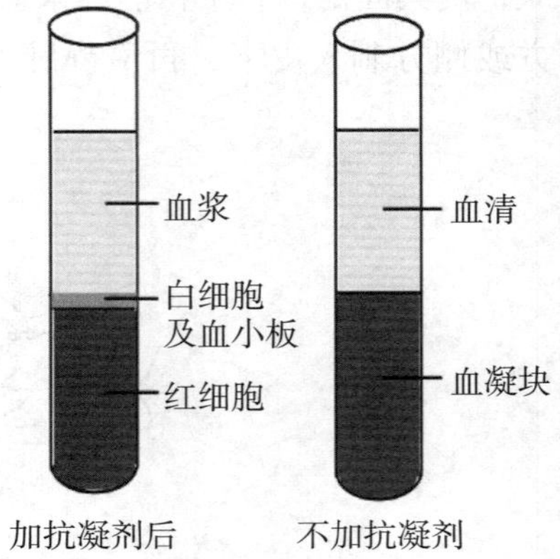

图 2-18　血清与血浆制备后成分差异

3000rpm，离心 10 分钟，离心后用清洁干燥试管分装血清。

(2) 血浆

血浆是全血抗凝之后经离心除去血细胞成分部分（见图 2–18）。血浆除钙离子外，含有其他凝血因子，特别适合于血栓与止血的检查。需用血浆样品时，必须使用含抗凝剂的血液样品收集管，而且采血后必须立即轻轻颠倒采血管混合 5～10 次，以确保抗凝剂发挥作用。5～10 分钟后即可分离出血浆。为加快血浆分离，可采用离心机进行离心，转速 3000rpm，离心 10 分钟，离心后用清洁干燥试管分装血浆。

(3) 血液样品处理后的存放

血液样品处理后，有时不能在短时间内完成对指标的测试，故需根据测试时间要求对分离出的血清或血浆做相应条件的贮存。实验室的室温和血清或血浆的贮存温度、时间，是分析物稳定性和测定结果准确性的重要影响因素。

①血清或血浆必须保存于密闭的试管中，于 22～25℃血清或血浆的保存不超过 8 小时。

②实验于 8 小时内不能完成时，血清或血浆应置 2～8℃保存。

③48 小时内不能完成的实验项目，或分离的血清或血浆需贮存 48 小时以上时，应置于–20℃保存。

④样品不可反复冻融，且不可贮存于无霜冰箱，否则会造成样品温度变化。

⑤离心后分离凝胶（凝胶屏障）上面的血清可保存 2～5 天（亦有报道 4℃可贮存 24 小时），但必须保证凝胶的完整性；应用非凝胶分离物质时，离心后必须立即将血清或血浆移出。

⑥样品冷藏可抑制细胞代谢，稳定某些温度依赖性成分，但血钾测定样品冷藏不得超过 2 小时，血清或血浆酶类检测时样品应尽早检测，否则会影响酶类的活性。

(三) 尿液样品采集与制备

在运动训练过程中，运动员的身体机能及负荷评定的监测通常要做到快速诊断、方便检测及无创性，而血液指标测试有一定的创伤性，对于频繁用手的运动项目有时也会因手指的创伤疼痛而影响运动能力的发挥。因此，采用尿液是目前运动训练中用得较多的测试样品。

1. 尿液样品的采集容器

尿液样品的采集容器应由不与尿液成分发生反应的惰性材料制成，洁净、无菌、加盖、封闭、防渗漏，广口、具有较宽的底部、容积应大于 50ml、盒盖易于开启，不含防腐剂和抑菌剂。图 2–19 是尿液样品采集杯。

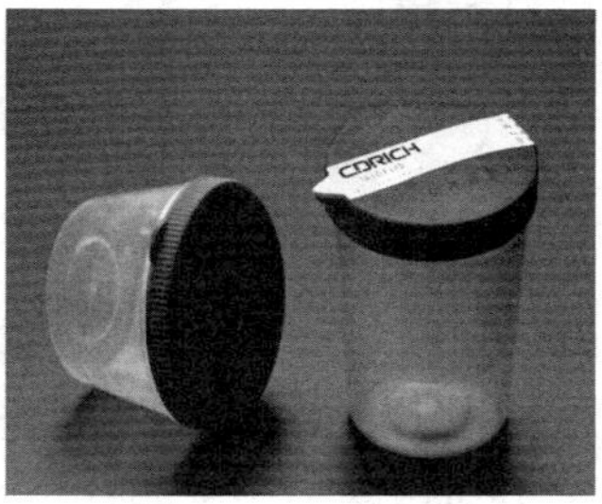

图 2–19　尿液样品采集杯

2. 尿液样品的采集方法

尿液样品的采集方法与要求如下：

（1）**清洁中段尿采集**

清洁中段尿采集最好留取早晨中段尿样品，自然排尿，将前段尿排去，截留中段尿10～20ml 直接排入专用的无菌尿样采集杯中，立即送检。

（2）**留 12 小时或 24 小时尿液样品的采集**

留 12 小时或 24 小时尿液样品采集需准备清洁带盖，容量为 3000～5000ml 的大口容器，贴上标签，注明采集的起止时间，并向运动员说明留尿的目的、方法，以取得合作。嘱咐运动员于清晨 7 时排空膀胱，弃去尿液，记录开始留尿时间，运动员排第一次尿时即应加防腐剂（表 2–2），使之与尿液混合，防止尿变质；至次日晨 7 时排尽最后一次尿，即 24 小时尿液全部送检。留 12 小时尿样品，应从 19 点开始至次日晨 7 点止。

表 2–2　24 小时尿液样品采集时常用的防腐剂

剂名	机理	应用举例
甲苯	保持尿液的化学成分不变，形成一薄膜覆盖尿液表面，防止细菌污染	尿肌酐、肌酸等须加入 10ml
浓盐酸	使尿液在酸性环境中，能防止尿中激素氧化	17–羟类固醇与 17–酮类固醇等检查 24 小时尿中加 5~10ml

（四）尿液样品的处理

尿液样品采集后应及时送检，室温下保存时间不得超过 2 小时，夏季保存时间应适当缩短或冷藏保存，4℃冷藏保存时间不得超过 8 小时，否则影响测试结果。

二、动物样品采集与制备

由于人体实验样品的采集有限，大多只能采集到血液、尿液等创伤性小或无创伤的样品，大大限制了运动生化的实验研究。因此，在运动生化实验研究中，经常采用动物实验，并大多以大鼠和小鼠为实验对象，通过一定的运动干预后可采集动物的各个组织器官样品进行测试。实验动物采集样品需经麻醉、解剖后，才能对血液及组织器官样品进行采集。

（一）实验动物的麻醉

动物麻醉的方法较多，有吸入麻醉、静脉注射麻醉、腹腔注射麻醉和气管内插管麻醉等，在运动生化的动物实验研究中，一般采用注射麻醉方法。

注射麻醉法通常采用静脉注射、腹腔注射、肌肉注射等方法进行麻醉。小鼠、大鼠等小动物常采用腹腔注射的方法。常用麻醉药的剂量及注射途径见表 2–3。但实际工作中影响麻醉效果的因素很多，包括动物的品系、年龄、环境条件、麻醉剂的纯度、操作

表 2–3 实验动物常用麻醉药的剂量及注射途径

种类	戊巴比妥		硫喷妥钠		盐酸氯胺酮		水合氯醛		乌拉坦	
	mg/kg	途径	mg/kg	途径	mg/kg	途径	mg/kg	途径	mg/kg	途径
小鼠	35	IV	25	IV						
	50	IP	50	IP	22~24	IM	400	IP		
大鼠	25	IV	20	IV						
	50	IP	40	IP	22~24	IM	300	IP	0.75	IP

注：IV 为静脉内注射；IP 为腹膜内注射；IM 为肌肉注射

人员的技术熟练程度等，因此表中的数据仅供借鉴参考。

腹腔注射的部位为下腹部腹中线左右两侧 1cm 处，为避免伤及内脏，抓取并固定动物时应使头稍向后低，使内脏移向上腹。腹腔注射时，注射部位消毒后，右手持注射器在注射位置将针头刺入皮肤，针头到达皮下后，再稍向前进针后以约 45°角刺入腹腔，针尖通过腹腔后抵抗力消失，回抽针栓，如无回血或液体方可注入药液。腹腔注射通常均选取 5 号针头。大、小鼠腹腔注射时一般以左手固定动物，右手注射即可；对体重较大的大鼠，可由一人固定动物，暴露腹部，另一人进行注射操作。腹腔注射麻醉法麻醉时，给予麻醉药后，动物即倒下，全身无力，反应消失，表明已达到适宜的麻醉效果，是进行实验采样的最佳时期。

（二）动物血液样品的采集与制备

实验研究中，经常要采集实验动物的血液进行常规检查或分析某些生化物质，故必须掌握血液的正确采集、分离和保存的操作技术。

1. 大鼠、小鼠的采血方法

采血方法的选择，主要决定于实验的目的所需血量以及动物种类。凡用血量较少的检验可刺破组织取毛细血管的血样，当需血量较多时可作静脉采血或腹主动脉取血。下面重点介绍剪尾巴、眼眶静脉和腹主动脉取血等方法。

（1）剪尾巴采血法

固定动物并露出鼠尾。将尾部毛剪去后消毒，然后浸在 45℃左右的温水中数分钟，使尾部血管充盈。再将尾擦干，用锐器（刀或剪刀）割去尾尖 0.3 ~ 0.5cm，让血液自由滴入盛器或用血红蛋白吸管吸取，采血结束，伤口消毒并压迫止血。也可在尾部做一横切口，割破尾动脉或静脉，收集血液的方法同上。若剪尾后，未见血，可用手沿尾根部至尾尖部捋尾巴，血液即可流出，取血后用干棉球压迫止血。每只鼠一般可采血 10 余次以上。小鼠每次可取血 0.1ml，大鼠 0.3 ~ 0.5ml。

（2）眼眶后静脉丛采血

穿刺采用一根特制的、长 7~10cm 硬的玻璃取血管，其一端内径为 1 ~ 1.5mm，另一端逐渐扩大，细端长约 1cm 即可，将取血管浸入 1%肝素溶液，干燥后使用。采血时，左手拇指及食指抓住鼠两耳之间的皮肤使鼠固定，并轻轻压迫颈部两侧，阻碍静脉回流，使眼球充分外突，提示眼眶后静脉丛充血。右手持玻璃制的毛细采血管（小鼠采血管直径约 1mm，大鼠采血管直径约 2mm）以大约 45°角从内眼角刺入，并向下旋转，感觉刺入血管后，再向外边退边吸，使血液顺取血管自由流入小管中，当得到所需血量后，放松加于颈部的压力，并拔出采血器，以防穿刺孔出血。采血后，用消毒纱布压迫眼球止血 30 秒。用本法在短期内可重复采血。体重 20 ~ 25g 的小鼠每次可采血 0.2 ~ 0.3ml；体重 200 ~ 300g 大鼠每次可采血 0.5~1.0ml。

（3）腹主动脉采血

操作时将动物麻醉，仰卧位固定，剖开腹腔。开腹时，尽可能减少出血，将肠管推向一侧，然后用手指轻轻分开脊柱前的脂肪，暴露出腹主动脉，用针管在腹主动脉分叉处，与血管平行刺入，回抽采血。采血时应保持动物安静，若动物挣扎躁动，需停止采血，追加麻醉后再进行采血，但追加麻醉药剂量一定要适中，切不可造成麻醉过深动物死亡。采用这种方法，体重 200 ~ 300g 的大鼠可采血 10ml 以上。

采血时要注意：①采血场所有充足的光线，保持适宜室温。室温夏季最好保持在 25 ~ 28℃，冬季最好 15 ~ 20℃为宜；②采血用具需要进行消毒；③采血用的注射器和试管必须保持清洁干燥；④若需抗凝全血，在注射器或试管内需预先加入抗凝剂。

2. 动物血液样品处理、保存及其注意事项

动物血液样品的处理与人体血液样品的处理方法相同。

动物血液样品采集后应避光保存，保存容器以玻璃、聚氯乙烯和聚四氟乙烯制品为宜。血清一般保存于 4 ~ 6℃冰箱或冻结保存数天，多数成分是比较稳定的。全血切勿冰冻，因红细胞在冰点下受到物理作用的改变不可逆，将会溶血，影响测定结果。需用全血或血浆的检验项目必须用抗凝容器盛血液样品，于 4 ~ 6℃冰箱中保存。全血在保存期间如发现界限不清，血浆与红细胞层交界处有松散的红色，表示有轻度溶血，红色增多则是溶血加重，不能再使用。

（三）动物肌肉样品的采集与制备

肌肉是肢体运动的首要执行者，运动能力的高低主要体现在肌肉做功的能力。因此，在运动生化的动物实验研究中，肌肉生化分析是探讨运动能力和训练效果常用的方法。目前，对于动物实验肌肉的研究主要集中在股四头肌、腓肠肌和比目鱼肌。

1. 股四头肌的采集

股四头肌，属膝关节肌，位于股骨的背面和两侧。采集完整的股四头肌，先分离开股薄肌，然后切断髌韧带，并提起髌韧带向上分离，逐步分离股外侧肌、股内侧肌、股直肌和股中间肌的起点。采集后的股四头肌用滤纸吸干血液后立即投入液氮中速冻，并转至−70°C 冰箱保存。

2. 腓肠肌与比目鱼肌的采集

腓肠肌与比目鱼肌的完整采集需从小腿三头肌的远端肌腱进行分离，然后顺着肌肉

走向，向上分离出完整的腓肠肌内侧头与腓肠肌外侧头及比目鱼肌近端，用滤纸吸干血液后立即投入液氮中速冻，并转至-70°C 冰箱保存。

（四）动物器官样品的采集方法

动物器官样品采集时，首先检查脏器的位置是否正常，大网膜脂肪的含量、肾周脂肪含量等。为保证组织器官不受血液污染，一般先取腹腔脏器，后取胸腔脏器。

1. 腹腔脏器的采集

可由膈处切断食管，由盆腔处切断直肠，将胃、肠、肝、胰、脾一起采出，分别检查，可按脾、胰、胃、肠、肾、肝、膀胱、生殖器的次序分别采出。

2. 胸腔脏器的采集

用镊子夹住胸骨剑突，剪断横膈膜与胸骨的联结，然后提起胸骨，在靠近胸椎基部，剪断左右胸壁的肋骨，将整个胸壁取下。打开胸腔后，注意检查胸腔液的数量和性状，胸膜的色泽，有无出血、充血或粘连等。检查心包时，注意心包的光泽度及包内的液体含量、色泽、性质、透明度。

（1）胸腺。采取胸部器官时，首先要采出胸腺，胸腺易被破坏，应特别小心。

（2）心脏。在心包左侧中央做十字形切口，用镊子夹住心尖，提出心脏，可沿心脏左侧的左纵沟切开左右心室，检查血液及其性状，然后用镊子轻轻牵引，切断心基部的血管，取出心脏。

（3）肺脏。用镊子夹住气管向上提起，剪断肺脏与胸膜的连结韧带，将肺脏取出。

3. 颅腔器官的采集

沿环枕关节横断颈部，使头颈分离，再去掉头盖骨，用镊子提起脑膜，用剪刀剪开，检查颅腔液体数量、颜色、透明度。用镊子钝性剥离大脑与周围的连结，然后将大脑从颅腔内撬出。

（五）组织匀浆的制备

动物组织器官采集后，首先必须进行匀浆后取上清液，才能进一步作生化指标测试。下面主要介绍组织匀浆制备方法。

1. 称重

取组织块 0.2 ~ 1g 在冰冷的生理盐水中漂洗，除去血液，滤纸拭干，称重，放入 5ml 或 10ml 的小烧杯内。

2. 取匀浆介质

用移液管量取预冷的匀浆介质（pH 值 7.4，0.01mol / L Tris-HCl，0.0001mol / L EDTA-2Na，0.01mol / L 蔗糖，0.8%的氯化钠溶液）或用 0.86%冷生理盐水，匀浆介质或者生理盐水的体积总量应该是组织块重量的 9 倍，用移液管或移液器取总量 2 / 3

的匀浆介质或生理盐水于烧杯中，将烧杯放置在冰浴中用眼科小剪尽快剪碎组织块。

3. 匀浆

匀浆的方式一般有手工匀浆、机器匀浆和超声匀浆等。

(1) 手工匀浆

将剪碎的组织倒入玻璃匀浆管中，再将剩余的 1/3 匀浆介质或冷生理盐水冲洗残留在烧杯中的碎组织块，一起倒入匀浆液中进行匀浆，左手持匀浆管将下端插入盛有冰水混合物的器皿中，右手将捣杆垂直插入套管中，上下转动研磨数十次（6~8 分钟），充分研碎，使组织匀浆化。

(2) 机器匀浆

用组织捣碎机（10000~15000rpm 上下研磨制成 10%的组织匀浆，也可用内切式组织匀浆机制备，匀浆时间 10 秒/次，间隙 30 秒，连续 3~5 次，在冰水中进行。皮肤、肌肉组织等可延长匀浆时间。

(3) 超声粉碎

用超声粉碎机进行粉碎，可用 Soniprep150 型超声波发生器以振幅 14μm 超声处理 30 秒使细胞破碎，也可用国产超声波发生仪，用 400 安培，5 秒/次，间隙 10 秒反复 3~5 次。

4. 离心

将制备好的 10%匀浆用普通离心机或低温低速离心机 2000rpm 左右离心 10~15 分钟，若检测 ATP 酶，则只需 1000rpm，离心 5 分钟，将离心好的匀浆留上清弃下面沉淀。然后根据不同测试指标的需要，取适量上清液进行各种指标测定。

第四节　常用运动设备与操作

在运动生化实验过程中，除需要生化仪器设备外，也离不开运动设备和器材。根据实验对象的不同，运动设备一般可分为人体实验运动设备和动物实验运动设备两种。人体实验运动设备是指在进行人体实验过程中所用到的运动设备及其辅助运动设备，一般有功率自行车和运动跑台（跑步机）等；动物实验运动设备则是指用于动物实验过程中用到的运动设备及其辅助运动设备，一般有动物跑台、水槽、转笼和爬梯等。

一、人体实验运动设备与使用

人体实验中通常使用的运动设备有自行车功率计和运动跑台。

（一）自行车功率计

自行车功率计是运动生化实验中最常使用的运动设备之一。可根据实验要求设定不同的负荷强度，使受试者进行抗阻运动，此种设备大多适用于短时间、大强度的运动实验（如无氧功率、乳酸阈、力竭运动试验等）。同时，自行车功率计也可与相应的配套仪器（如遥测心率仪、心电图机等）一起使用测定无氧代谢能力、有氧代谢能力、最大摄氧量、运动中心率、动态心电图等。

功率自行车的工作原理是，通过让受试者在预先设定的负荷强度下进行踩踏自行车功率计，用负荷强度与负荷时间的乘积来计算受试者所做的功，并对其作出评价。

图 2–20　功率自行车

1. 使用方法

下面以 818E 型 Monark 功率自行车为例（图 2–20）介绍功率自行车的使用方法。

受试者衣着要宽松、必须穿运动鞋。测试前让受试者做 3 ~ 5 分钟的准备活动，当心率恢复至 100 次 / 分钟时，可开始正式测试。测试前，调节自行车的座高、脚踏扣带，并让受试者适应自己将要进行的负荷。

（1）持续按“功能”键直到出现 rpm 图标，如开始功率为 50W、蹬速为 50rpm，这时应转动负荷调整旋钮至 1Kp，并在此负荷下控制保持蹬车速度为 50rpm，则此时踩车功率为 50W。

（2）在正式测试开始时，迅速由零阻力加到预定阻力，要求受试者蹬车速度保持在所设定的圈数，直至运动结束。

（3）若进行递增负荷运动，则每完成一级负荷运动后，在受试者保持预定蹬车速度下，迅速转动负荷调整旋钮至下一级负荷功率，直至运动结束。

（4）功率换算。功率换算表（表 2–4）设置在自行车上，可以找出蹬速为 30 ~ 110rpm

表 2–4　rpm 与 Kp 对应功率换算表

rpm	Kp 1	2	3	4	5	6	7
	Watt						
30	30	60	90	120	150	180	210
40	40	80	120	160	200	240	280
50	50	100	150	200	250	300	350
60	60	120	180	240	300	360	420
70	70	140	210	280	350	420	490
80	80	160	240	320	400	480	560
90	90	180	270	360	450	540	630
100	100	220	300	400	500	600	700
110	110	220	330	440	550	660	770

之范围内与负荷 1～7Kp 之间的功率对应关系。假设蹬速为 100rpm，选择阻力 3Kp，那么在 rpm 为 100 的那行与 3Kp 该列相交，可以知道功率为 300W（见表 2–4 下画线处），其他的依此类推。

2. 注意事项

（1）测试时应让受试者熟悉功率自行车的结构，并在功率车上做充分的准备运动。

（2）起始功率的设定要因人而异。

（3）运动负荷要缓慢递增，定量负荷测试时应以达到设定负荷时才开始计时。

（4）做好受试者的安全保护措施。

（二）运动跑台

运动跑台也是运动生物化学人体实验研究中最常用的运动设备之一，是替代室外步行和跑步而专门设计的运动设备，可准确测定受试者的运动强度和运动量。运动跑台可根据实验测定的需要，改变跑步速度，最终达到所需的运动负荷。运动跑台从功能来讲可分为单功能跑台和多功能跑台。运动生化实验中大多使用多功能的电动跑台。

运动跑台是电机以不同速度带动跑带，促使跑步者也以相同速度或坡度被动地跑步或走动。在实验开始前可对跑速和坡度进行预设，也可以在跑步过程中随时调节速度和坡度。

1. 使用方法

下面以 TRACKMASTER 型跑台（图 2–21）为例介绍其使用方法。

图 2–21　人体运动跑台

受试者衣着宽松、穿运动鞋。测试前让受试者做 3～5 分钟的准备活动，初次使用要先适应跑台，再进行正式实验。

（1）接通电源，打开开关。

（2）操作者按“PROGRAM SELECT”键，选择“MANUAL”手动练习功能，按回车键确认。

（3）按数字键输入体重，按回车键确认。

（4）按数字键 1 选择距离练习，按数字键 2 选择时间练习。如果选择距离练习，用数字键输入最大距离，以公里表示；如果选择时间练习，用数字键输入最长运动时间，以分钟表示，按回车键确认，然后按开始键开始。

（5）受试者开始跑步。

（6）在跑步过程中，操作者可按坡度按键旁的“+”或“–”增加或降低坡度，按速度按键旁的“+”或“–”增加或降低跑步速度；或用数字键输入速度，按“+”或“–”确认。

（7）预设运动时间结束时，跑台自行减速至停止。

2. 注意事项

(1) 受试者在运动前需先适应跑台运动，适应跑台后再进行正式实验。

(2) 起始跑速宜小，等受试者适应后调到目标速度。

(3) 如受试者自述身体不适或出现脸色苍白症状时，可立即按急停按钮停止运动。

二、动物实验运动设备与使用

在运动生物化学实验研究中，动物实验的研究相当广泛。动物实验中运动的设备一般有动物跑台、动物游泳水槽、转笼、爬梯等。

(一) 动物跑台

动物跑台是目前动物实验研究中运用最为广泛的一种运动设备（图 2-22）。在运动生化实验中，动物跑台主要用于白鼠类小动物做跑步运动训练，其训练强度指标控制较其他类型的运动方式更加准确，并且操作简单。动物跑台一般有 5 ~ 10 条跑道。跑道采用电机带动，跑道倾角可以调节，并且具有脉冲频率和电压调节的电刺激，速度、跑距和时间均用 LED 显示。

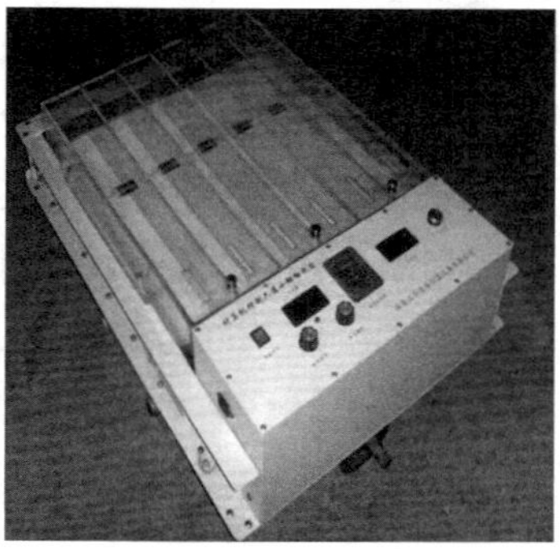

图 2-22　动物运动跑台

1. 使用方法

(1) 接通电源，打开跑台开关。

(2) 在每条跑道中各放入一只白鼠，然后调节跑速旋钮（如需坡度，要先调节坡度），先在低速度做适应性跑，并逐渐调至预定跑速。显示屏自动显示跑速、时间和总距离（如实验需要，可打开声音刺激和电刺激按钮）。实验中应有专人控制。

(3) 当白鼠完成训练时，逐渐调慢速度至停止。

(4) 将白鼠放回饲养笼。

(5) 清洁跑台。

2. 注意事项

(1) 严格操作规程，跑速调节应从低速渐进至高速，严禁长时间使用高压电刺激。

(2) 在动物训练跑步过程中，必须有专人在场，一旦出现实验动物被传送带夹住或被电极片夹住，应尽快将动物取出，以免损坏跑台或使实验动物受伤或致死。

(3) 动物训练结束后应及时清洁，清理跑台在实验过程中动物遗留的粪便、尿液、体毛或其他杂物。

(二) 动物游泳水槽

在动物实验中，使用游泳水槽也是动物训练常用的方法之一。目前，动物训练游泳水槽有水流静止的简易水槽和水流可控的流动水槽两种。由于简易游泳水槽中水是静止的，实验动物往往会浮在水面不运动或扒壁休息，影响运动负荷实施和训练效果。故此，在动物实验中最好采用流动水游泳水槽。

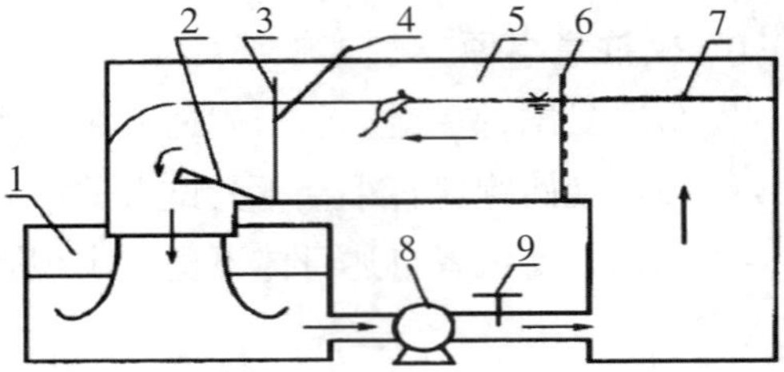

图 2-23　动物实验水流系统示意图

注：1. 蓄水箱；2.可调节上倾式堰；3. 滤网；4. 斜挡板；5. 流动水槽；6. 整流栅；7. 抑波板；8. 水泵；9. 阀门。

流动水槽包括进水段、工作段和出水段三部分，其中大鼠游泳工作段长1.2m。工作段为透明有机玻璃，实验人员可清晰地观察水流状态和动物实验过程。水槽进水段设置了抑波板和整流栅，使工作段水流在全槽内均匀和平稳；出水段设置了滤网和可调节上倾式堰：滤网可使动物及其毛发和排泄物不能进入蓄水池；可调节上倾式堰可控制水槽内的水深；自循环供水系统的最大流量为 0.055m³ / s；水泵出口处设置调节阀门以控制水槽流量。另外，水泵室内还安有水温调节器，以保持水温的恒定。

当水泵运转时，游泳水槽中的水开始流动，水流方向从喷头流向隔板的下檐，迫使动物逆水游泳，并维持自身上浮于水面而不致下沉，从而达到完成一定负荷游泳训练的目的。

1. 使用方法

(1) 接通电源。

(2) 打开注水阀门。

(3) 调节水流速度。

(4) 放入大鼠，并计时。

(5) 游泳训练结束时，关闭电源。拿出大鼠，迅速将其擦干，放回饲养笼。

2. 注意事项

(1) 水温一般选择 32 ~ 36℃，一般以 36℃为最适宜的水温。

(2) 大鼠在游泳过程中会有一些大便产生，事先准备器具及时将其捞出，以免水出现浑浊。

(3) 实验结束后，应将水槽内的水排干净，并做好清洁。

(三) 转笼

图 2-24　动物转笼

转笼是适合小动物进行运动的灵活设备，由转笼组件、笼体以及转动方向速度传感器组成(图 2-24)。其工作原理是根据动物自身运动来驱动转轮运转。在这种设备中，笼内动物长期活动的信息，如转笼转动方向、转数、累计总行程等都能够通过磁开关和智能长度计记录采集数据，从而可测量长时间实验中的实验动物的运动行为。

1. 使用方法

（1）将实验动物放入自主转笼内。

（2）待动物开始转笼后开始计时。

（3）实验结束，记录时间和转数，将实验动物拿出。

（4）清洁转笼。

2. 注意事项

（1）评估实验动物大小，选择合适的转笼，转笼不易太小。

（2）动物在运动过程中，要有专人看护，如出现动物被夹或其他意外情况，要及时采取措施，以免动物受伤。

（3）实验结束时，应及时清洁转笼。

（四）爬梯

爬梯是为动物模拟抗阻运动而设计的一种实验仪器设备（图 2–25）。梯子共 1m 长，共有 26 级台阶，实验时梯子被钉在垂直的墙体上，正下方放一冷水水缸，大鼠为避免掉入冷水中而被迫不断爬梯，从而达到调节不同抗阻练习负荷的目的。实验中可通过在大鼠尾部悬挂不同砝码重量来达到控制抗阻负荷的目的。

图 2–25　动物爬梯

1. 使用方法

（1）在大鼠尾部绑定负重砝码。

（2）将大鼠放在梯子的最下方，大鼠为避免掉入冷水缸而自动爬梯。

（3）等大鼠爬到顶部，重复（2）的步骤，记录爬梯次数。

（4）实验结束后，将大鼠放回饲养笼。

2. 注意事项

（1）实验前正确评估大鼠的负重能力。

（2）每次绑定砝码时，注意更换尾部位置，避免局部皮肤被磨破。

（3）需专人看护，防止大鼠坠入冰水中淹死。

思考题

（1）运动生物化学实验中常用的仪器设备有哪些？

（2）简述移液管的使用方法。

(3) 简述分光光度计的测试原理及721型或S22PC分光光度计的操作。
(4) 试述化学试剂配制的流程。
(5) 生化试剂盒有哪些种类？怎样选购合适的生化试剂盒？
(6) 血液样品的采集有哪几种方法，各有何优缺点？
(7) 试述血清与血浆的分离方法，各成分有何异同？
(8) 试述动物血液样品的采集方法的操作要领。
(9) 试述大鼠股四头肌与腓肠肌样品采集时的操作要领。
(10) 怎样根据实验研究要求选择合适的运动设备？

参考文献

[1] 曾慧慧，刘俊义. 现代实验化学 [M]. 北京：北京大学医学出版社，2004.
[2] 张维铭. 现代分子生物学实验手册 [M]. 北京：科学出版社，2003.
[3] 王继贵. 临床生化检验 [M]. 长沙：湖南科学技术出版社，1996.
[4] 梁华铭. 临床生化检验试剂盒的选择及其质量控制 [J]. 中外医疗，2010，2：189.
[5] 陈晓旭，刘扬. RT-2100C型酶标分析仪的应用与维护 [J]. 医疗卫生装备，2008，29（6）：70-71.
[6] 张秀华，王娟；蔺怀艳. 尿液样品的收集与保存 [J]. 包头医学，2000，24（4）：43.
[7] 赵建宏. 医学检验标本留取及收集指南 [M]. 北京：中国科学技术出版社，2007.
[8] 石凌波，崔伟历，张凤川. 检验医学分析前质量控制 [M]. 北京：人民军医出版社，2008.
[9] 何诚. 实验动物学 [M]. 北京：中国农业大学出版社，2006.
[10] 北京化学试剂公司. 化学试剂目录手册 [M]. 北京：北京工业大学出版社，1999.

第三章　运动生物化学基础性实验

运动时机体承受负荷能力以及身体机能和健康状态与体内某些化学物质的变化有密切的关系，测试相应生化指标可以客观、准确地评定运动负荷、身体机能和健康状态，从而更好地指导运动训练和健身锻炼。因此，掌握与运动训练和身体健康相关常规生化指标的测试方法与技术是运动生物化学实验的基础内容，也是以后开展运动生物化学综合性、研究性实验的前提。本章安排 20 个实验项目，内容涉及磷酸肌酸、糖、脂肪、蛋白质代谢，以及某些酶活性、自由基、激素和骨代谢等相关常规生化指标的测试。

实验一　血红蛋白的测定（氰化高铁血红蛋白法）

血红蛋白（Hb）也称血色素，它是红细胞的主要成分，其主要功能是运输氧气和部分二氧化碳的载体，并具有维持体液酸碱平衡的作用。

男性成人血红蛋白正常参考值为 120～160g/L，女性成人正常参考值为 110～150g/L。我国运动员血红蛋白范围与正常人基本一致。不同运动训练阶段，血红蛋白的含量不同，这与运动员的机能状态、训练水平及遗传等因素有关系。因此，系统地测试血红蛋白含量，对于评定运动员机能状态和运动员选材等具有重要意义。

目前，测定血红蛋白的方法很多，常见的有直接比色法、间接比色法、光电比色法等。本实验采用氰化高铁血红蛋白法测定血红蛋白。

一、实验目的

(1) 了解血红蛋白测试的意义。
(2) 学习掌握血红蛋白的实验原理和操作方法。
(3) 巩固采集指尖末梢血、移液管、分光光度计的操作技能。

二、实验原理

血红蛋白被高铁氰化钾［$K_3Fe(CN)_6$］氧化成高铁血红蛋白（Hi），高铁血红蛋白与氰离子（CN^-）结合成氰化高铁血红蛋白（HiCN），它在波长540nm处有一吸收峰，测定其光密度，与标准血红蛋白进行比较，可得到血红蛋白的含量。其化学反应式为：

$Hb + [K_3Fe(CN)_6] \rightarrow Hi$

$Hi + CN^- \rightarrow HiCN$

三、实验试剂

（1）75%酒精。

（2）氰化高铁血红蛋白稀释液：称取高铁氰化钾［$K_3Fe(CN)_6$］200mg，氰化钾（KCN）50mg，磷酸二氢钾（KH_2PO_4）140mg，加蒸馏水稀释至1L。此液应置于棕色试剂瓶中，放在室内阴暗处或冰箱4℃以上，可保存数月。注意不能冷冻。或用市售文氏液配制（1∶100）

四、实验材料与仪器

S22PC分光光度计、采血针、采血管、消毒棉球、移液管、普通试管。

五、实验步骤

（1）试管中准确加入氰化高铁血红蛋白稀释液5ml。

（2）用75%酒精消毒指尖或耳垂，并用干棉球擦干，然后用一次性采血针穿刺指尖或耳垂。擦去开始冒出的第一滴血。

（3）用一次性微量采血管准确吸取全血20μl，擦去采血管管端和外部的血迹，加入氰化高铁血红蛋白稀释液中，并将采血管反复吸洗三次，混匀。

（4）放置3～5分钟，倒入光径1cm的比色皿中，用S22PC分光光度计在波长540nm下进行比色。用氰化高铁血红蛋白稀释液作试剂空白，校正光密度到0点，读出测定管的光密度值，记录数据。具体过程见表3–1。

表3–1　氰化高铁法测定血红蛋白操作步骤

	空白管	标准管	测定管
氰化高铁血红蛋白稀释液（ml）	5.0	5.0	5.0
新鲜手指血（ml）	–	–	0.02
氰化高铁血红蛋白标准液（ml）	–	0.02	–
充分混匀后，放置3min，以空白管调零，在波长540nm处比色，读取测定管及标准管光密度OD值			

六、注意事项

(1) 试剂中含有氰化物（剧毒），在实验进行过程中避免污染，实验完毕后注意药品的处理，不能乱倒。

(2) 取血时注意擦干手，消毒，采集第二滴血。

七、结果计算

血红蛋白（g/L）= 测定管光密度值 ×（64458/44000）× 251

= 测定管光密度 × 367.7

式中：

(1) 64458 是目前国际公认的血红蛋白分子量。

(2) 44000 是国际血液学标准化委员会公布的血红蛋白摩尔吸光度。

(3) 251 是稀释倍数。

八、评定与应用

血红蛋白是运输氧气和二氧化碳的载体，又具有维持体液酸碱平衡的作用，因此，血红蛋白的含量直接影响体内物质代谢与能量代谢，从而影响人体的身体机能及运动能力。当运动员血红蛋白增加时，表示身体机能增强；当运动员血红蛋白下降时，则表示运动负荷过大，运动员的身体机能下降。

一般认为运动员在大运动量训练开始时，易出现血红蛋白下降，这是红细胞溶血增多造成的。因此，血红蛋白浓度降低是大运动量的早期反应，经过一个阶段训练后，身体对运动量产生适应时，血红蛋白的浓度又会回升，这是机能改善和运动能力提高的表现，此时运动员比赛成绩一般较好；如果训练一个阶段后血红蛋白水平仍未回升，甚至还有下降的趋势，此时应注意调整训练计划并加强营养的补充。

测定血红蛋白一般以训练周期为单位，在膳食不变的前提下，血红蛋白的变化显著依赖于运动量的变化，并常常出现对运动量影响的滞后性，一般滞后周期为一周左右，这种情况下往往运动员自述乏力、有疲劳感，而测试指标却无明显的下降迹象，表明运动负荷已经对运动员的机体造成了影响，但并未马上反映出来。因此，运用该指标时应该注意掌握规律，通过系统的纵向跟踪，掌握运动员在能量摄入和营养补充不变的前提之下，运动负荷和血红蛋白变化之间的关系，同时注意结合其他指标综合评定运动员的机能状态。

思考题

(1) 试述血红蛋白测试的方法和原理。
(2) 运动训练对血红蛋白含量有何影响?
(3) 在训练周期中如何运用血红蛋白指标评定运动负荷量和运动员身体机能状况?

参考文献

[1] 冯连世，李开刚. 运动员机能评定常用生理生化指标测试方法及应用［M］. 北京：人民体育出版社，2002.
[2] 翁锡全. 运动生物化学目标教学指南［M］. 广州：广东人民出版社，2001.
[3] 林文弢. 运动生物化学［M］. 北京：人民体育出版社，2009.
[4] 冯连世，冯美云，冯炜权. 优秀运动员身体机能评定方法［M］. 北京：人民体育出版社，2003.
[5] 冯美云. 运动生物化学［M］. 北京：人民体育出版社，1999.

实验二　尿肌酐的定量测定（碱性苦味酸法）

肌肉内的肌酸和磷酸肌酸经脱水或脱磷酸生成肌酐，经肾脏清除后由尿排出，即为尿肌酐。正常人日排出量十分稳定，成年男子日排出量为1.0~1.8g，女性为0.7~1.0g，不受食物蛋白质含量和尿量的影响。尿肌酐日排出量的绝对值与肌肉发达程度、训练水平、性别和运动项目等有关，因此，常用尿肌酐系数即24小时尿中每千克体重的肌酐毫克数间接反映肌肉质量或骨骼肌中磷酸肌酸、肌酸的含量，运动训练中测试运动员尿肌酐系数指标可用以运动员选材和训练效果的评定。

一、实验目的

(1) 掌握尿肌酐的测定原理和方法。
(2) 强化移液管、离心机和分光光度计的操作技能。
(3) 学习掌握尿肌酐测定在运动训练中的应用。

二、实验原理

无蛋白尿滤液中的肌酐与碱性苦味酸作用，经“Jaffe”反应生成橙红色的复合物苦味酸肌酐，与同样处理之标准比色，即可求出尿中肌酐的含量。

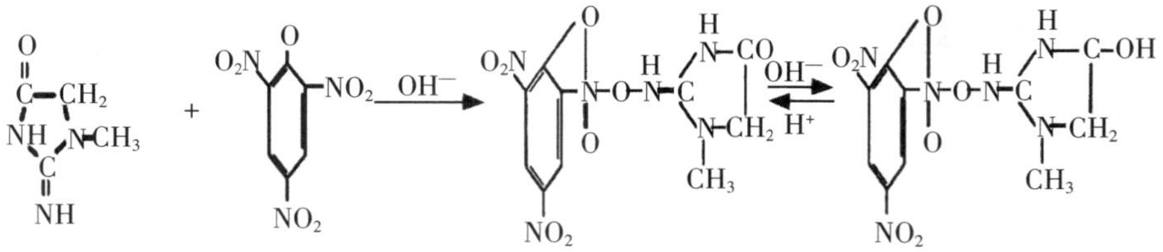

三、实验试剂

(1) 饱和苦味酸：称取苦味酸（AR）15g，置于大烧杯中，加蒸馏水 1000ml，冷却后有结晶析出，表示已达饱和，倾出上清液备用。

苦味酸标准饱和度的测定：准确取上清液 10ml，用 0.1%酚酞作指示剂，以 0.1N 的氢氧化钠（NaOH）滴定需 5.2～5.4ml，并以应能中和为准。

(2) 2.5N 的氢氧化钠溶液：称取氢氧化钠 100g，加蒸馏水使溶解，冷却后用蒸馏水稀释至 1L。

(3) 碱性苦味酸：准确称取饱和苦味酸 5 份，加 2.5N 的氢氧化钠 1 份，应用时即配即用为宜。

(4) 0.1N 盐酸：取含量为 37.01%的盐酸 8.35ml，于 1000ml 蒸馏水中即得。

(5) 0.037N 硫酸：称取 1ml 浓硫酸加水至 1000ml 即得。

(6) 10%的钨酸钠：准确称取 10g 钨酸钠加蒸馏水至 100ml 溶解即得。

(7) 肌酐标准储备液（1mg / ml）：准确称取纯肌酐 100mg（AR），用 0.1N 盐酸溶解，然后移至 100ml 的容量瓶中，加 0.1N 盐酸至刻度，加甲苯数滴防腐，存于冰箱，此溶液稳定，可长期保存。

(8) 肌酐标准应用液（0.01mg/ml）：准确量取 1ml 标准储备液，置于 100ml 的容量瓶中，加蒸馏水稀释至刻度，加甲苯或二甲苯数滴防腐（此溶液可保存一周以上）。

四、实验材料与仪器

不同规格移液管若干支，离心管及普通试管若干支，集尿瓶，离心机（或滤纸、漏斗），S22PC 分光光度计（或 721 型）。

五、实验步骤

（一）无蛋白尿液（1∶200）的制备

用移液管吸取 0.5ml 尿液，加水 4.5ml，混合均匀后移出 0.3ml 于一支离心管内，依次加入 0.037N 硫酸 5.4ml 和 10%的钨酸钠（Na_2WO_4）0.3ml，放置 5~10 分钟后过滤或离心沉淀除去蛋白，即为澄清的无蛋白尿滤液。

（二）尿肌酐的测定

具体操作见表 3-2。

表 3-2　尿肌酐测定操作步骤

	空白管	标准管	测定管
肌酐标准液（0.01mg/ml）（ml）	–	1	–
无蛋白尿液（1:200）（ml）	–	–	1
蒸馏水（ml）	4	3	3
碱性苦味酸（ml）	2	2	2
混合后放置 10min，用 540nm 波长比色，以空白管校正光密度至零点，分别读出各管光密度（OD）			

六、结果计算

（一）尿肌酐浓度

$$\text{尿肌酐（mg/dl）}=\frac{\text{测定管光密度}}{\text{标准管光密度}}\times 0.01\times\frac{100}{0.5}$$

（二）尿肌酐系数计算

24h 尿肌酐量（mg）= 尿肌酐（mg/dl）× 24h 尿量（ml）÷ 100

尿肌酐系数 = 全日尿肌酐量（mg）÷ 体重（kg）

尿肌酐的测定方法虽简单，只需普通的仪器和试剂，且对运动员无任何损伤。然而，测定时需连续收集 3～5 天全日尿样，运动员感到活动受限制不堪其烦，往往会漏尿，特别是在大便和洗澡时。因此，收集 24 小时全日尿测定尿肌酐日排出量实际上是简而不便，难以广泛应用。为此，林文弢等经过大量的研究，提出一段尿推测全日尿肌酐的方法。使用一段法时，最好应用当日 20：00 至次日晨 6：30 尿推测全日尿，因为收集夜间尿比较方便，误差小，晨尿肌酐量与全日尿肌酐量的相关系数最大，相关系数为 0.85。

其回归方程：Y（全日尿肌酐量）= 2.422 + 2.53 × X（晨尿肌酐量）

七、注意事项

（1）显色反应后 10～15 分钟比色，如果停留时间过长，滤液中其他物质能与碱性苦味酸起非特异性反应而影响结果。

（2）如测定管显色过深，应稀释尿液后测定，其结果乘以稀释倍数。

八、评定与应用

磷酸肌酸是人体最适宜的贮能形式，是肌肉做功时最易被动员的高能磷酸化合物。其含量的多少，不仅与运动员的速度素质有关，而且直接影响运动员的速度、力量素质，故可作为评定速度、力量素质的一个重要生化指标。

研究指出，人体日尿肌酐排泄量的绝对值与体重有关，尤其与肌肉的发达程度有关，肌肉发达者贮存在肌肉中的磷酸肌酸数量较多，因此，亦与肌肉磷酸肌酸的绝对贮存有关。在运动能力的生化评定中，常通过尿肌酐系数来评价运动员的力量与速度素质，尿肌酐系数是指 24 小时每公斤体重排出的尿肌酐的毫克数。正常人的尿肌酐系数男子为 18~32mg / kg·BW；女子为 10 ~ 25mg / kg·BW。运动员则在 25 ~ 40mg / kg·BW 之间，甚至更高。从事不同项目运动的运动员，其尿肌酐系数不同，常以力量、速度项目的短跑、举重、投掷运动员的尿肌酐系数最高。

尿肌酐排泄量对肌肉机能的评定。一般规律是尿肌酐排泄量增加时，可能是肌肉机能提高的反应。若体重不变，尿肌酐系数增加，可能是肌肉磷酸肌酸提高或脂肪减少，肌肉增加。若体重增加，尿肌酐系数不变，则可能是增加了肌肉的数量。肌肉系统疾病时，如肌肉萎缩、无力或营养不良等，尿肌酐日排泄量可显著下降，当恢复时排泄量又增加。当尿肌酐排泄量减少时，若体重不变，可能是肌肉磷酸肌酸含量度下降的缘故；若体重也随之减少，则可能是肌肉数量减少之故。因此，尿肌酐排泄量可用来评定运动训练导致的肌肉数量和肌肉所贮存的磷酸肌酸总量的变化。

尿肌酐日排出量与运动员速度、力量素质密切相关。研究指出，尿肌酐日排出量反映了骨骼肌磷酸肌酸库的贮量，而正是骨骼肌磷酸肌酸库提供了短时间剧烈运动中所需要的绝大部分能量。国内研究表明，尿肌酐日排出量与举重、短跑运动员运动能力密切相关。力量与速度素质较好的受试者其肌酐系数高，素质较差者肌酐系数低。因此，尿肌酐可作为评定运动员磷酸原供能能力训练效果的生化指标，也可以作为举重等速度、力量和爆发力运动员选材的依据。

思考题

(1) 尿肌酐测定采取什么方法？显色剂是什么物质，比色波长是多少？
(2) 如何运用测定的尿肌酐浓度计算尿肌酐系数？
(3) 试述尿肌酐测定在运动实践中的应用意义。

参考文献

[1] 林文弢，翁锡全，冯炜权．全日尿肌酐量的简便测量方法 [J]．中国运动医学杂志，1992，1：10–12.

[2] 林文弢，黄丽英. 两种简便测定尿肌酐排出量的方法 [J]. 上海体育学院学报，1996，2：74–79.

[3] http：//www.sport120.com/Article/200906/Article_25340.html.

实验三　血糖的测定（福林—马尔露斯微量法）

血糖是指血液中的葡萄糖，它是体内糖储存的游离态形式。空腹血糖升高是诊断糖尿病的主要依据，它反映了胰岛素分泌能力，其增高与葡萄糖耐量减低是相平行的。糖尿病血糖诊断标准是：空腹全血血糖等于或超过 6.7mmol / L，血浆血糖等于或超过 7.8 mmol / L。在运动训练和比赛中，血糖能以不同的氧化途径为处于不同的运动水平的运动员提供能量。据研究，短时间运动血糖浓度基本处于动态平衡；而长时间运动时，由于糖大量被消耗，可出现血糖浓度偏低或下降，导致身体机能与运动能力的下降，甚至引起低血糖昏迷。因此，在运动训练监控中，测定血糖含量以便及时了解运动中血糖浓度变化是极其重要的。

目前，血糖的测定方法有很多，如葡萄糖氧化酶法、邻甲苯胺法、福林—马尔露斯微量法等，本实验将重点介绍福林—马尔露斯微量法的测试方法。

一、实验目的

(1) 掌握测定血糖含量的原理和方法。

(2) 进一步强化分光光度计的操作。

(3) 掌握血糖测试在运动训练中的应用。

二、实验原理

葡萄糖具有还原性，在热碱溶液中能将高铁氰化物还原成低铁氰化物，再与三价铁离子作用，生成普鲁士蓝色化合物。再与同样方法处理的标准液进行比色，即可求出血液中葡萄糖的含量。

$$\text{葡萄糖} + [K_3Fe^{3+}(CN)_6] \xrightarrow[\text{加热}]{\text{碱性}} [K_3Fe^{2+}(CN)_6]$$

高铁氰化钾　　　　亚铁氰化钾

$$[K_3Fe^{2+}(CN)_6] + 2Fe_2(SO_4)_3 \rightarrow Fe_4[Fe(CN)_6]_3 + 6K_2SO_4$$

亚铁氰化钾　　硫酸铁　　　　普鲁士蓝

三、实验试剂

（1）蛋白沉淀剂：按体积分别取10%钨酸钠1份和2/3N硫酸1份，再加28份蒸馏水混合即成。

（2）1%的氟化钠溶液（GR或CP）。

（3）沉淀剂—氟化钠混合液：按体积分别取蛋白沉淀剂3份、1%氟化钠溶液1份混合即成（此液作空白用）。

（4）碱性铁氰化钾溶液：称取无水碳酸钠1.84g，铁氰化钾0.60g，溶于1000ml蒸馏水中。

（5）酸性硫酸铁铵溶液：称取硫酸铁铵2.00g溶于蒸馏水中，加入85%的磷酸55ml，再用蒸馏水稀释至1000ml。

（6）0.25%苯甲酸溶液：称取苯甲酸2.50g，加入煮沸的蒸馏水1000ml中，使成饱和溶液，冷却后，取上清液备用。

（7）葡萄糖标准液：

①贮存液（10mg/ml） 准确称取无水葡萄糖1.00g，用0.25%苯甲酸溶液溶解，倾入100ml容量瓶中，最后用0.25%苯甲酸溶液稀释至刻度。

②应用液（0.01mg/ml） 准确取上述贮存液0.25ml与250ml的容量瓶中，然后加0.25%苯甲酸溶液至刻度。

四、实验材料与仪器

离心机、三用水箱、S22PC分光光度计、离心管、移液管、具塞试管、采血针、采血管和吸球、酒精棉球和干棉球。

五、实验步骤

取1支离心管，加入1%氟化钠溶液0.48ml，取指尖末梢血0.02ml加入其中，用上清液清洗几次，然后加入蛋白沉淀剂1.50ml，摇匀，以3000rpm离心沉淀10分钟，取上清液，按表3-3进行操作。

表3-3 福林—马尔露斯微量法测定血糖浓度操作步骤

	空白管	标准管	测定管
沉淀剂—氟化钠混合液（ml）	0.5	–	–
葡萄糖标准应用液（ml）	–	0.5	–
上清液（ml）	–	–	0.5
碱性铁氰化钾溶液（ml）	1	1	1

（续表）

	空白管	标准管	测定管
充分混匀后，放在沸水浴中煮 10min，取出后，冷却 2~3min			
酸性硫酸铁铵溶液（ml）	2	2	2
充分混匀，置于 30℃水浴 20min，取出后，以空白管调节零点，520nm 比色			

六、结果计算

$$\text{血糖（mg\%）}=\frac{\text{测定管吸光度}}{\text{标准管吸光度}}\times 0.01\text{mg}/\text{ml}\times 0.5\text{ml}\times\frac{100}{0.01\times 2/3}$$

血糖（mmol / L）=血糖（mg%）×0.055

七、注意事项

（1）试剂中有氰化物（剧毒），在实验进行过程中避免污染，实验完毕后注意药品的处理，不能乱倒。

（2）为了确保显色的准确和可比性，要严格控制沸水浴的时间和冷水浴时间。

八、评定与应用

血糖是中枢神经系统的基本能源物质，也是长时间运动时骨骼肌可动用的重要肌外能源物质。静息状态时骨骼肌虽然摄取一定量的血糖作为能量代谢的底物，但其量相对较少，而脑组织则几乎完全依赖摄取血糖进行能量代谢。运动时，血糖是骨骼肌肌外重要能量代谢底物，骨骼肌摄取及利用血糖量与运动强度大小、运动持续时间长短和体内糖贮量变化等有密切关系。在短时间极量运动初始阶段，肌细胞基本不吸收血糖。中等强度运动初期，肌肉吸收血糖急剧上升。而随着运动时间的延长，运动肌摄取利用血糖的量保持上升趋势，但强度不同，摄取血糖的高峰时间不同。运动强度低（30% $\dot{V}O_2max$）时，摄取血糖的高峰时间出现在 90 ~ 180 分钟之间，运动强度较高（60% $\dot{V}O_2max$）时，摄取血糖的高峰时间出现在 90 ~ 120 分钟之间，随后骨骼肌摄取血糖的速率逐渐下降。运动前肌糖原贮量影响血糖吸收利用，高肌糖原贮备可使运动肌摄取和利用血糖量减少，有利于维持血糖正常水平或延缓运动时血糖水平下降，对推迟运动性疲劳的发生有积极意义。

在运动过程中保持人体血糖浓度在正常水平以上，不但对维持良好的运动能力十分重要，而且对维持人体基本生命活动也是必需的。运动时血糖浓度除与骨骼肌对血糖的摄取利用有关外，更重要的是取决于肝脏糖原的分解和糖异生作用。肌肉摄取血糖、肝糖原分解和糖原异生均由神经和激素进行调节。升高血糖的激素有肾上腺素、胰高血糖素、糖皮质激素和生长激素，降低血糖的激素有胰岛素。交感神经作用可促使肝糖原分解和糖异生作用加强，从而使血糖浓度升高；而迷走神经的作用是促进肝糖原合成，抑制糖异生作用，使血糖浓度降低。交感及副交感神经除了具有对肝脏机能的直接调节作用外，还可以通过调节激素的分泌间接调节血糖浓度。总之，在运动的过程中，交感神经机能增强，肾上腺素、胰高血糖素、糖皮质激素和生长激素分泌量增加，胰岛素分泌量减少，维持了运动时血糖浓度的稳定。

思考题

(1) 正常人空腹血糖的范围是多少?

(2) 血糖的来源和去路有哪些?

(3) 简述运动训练实践中测定血糖的意义?

参考文献

[1] 冯连世，李开刚. 运动员机能评定常用生理生化指标测试方法及应用 [M]. 北京：人民体育出版社，2002.

[2] 冯连世，冯美云，冯炜权. 优秀运动员身体机能评定方法 [M]. 北京：人民体育出版社，2003.

[3] 翁锡全. 运动生物化学目标教学指南 [M]. 广州：广东人民出版社，2001.

[4] 林文弢. 运动生物化学 [M]. 北京：人民体育出版社，2009.

实验四　肌（肝）糖原的测定（蒽酮法）

肌糖原和肝糖原是指分别储存在肌肉组织和肝脏中的糖原。在休息状态下，人体基本不利用肌糖原分解来获得能量，只有在运动时，肌糖原才被动用供能。运动时，肌糖原随着运动强度增大，利用速率也相应增大。短时间激烈运动时，肝糖原分解量很少。运动时间延长，肝糖原分解越多，至运动后期，肝糖原可能出现耗竭的现象，这时葡萄糖输出速率下降，表明糖异生激活和增强并不能完全补偿肝糖原分解的减弱，其结果是血糖的来源与去路之间的平衡失调，致使血糖水平下降。因此，运动前较高的肝糖原储备可以减少运动中骨骼肌对血糖的利用，对于维持运动中血糖的稳定、延缓运动时低血糖的出现、推迟运动疲劳的发生具有积极意义。

一、实验目的

(1) 了解糖原的分离方法及生物学意义。

(2) 掌握糖原测定的实验原理及实验方法。

(3) 明确测定肌（肝）糖原在运动训练中的意义。

二、实验原理

糖原在浓碱溶液中稳定，肌（肝）组织先置浓碱中加热，使蛋白质及其他成分分解而保留肌（肝）糖原。浓硫酸使糖原脱水生成糠醛衍生物，后者再和蒽酮作用形成蓝色化合物，与同法处理的标准葡萄糖溶液比色定量。

三、实验试剂

(1) 0.9%氯化钠：用天平称取氯化钠 0.90g，在小烧杯中用适量蒸馏水溶解，然后转移到 100ml 的容量瓶中定容即可。

(2) 30%氢氧化钾：称取 30.00g 的氢氧化钾固体，溶于 70ml 蒸馏水中。

(3) 葡萄糖标准液（0.05mg / ml）：

①0.25%苯甲酸溶液　称取苯甲酸 2.50g，加入煮沸的蒸馏水 1000ml 中，使成饱和溶液，冷却后，取上清液备用。

②贮存液（10mg / ml）　准确称取无水葡萄糖 1.00g，用 0.25%苯甲酸溶液溶解，倾入 100ml 容量瓶中，最后用 0.25%苯甲酸溶液稀释至刻度。

③应用液（0.05mg / ml）　准确取上述贮存液 0.50ml 与 100ml 的容量瓶中，然后加 0.25%苯甲酸溶液至刻度。

(4) 显色剂：于浓硫酸　（比重 1.84）100ml 中加入蒽酮 0.20g。此试剂不稳定，以当日配用为宜。冰箱保存可用 4 ~ 5 天。

四、实验材料与仪器

容量瓶、S22PC 分光光度计、三用水浴箱、托盘天平、试管和试管架。

五、实验步骤

(1) 迅速处死小鼠，立即取出肌（肝）组织，用 0.9%氯化钠溶液洗去附着的血液并用滤纸吸干，准确称取肌（肝）组织 0.5g，放入盛有 30%氢氧化钾溶液 1.5ml 的试管中，置沸水浴中煮 20 分钟，取出后冷却，将管内容物全部移入 50ml 容量瓶中（用水多次洗涤试管，一并收入容量瓶），加水至刻度，仔细混匀。

(2) 取干燥试管 3 支，编号，按表 3-4 操作。

表 3–4　蒽酮法测定糖原操作步骤

	空白管	标准管	测定管
肌（肝）糖原提取液（ml）	–	–	1.0
蒸馏水（ml）	2.0	–	1.0
葡萄糖标准液（ml）	–	2.0	–
0.2%蒽酮试剂（ml）	4.0	4.0	4.0
摇匀，置沸水浴中 10 分钟，冷却，以空白管调节零点，用 620nm 波长比色			

六、结果计算

肌（肝）糖原含量（%）$=\frac{\text{测定管吸光度}}{\text{标准管吸光度}}\times 100\mu g\times 1/1.11\times 100/0.5\times 100\times 10^{-6}$

注：1.11 是此法测得葡萄糖含量换算为糖原含量的常数，即 100μg 糖原用蒽酮试剂显色相当于 111μg 葡萄糖用蒽酮试剂显色。

七、注意事项

（1）肌（肝）组织必须在沸水浴中全部溶解，否则影响比色。

（2）注意定量转移，吸取量务必准确。

八、评定与应用

糖是人体运动时的重要能源物质。无论在无氧还是有氧的条件下，肌细胞都可以利用糖的分解代谢合成 ATP。运动时需要动用糖代谢供能时，首先动用的是肌糖原，随着运动的持续，肌内摄取血糖的数量增加，可反射性地引起肝糖原分解成葡萄糖，补充及维持血糖浓度的相对稳定，确保运动能力的正常发挥。因此，糖原贮量的多少与运动能力和抗疲劳关系密切。

大量的研究表明，肌肉耐力工作能力取决于肌糖原含量，而肌糖原含量受膳食碳水化合物热能比例和量的影响，高碳水化合物膳食可以提高肌糖原含量。运动时，肌糖原的利用与运动强度、持续时间、肌纤维类型、运动方式、训练水平、饮食和环境等因素有关。肌糖原随着运动强度增大而利用速率相应增大，当以 20%～30%$\dot{V}O_2max$强度运动时，肌肉主要由脂肪酸氧化供能，肌糖原很少被利用；当以 60%～85%$\dot{V}O_2max$强度长时间运动时，最初阶段肌糖原的利用速度最快，持续阶段利用率减慢，最后阶段利用率最低。

运动时，工作肌吸收血糖增加造成血糖消耗，肝葡萄糖释放速率随着运动负荷增大和运动时间延长而加快。短时间激烈运动时，肝脏葡萄糖生成主要以肝糖原分解为主

（占 90%左右），但由于运动持续时间短，肝糖原排空量很少。在长时间中低强度运动时，肝脏释放葡萄糖的速率经历先加快，后逐渐减慢的变化过程，在运动前阶段，肝糖原贮量充足，是葡萄糖的主要来源，但是随着肝糖原逐渐消耗，糖异生过程的基质浓度逐渐上升，后者生成的葡萄糖成为血糖的主要来源。运动后期，肝葡萄糖输出速率下降，表明糖异生激活和增强，并不能完全补偿肝糖原分解的减弱，其结果是血糖的来源与去路之间的平衡失调，致使血糖水平下降。

另有研究表明，肝糖原储量变化受饮食糖的影响极大。普通饮食后，肝糖原储量为每千克肝 270mmol / g 葡萄糖，总储量约 500mmol 葡萄糖。一天高糖饮食后，肝糖原储量高达每千克肝 500mmol 葡萄糖，总储量 800 ~ 900mmol 葡萄糖。一天低糖饮食后，降低到每千克 12 ~ 73mmol 葡萄糖，总储量也只有 20 ~ 120mmol 葡萄糖。因此，通过合理的营养手段，调节运动前、中、后的糖膳食，可以最大程度地恢复和增加肝糖原的储备，保持运动中血糖的稳定，从而有效提高运动者的运动能力。

思考题

(1) 人体内糖的贮存形式有哪几种？
(2) 在肝糖原的提取过程中，应注意什么？
(3) 试述运动训练中了解肝（肌）糖原变化的意义。

参考文献

[1] 陈主初，吴端生. 实验动物学 [M]. 长沙： 湖南科学技术出版社，2002.
[2] Kjaer M，Riens B.Influence of active muscle mass on glucose homeostasis during exercise in human. J Appl Physiol，1991，71（2）：552-557.
[3] Jian-Ming R，Eric H. Regulation of glycogenolysis in human skeletal muscle.J Appl Physiol，1989，67（6）：2243-2248.

实验五 血乳酸的测定（杨氏改良法）

乳酸是人体供能系统中的一个重要的中间产物，它既是糖酵解的产物，又是有氧代谢的底物，还可以经糖异生途径转变为葡萄糖。安静状态下，血乳酸的浓度基本维持在一定水平，一般在 2mmol / L 以下。运动时骨骼肌是乳酸生成的主要场所，乳酸的生产量与运动强度有关。血乳酸浓度反映乳酸的生成速率与消除速率之间的平衡，因此，通过测定血乳酸浓度可以了解运动时骨骼肌乳酸生成和代谢变化的特点，并且作为训练中监控运动强度以及评价运动员无氧代谢和有氧代谢能力的重要指标。目前，血乳酸测定的方法主要有杨氏改良法和酶电极法等，以下重点介绍杨氏改良法。

一、实验目的

(1) 复习血乳酸的生成机制。
(2) 学习掌握血乳酸测定原理及其测试操作。
(3) 进一步理解血乳酸测定在运动实践中的应用。

二、实验原理

无蛋白清液中的乳酸能被浓硫酸氧化分解成乙醛，在 Cu^{2+}存在时，乙醛与对羟基联苯反应，生成紫红色复合物。其颜色的深浅与乙醛浓度成正比。再与同样方法处理的标准液进行比色，即可求出血液中乳酸的含量。

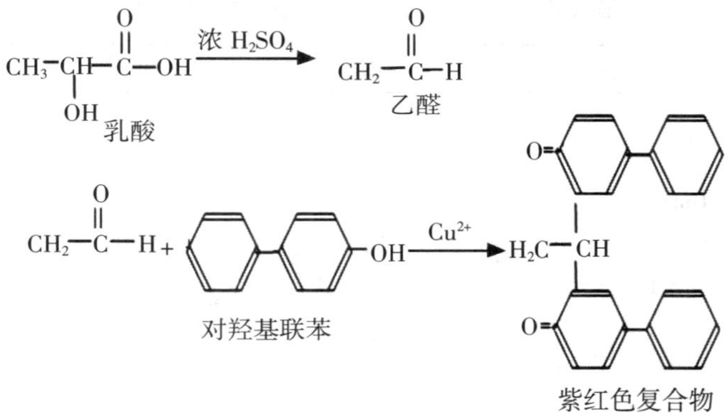

三、实验试剂

(1) 1%氟化钠溶液：用天平称取氟化钠 1.0g，在小烧杯中用适量蒸馏水溶解，然后转移到 100ml 的容量瓶中定容即可。

(2) 10%三氯醋酸溶液：用天平称取三氯醋酸 10.0g，在小烧杯中用适量蒸馏水溶解，然后转移到 100ml 的容量瓶中定容即可。

(3) 浓硫酸。

(4) 4%硫酸铜（$CuSO_4 \cdot 5H_2O$）溶液：称取硫酸铜 4.0g，加蒸馏水约 50ml，可加热助溶后冷却，再加蒸馏水稀释至 100ml。

(5) 乳酸标准储备液（1mg/ml）：称取无水乳酸锂 106.5mg，溶于约 10ml 的蒸馏水中，加浓硫酸 2 滴，移至 100ml 的容量瓶中，用蒸馏水稀释定容，置冰箱中可长期保存。

(6) 乳酸标准应用液（0.05mg/ml）：临用时取标准存液 5ml，移至 100ml 的容量瓶中，用蒸馏水定容。

(7) 1.5%对羟基联苯：称取对羟基联苯 1.5g，溶于 5%的氢氧化钠溶液 10ml 中，加热约 80℃助溶后，冷却，转移至 100ml 容量瓶中，加蒸馏水定容后，储存于棕色瓶中。

四、实验材料与仪器

三用水箱、离心机、S22PC 分光光度计、采血针、吸血管、离心管、试管及试管架，不同量程移液管、洗耳球、消毒棉球及干棉球。

五、实验步骤

(一) 按表 3-5 进行操作

表 3-5　杨氏改良法测定血乳酸的操作步骤

	空白管	标准管	测定管
1%氟化钠（ml）	0.50	0.40	0.48
新鲜血液（ml）	–	–	0.02
乳酸标准应用液（ml）	–	0.10	–
10%三氯醋酸（ml）	1.50	1.50	1.50
3000rpm 离心 10min，取上清液 0.50ml 于另一刻度试管			
4%硫酸铜（ml）	0.03	0.03	0.03
浓硫酸（ml）	3.00	3.00	3.00
沸水浴（5min）	–	–	–
对羟基联苯（试管置冰水中）15℃以下（ml）	0.05	0.05	0.05
37℃温水浴（15min）	–	–	–
沸水浴（90s）	–	–	–
冷却至室温后，用 560nm 比色，以空白管校正光密度至零点，分别读出测定管和标准管的光密度			

(二) 标准曲线制作

制作标准曲线的目的在于纠正血乳酸测定时变化范围较大的偏差。制作时可用标准贮存液（1mg / ml）稀释成十种不同浓度的标准液（表 3-6）。操作方法同上，读出各管光密度，作为纵坐标，以血乳酸的百分含量（mg%）为横坐标，绘制出平滑的校正曲线。任何测定管，只要测定的条件相同，所得的光密度读数，即可查出其百分含量。

表 3-6 不同标准液浓度的配制法

样品	A	B	C	D	E	F	G	H	I	J
母液（1mg/ml）	3	2	1.5	1	0.8	0.6	0.4	0.6	0.5	0.5
加蒸馏水（ml）	3	3	3.5	4	4.2	4.4	4.6	9.4	12	24.5
标准液浓度（mg/ml）	0.5	0.4	0.3	0.2	0.16	0.12	0.08	0.06	0.04	0.02

六、结果计算

$$\text{血乳酸}(\text{mg\%})=\frac{\text{测定管光密度}}{\text{标准管光密度}}\times 0.05\text{mg/ml}\times 0.1\text{ml}\times\frac{100}{0.02}$$

简化为：$\text{血乳酸}(\text{mg\%})=\dfrac{\text{测定管光密度}}{\text{标准管光密度}}\times 25$

$$\text{血乳酸}(\text{mmol/L})=\text{血乳酸}(\text{mg\%})\div 9$$

七、注意事项

(1) 运动后血乳酸浓度高时可减少血量，若取血 0.01ml，则计算结果再乘以 2 即可。

(2) 必须严格控制不同水浴的保温温度与保温时间，否则结果会有较大的偏差。

(3) 加浓硫酸时，应把试管放入冷水中，沿管壁慢慢加入，同时边加边摇。

(4) 浓硫酸的氧化性和腐蚀性很强，使用时要小心。

(5) 加对羟基联苯时应充分冷却，同时滴加时要防止附着于管壁。

八、评定与应用

运动时骨骼肌是产生乳酸的主要场所，从乳酸生成的化学本质分析，其生成量多少取决于丙酮酸和 $NADH+H^+$的生成量和氧化量。运动时所需的能量来源于体内的有氧代谢和无氧代谢，乳酸是这个代谢体系中的一个重要中间产物。运动时和运动后肌肉中的乳酸与血液乳酸不断平衡，因此，运动后测定血乳酸浓度可以反映运动时骨骼肌细胞糖酵解状况。

运动时血乳酸变化与能源供应系统有关。运动时以磷酸原系统供能为主时，血乳酸较少，一般不超过 4mmol / L；如以糖酵解系统供能为主时，则血乳酸在 15mmol / L 左右；而以有氧氧化系统供能为主，则血乳酸在 4mmol / L 左右。从不同时间最大强度运动时血乳酸变化可知，长于 35 秒至 10 分钟的全力运动血乳酸最高。因此，在训练时测定血乳酸峰值变化，可以掌握运动强度和训练过程中运动员能量代谢的变化。如在训练阶段前后各测定一次血乳酸并进行对照，运动员完成同样强度耐力运动时，血乳酸值下降，说明乳酸消除速率加快和有氧代谢能力提高。通过对比赛和训练时血乳酸数值的比较，也可以了解训练强度是否达到比赛时的要求。

运动后血乳酸水平，是骨骼肌等组织中乳酸生成、进入血液和血液中乳酸消失速率之间平衡的表现。由于不同运动项目、相同运动项目不同运动强度以及不同个体，肌乳酸与血乳酸达到平衡的时间不同，一般为4～10分钟。因此，为了使测定的血乳酸能更准确代表肌乳酸，应在运动后1、3、5、7、9分钟分别取血。

运动时和运动后乳酸的消除具有十分重要的生物学意义。首先，乳酸在快收缩肌纤维内生成后，转移到邻近具有高氧化能力的慢收缩肌纤维内氧化，或随血液转移到其他低运动强度的骨骼肌、心肌内氧化，为细胞氧化提供底物。其次，乳酸在肝内糖异生转变为葡萄糖，重新吸收和利用乳酸解离下来的 H^+，具有改善体内酸碱平衡的作用，葡萄糖释放进入血液，可维持血糖浓度的正常水平。此外，运动肌持续释出乳酸，可以改善骨骼肌细胞内环境，防止酸中毒和保持高速率糖酵解供能。

思考题

(1) 如何以血乳酸来评定运动员有氧、无氧代谢能力？
(2) 测定血乳酸时应如何控制采血样的时间？
(3) 如何运用血乳酸指标监控运动强度？

参考文献

[1] 杨天乐，秦孝梅. 血液乳酸测定的超微量改良法 [J]. 体育科学，1983，1：47-50.
[2] 冯连世，李开刚. 运动员机能评定常用生理生化指标测试方法及应用 [M]. 北京：人民体育出版社，2002.
[2] 冯炜权，翁庆章. 血乳酸与运动训练——应用手册 [M]. 北京：人民体育出版社，1990.
[3] 翁锡全. 运动生物化学目标教学指南 [M]. 广州：广东人民出版社，2001.
[4] 林文弢. 运动生物化学 [M]. 北京：人民体育出版社，2009.

实验六　血清甘油三酯的测定（乙酰丙酮法）

甘油三酯（TG）是一项重要的临床血脂常规测定指标。正常水平的甘油三酯对机体健康非常重要，高水平甘油三酯容易引起高血压、高血糖和腹部脂肪堆积，以及增加心脏病、糖尿病和中风发作的危险性。

脂肪作为人体内重要的贮能物质，在安静和运动时尤其是耐力运动时的能量供应中起着重要的作用。在中、低强度运动时，骨骼肌和脂肪组织内脂肪分解加强，释放出游离甘油，甘油进入血液后可作为脂肪分解代谢速度的指标。在长时间运动中，血浆脂肪酸在骨骼肌的供能中起着关键作用。肌肉摄取血浆脂肪酸的速率将依赖脂肪组织内脂解速度、血液脂肪酸的转运能力以及肌肉储存脂肪的分解和利用强度。耐力训练可以提高机体氧的供应和利用能力，从而提高骨骼肌氧化脂肪酸的能力。测定血清甘油三酯水平，可以用于了解机体内甘油三酯代谢状况，及时了解人体的健康情况，并对高脂血症诊断和评价冠心病危险、代谢综合征起到重要的作用。

血清甘油三酯测定方法一般分为化学法和酶法两大类。本实验介绍化学法测定血清甘油三酯。

一、实验目的

(1) 了解甘油三酯测试的意义。
(2) 学习掌握测定甘油三酯的原理和实验操作方法。
(3) 学习掌握甘油三酯测试在运动训练和健康促进中的应用。

二、实验原理

血清中甘油三酯经正庚烷—异丙醇混合溶剂抽提后，用氢氧化钾溶液皂化成甘油，并进一步用过碘酸氧化成甲醛，在 NH_4^+的存入下，甲醛与乙酰丙酮反应生成 3，5-二乙酰-1，4-二氢-2，6-二甲基吡啶，后者为带荧光的黄色物质。与同样处理的标准液比色计算，即得血清中甘油三酯的含量，反应式如下：

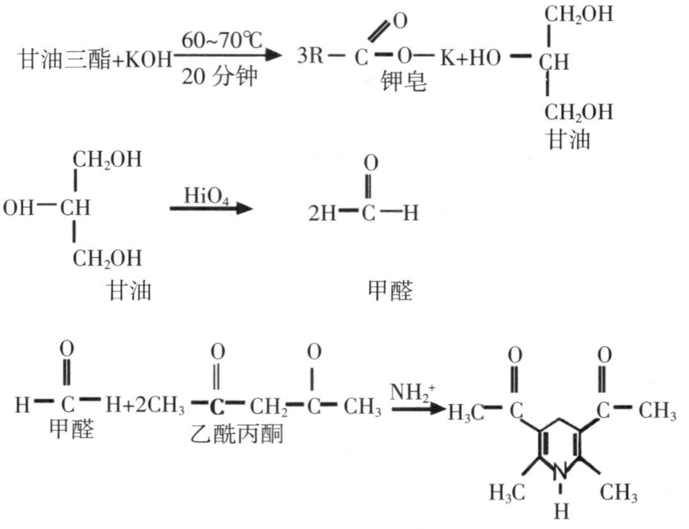

3，5-二乙酰-1，4-二氢-2，6-二甲基吡啶
(黄色带荧光)

三、实验试剂

(1) 抽提剂：正庚烷 / 异丙醇=2 / 3.5 (v / v)。

(2) 0.04M 硫酸：取 1000ml 容量瓶，加入适量蒸馏水，然后用 5ml 移液管取 2.2ml 浓硫酸沿容量瓶壁缓慢加入，待冷却后定容。

(3) 异丙醇（A.R）。

(4) 皂化试剂：取 6.0g 氢氧化钾溶于 60ml 蒸馏水中，然后取异丙醇 40ml 混合，置棕色瓶中室温保存。

(5) 氧化试剂：称取 65mg 过碘酸钠溶于约 50ml 蒸馏水，然后加入 7.7g 无水醋酸铵溶解，再加 6ml 冰醋酸，并加水至 100ml。贮棕色瓶内室温保存。

(6) 乙酰丙酮试剂：0.4ml 乙酰丙酮加到 100ml 异丙醇中，混匀，置棕色瓶内室温保存。

(7) 甘油三酯标准液：

①贮存液（10mg / ml）精确称取甘油三酯 1.0g，溶解于抽提剂中，定容至 100ml，置冰箱保存。

②应用液（1mg / ml）贮存液用抽提剂 10 倍稀释，置冰箱保存。

四、实验材料与仪器

电热三用水箱、电磁搅拌机、S22PC 分光光度计、采血针、吸血管、试管及试管架，不同量程移液管和洗耳球、消毒棉球及干棉球。

五、实验步骤

(1) 按第一章第三节介绍的静脉血采集及血清分离方法获取血清样品。

(2) 取带塞试管 3 支，编号，按表 3–7 操作。

表 3–7　乙酰丙酮法测定血清甘油三酯操作步骤

	空白管	标准管	测定管
血清（ml）	–	–	0.2
应用标准液（ml）	–	0.2	–
蒸馏水（ml）	0.2	–	–
抽提剂（ml）	2.0	2.2	2.2
0.04M 硫酸（ml）	0.6	0.6	0.6
边加边摇，加好后，剧烈振摇 15min，静置分成两相后，准确吸取各管上层清液 0.5ml，分别加至另外 3 支试管中。按以下操作			
异丙醇（ml）	2.0	2.0	2.0
皂化试剂（ml）	0.4	0.4	0.4
充分混匀，置 65℃水浴中 5min			
氧化试剂（ml）	2.0	2.0	2.0
乙酰丙酮试剂（ml）	2.0	2.0	2.0
混匀，置 65℃水浴中 15min，取出后冷却，于 420nm 处，以空白管调零点，读取各管光密度			

六、结果计算

$$甘油三酯（mg\%）=\frac{测定管光密度}{标准管光密度}\times0.2\times\frac{100}{0.02}$$

七、注意事项

（1）应空腹采血，否则结果偏高。

（2）显色后光密度随时间延长而略增高，故应立即比色。标本多时，可置冷水浴中逐管比色，这样对结果影响不大。

八、评定与应用

大量的研究表明，甘油三酯在动脉粥样硬化（AS）性疾病的发病中起重要作用，是引起冠心病（CHD）的独立危险因素。目前我国血清甘油三酯浓度大于 1.69mmol / L 为血清甘油三酯升高。而甘油三酯增高主要多见于家族性高甘油三酯血症、家族性混合高脂血症，以及冠心病、肥胖病、高血压、糖尿病、肾病综合征、胆道梗塞、糖原累积症、妊娠、酗酒、急性胰腺炎等，因此保持机体甘油三酯的正常水平对健康非常重要。

甘油三酯作为体内重要的贮能物质，在安静和运动时，尤其是耐力运动时脂肪的供能起着重要的作用。长期、系统的体育锻炼和运动训练可促进机体的脂肪代谢。运动时脂肪供能的重要性随运动强度的增大而降低，随运动持续时间的延长而增大。运动时骨骼肌利用脂肪酸的主要来源是肌细胞内甘油三酯、血浆甘油三酯和脂肪组织中甘油三酯。

骨骼肌细胞中的脂肪主要分布在含线粒体丰富的慢肌纤维中。耐力训练水平高的运动员，其骨骼肌细胞中线粒体数目增多，体积增大，肌细胞内脂肪量与线粒体容积成正相关。运动时骨骼肌中不同类型肌纤维所含甘油三酯消耗程度不同，这与肌纤维的代谢类型不同有密切的关系，以氧化代谢能力强的肌纤维中的甘油三酯消耗最为明显。

血浆中的甘油三酯是与磷脂、胆固醇、胆固醇脂和载脂蛋白以不同比例结合在一起构成各种脂蛋白存在，其中乳糜微粒和极低密度脂蛋白含甘油三酯较多；血浆甘油三酯含量受膳食的影响，随膳食中的脂肪量而变化。摄取高脂膳食时，血浆甘油三酯在饭后 2～4 小时达最高，6～8 小时恢复至饭前水平。正常情况下，血浆脂蛋白中的甘油三酯含量约 1000mg / dl。它们在血浆脂蛋白脂肪酶的催化作用下，生成甘油和脂肪酸，其中脂肪酸可以作为能源物质在运动过程中被利用。

人体内脂肪组织中贮存的甘油三酯水解后释放出脂肪酸和甘油，再进一步参加能量代谢，是运动时利用脂类物质供能的最主要方式。运动时体内脂肪组织中贮存的甘油三酯的利用，受脂肪水解和脂肪动员、脂肪酸的运输及骨骼肌对血浆游离脂肪酸的摄取等因素的影响。

思考题

(1) 正常人甘油三酯的范围是多少?

(2) 测定甘油三酯在运动训练和健身运动中有何意义?

参考文献

[1] 冯连世，李开刚. 运动员机能评定常用生理生化指标测试方法及应用 [M]. 北京：人民体育出版社，2002.

[2] 鄢盛恺，夏良裕. 血清甘油三酯的测定方法与标准化研究最新进展 [J]. 中华检验医学杂志，2005，28 (4)：454–456.

[3] 林文弢. 运动生物化学 [M]. 北京：人民体育出版社，2009.

实验七　血清总胆固醇的测定（硫磷铁法）

总胆固醇（TC）是指血液中所有脂蛋白所含胆固醇之总和。成人胆固醇正常参考值为 2.86 ~ 5.98mmol / L，儿童胆固醇 3.12 ~ 5.20mmol / L。影响总胆固醇水平的主要因素有年龄、性别、遗传因素、高胆固醇、高饱和脂肪和高热量饮食以及其他因素。有氧训练可以降低机体血脂水平，降低血清总胆固醇、甘油三酯的含量，提高高密度脂蛋白的含量，降低低密度脂蛋白含量。因此，系统的测试血清总胆固醇含量，对于评定人体机能和健康有重要意义。

一、实验目的

(1) 了解血清总胆固醇测试的临床意义。

(2) 掌握血清总胆固醇测定原理、方法。

(3) 学习掌握血清总胆固醇测定在健身锻炼中的应用。

二、实验原理

用无水乙醇提取血清中胆固醇同时沉淀蛋白质，向提取液中加入硫磷铁显色剂，胆固醇与浓硫酸及三价铁作用，生成比较稳定的紫红色化合物，与同样处理的标准液进行比色，求其含量。

三、实验试剂

(1) 胆固醇标准贮存液（1.0ml≈1.0mg）：精确称取干燥重结晶胆固醇 100mg，溶于无水乙醇内（稍加温助溶），然后移入 100ml 容量瓶中，加无水乙醇至刻度，贮于棕色瓶中，密塞瓶口置 4℃冰箱内保存。配制应用液时，应将其预先恢复至室温。

（2）胆固醇标准应用液（1ml≈0.05mg）：取上述贮存液 5ml 于 100ml 容量瓶中，加无水乙醇至刻度，再加蒸馏水 2ml，贮于棕色瓶内，置常温冰箱中保存，用时将其恢复至室温。

（3）铁贮存液：称取三氯化铁（$FeCl_3 \cdot 6H_2O$）2.5g 溶于 87%浓磷酸内，并加至 100ml，贮于棕色瓶中，此液在室温可长期保存。

（4）显色剂：取铁贮存液 8ml，加浓硫酸至 100ml，此液在室温可保存 6 ~ 8 周。

（5）浓硫酸（AR）。

（6）无水乙醇（AR）。

四、实验材料与仪器

采集静脉血用具及消毒用品、试管、移液管、离心机、S22PC 分光光度计。

五、实验步骤

（1）按第二章第三节介绍的静脉血采集及血清分离方法获取血清样品。

（2）无蛋白提取液的制备。准确吸取血清 0.05ml，置入干燥的小试管中，对准血清吹入无水乙醇 2.5ml，使蛋白质分散成细小的沉淀，用力振荡约 10 秒，放置 5 分钟，再次摇匀沉淀，置 2000rpm 离心约 10 分钟。

（3）显色。取干燥试管三支，分别标记，按表 3–8 操作。

表 3–8　硫磷铁法测定血清总胆固醇的操作步骤

	空白管	标准管	测定管
抽提上清液（ml）	–	–	2.0
胆固醇标准应用液（ml）	–	2.0	–
无水乙醇（ml）	2.0	–	–
显色剂（沿管壁慢慢加入）（ml）	2.0	2.0	2.0
显色剂加毕，立即振摇 15~20 次，置室温下冷却 15min，然后用 550nm 波长以空白管调零点，测出各管吸光度			

六、结果计算

$$血清总胆固醇（mmol/L）=\frac{测定管光密度}{标准管光密度}\times 0.104\times 50$$

七、注意事项

(1) 胆固醇必须呈纯、干、白色粉末状，如发现变色、结块，则需重结晶。

(2) 胆固醇的显色反应受水分影响较大，因此本实验所用药品、器材都要清洁、干燥无水。浓硫酸可因久置而吸水，易使显色反应降低。

(3) 低温时胆固醇在乙醇中的溶解度下降，因此用无水乙醇抽提胆固醇需在 10℃以上的室温中进行操作。

(4) 显色反应与硫磷铁试剂混合时的产热量有关（>80℃）。应沿管壁向各管缓慢加入硫磷铁试剂，不可边加边摇，待与乙醇分成两层后，立即振荡摇匀（振荡约 20 次），不可加完三管后再混合，三管混合的手法强度力求一致。

(5) 乙醇沉淀蛋白质要吹冲加入或边加边摇，使成细颗粒，便于胆固醇游离，否则可使结果偏低。

(6) 胆固醇标准贮存液及应用液均采用无水乙醇配制，低温密封保存，防止溶剂挥发使标准液浓度增大。

(7) 硫磷铁试剂由浓硫酸、浓磷酸配制，操作中要注意安全。比色时要防止比色液溢入比色槽而损坏仪器。

八、评定与应用

总胆固醇包括游离胆固醇和胆固醇酯，是脂肪在血液中存在的一种形式。血清胆固醇高可引起心血管疾病，如动脉粥样硬化，心肌梗塞、脑血栓一类的疾病。摄入高胆固醇食物和缺乏身体活动是引起高胆固醇血症的主要因素，但由于许多含有胆固醇的食物中其他营养成分也很丰富，因此，如果摄入过少也会引起营养平衡失调。胆固醇在体内有许多重要功能，它是细胞膜的组成成分，也是合成肾上腺皮质激素、性激素、胆汁酸及维生素 D 等生理活性物质的重要原料，测定血清总胆固醇浓度可作为脂代谢的指标。

进行一次连续几小时的耐力运动，血浆甘油三酯和总胆固醇的浓度基本上未发生变化，直到运动后 24 小时的恢复期中，血浆甘油三酯的浓度才出现显著降低，并可连续保持几天之久。如果运动时间特别长，在运动后可以观察到血浆甘油三酯和总胆固醇浓度都有降低，其中高密度脂蛋白—胆固醇（HDL–C）略见升高，低密度脂蛋白—胆固醇（LDL–C）和极低密度脂蛋白—胆固醇（VIDL–C）浓度下降。如果连续几天进行长时间的耐力运动，再结合限制膳食中的热量摄取，可以见到血浆甘油三酯浓度明显降低，降低程度和运动量大小及运动前血浆甘油三酯原有水平具有相关性。

目前，国内外有关耐力训练对血浆总胆固醇浓度的影响的研究结果不相同，有研究报道，耐力训练后血浆总胆固醇浓度减少 10%左右。也有一些报道，耐力训练后血浆总胆固醇浓度不变或升高。其原因是耐力训练使血浆高密度脂蛋白—胆固醇浓度升高，低密度脂蛋白—胆固醇及极低密度脂蛋白—胆固醇浓度降低，实际上是耐力训练使血浆胆固醇发生了变化，使总胆固醇浓度降低。速度训练和力量训练对血浆总胆固醇及脂蛋白中胆固醇成分无明显影响。

思考题

(1) 正常人血清总胆固醇的正常参考值多少？
(2) 试述血清总胆固醇测定在运动健身中的指导意义。

参考文献

[1] 林文弢. 运动生物化学 [M]. 北京：人民体育出版社，2009.
[2] 冯连世，冯美云，冯炜权. 优秀运动员身体机能评定方法 [M]. 北京：人民体育出版社，2003.
[3] 张蕴琨，丁树哲. 运动生物化学实验 [M]. 北京：高等教育出版社，2006.

实验八　高密度脂蛋白—胆固醇的测定（磷钨酸镁沉淀法）

血浆脂蛋白根据密度大小可分为乳糜微粒（CM）、极低密度脂蛋白（VLDL）、低密度脂蛋白（LDL）和高密度脂蛋白（HDL）四类。高密度脂蛋白是肝脏合成的密度较高、颗粒较小的脂蛋白，其包含的脂质主要是磷脂、胆固醇、胆固醇酯和甘油三酯，参与构成高密度脂蛋白的载脂蛋白主要是ApoA-Ⅰ、ApoA-Ⅱ。人们习惯采用高密度脂蛋白中的胆固醇含量（即高密度脂蛋白—胆固醇）来表示血浆中高密度脂蛋白水平。

大量的流行病学调查和临床研究资料都表明，血浆高密度脂蛋白—胆固醇（HDL-C）水平与过早发生冠心病的危险性呈负相关。目前认为，高密度脂蛋白—胆固醇在人体内具有抗动脉粥样硬化作用。高密度脂蛋白是人体一种重要的血浆蛋白，参与胆固醇逆向转运，具有抗动脉粥样硬化的作用。大量的研究表明，身体活动，尤其是持续性、周期性、大肌群参加的有氧运动，可使人体高密度脂蛋白水平增加。

一、实验目的

(1) 了解高密度脂蛋白—胆固醇测试的意义。
(2) 学习掌握高密度脂蛋白—胆固醇测定的原理和实验操作方法。

二、实验原理

血清中低密度脂蛋白和极低密度脂蛋白经磷钨酸镁沉淀后，上清液为高密度脂蛋白，其胆固醇含量用酶法测定，原理如下：

胆固醇酯+$H_2O \xrightarrow{CEH}$ 胆固醇+游离脂肪酸

胆固醇+$O_2 \xrightarrow{CHOD}$ $\triangle^4$–胆甾烯酮+H_2O_2

$2H_2O_2$+4–氨基安替吡啉+4–氯酚 $\xrightarrow{POD}$ 醌亚胺+$4H_2O$

三、实验试剂

表 3–9　磷钨酸镁沉淀法测定高密度脂蛋白胆固醇的实验试剂

试剂	主要成分	实验浓度
R1	胆固醇酯酶（CEH）	≥1140U/L
	胆固醇氧化酶（CHOD）	≥800U/L
	过氧化物酶（POD）	≥6000U/L
R2	磷酸缓冲液（pH 值 7.7）	100mmol/L
	4–氯酚	3.5mmol/L
	4–氨基安替吡啉	0.5mmol/L
R3	磷钨酸	
	氯化镁	
	高密度脂蛋白—胆固醇定值血清标准（标签注明）	

四、实验材料与仪器

采集静脉血用具及消毒用品、血清管、离心机、移液管、半自动生化分析仪。

五、实验步骤

（1）波长：500nm　（480～520nm）。

（2）反应温度：37℃。

（3）比色杯光径：1cm。

（4）将血清与沉淀剂 R3 以 1∶1 混合，室温放置 10 分钟后，3000rpm 离心 15 分钟，取上清液做胆固醇测定，必须在 4 小时内完成。

（5）取一定量 R2（参看 R1 瓶签）复溶 1 瓶 R1，溶解后即为工作液。

表 3-10　磷钨酸镁沉淀法测定高密度脂蛋白—胆固醇的操作步骤

	空白管	标准管	样品管
工作液（ml）	1.0	1.0	1.0
蒸馏水（μl）	25	–	–
定值血清（μl）	–	25	–
上清液（μl）	–	–	25
分别混合均匀，在 37℃保温 6min，以试剂空白管校零，读标准管及样品管的光密度			

六、结果计算

高密度脂蛋白—胆固醇的浓度=样品管光密度 / 标准管光密度×标准浓度（mmol / L 或 mg / dl）×2

七、注意事项

（1）沉淀后的上清液必须清晰，在血清严重混浊时，低密度脂蛋白、极低密度脂蛋白不易沉淀完全，而致上清液稍浑，可用生理盐水 1∶1 稀释后重新测定，结果乘以 2。

（2）甘油三酯过高可使上清液混浊，其他影响测定的因素有溶血、黄疸、抗坏血酸等。

（3）本试剂盒应在 2 ~ 8℃条件下贮存，避免在 2 ~ 8℃以上及 0℃以下存放。

（4）若试剂在全自动生化分析仪上使用，可参照试剂使用说明书选择相应型号仪器的参数。

八、评定与应用

多数研究认为耐力运动可提高血浆高密度脂蛋白水平。Ahumada 等报道，对受试者进行为期 12 周、强度为 75%$\dot{V}O_2max$有氧训练，8 周时高密度脂蛋白开始增加。翁锡全等（2005）研究表明，经过 4 周，1 小时 / 日的常氧运动和低氧环境刺激均可使大鼠血清胆固醇、甘油三酯显著减少，血清高密度脂蛋白—胆固醇显著增加、低密度脂蛋白—胆固醇显著下降，血清 ApoA–I 显著增加，ApoB 显著减少。Hubinger 等报道，一次 30 分钟、强度为 60%HRmax 的功率自行车运动后，高密度脂蛋白也可显著增加。但也有研究发现运动对高密度脂蛋白浓度没有影响，甚至使女性高密度脂蛋白下降。分析其原因是多方面的，包括受试者训练前的高密度脂蛋白水平，受试者的年龄、性别、对训练的敏感程度，训练选择的强度、方式、持续时间等方面的差异，以及受试者的生活习惯和膳食习惯等多方面差异的综合作用。高密度脂蛋白的不同亚组分对运动的适应不同，运动可使 HDL_2 亚组分的水平提高，并使 HDL_2/HDL_3 和 HDL_2/HDL 的比值都增加。受试者进行每周 4 次，持续 9 周的无氧阈以下强度的踏车训练，高密度脂蛋白水平有所提高，HDL_2 水平有显著增高。运动使高密度脂蛋白和 HDL_2 水平增高的主要原因是：运动引起脂蛋白代谢关键酶——脂蛋白脂酶和卵磷脂胆固醇酰基转移酶的活性提高，从而加速了富含甘油三酯的乳糜微粒和极低密度脂蛋白中甘油三酯的降解，并使其残存的胆固醇、磷酯和载脂蛋白转移入肝脏，与新生的 HDL_3 结合形成成熟的 HDL_2。

思考题

(1) 血浆脂蛋白可分为哪几类？各有何生理功能？
(2) 血浆脂蛋白代谢异常会引起哪些临床疾病？
(3) 长期有氧运动对血浆脂蛋白有何影响？

参考文献

[1] 王继贵. 临床生化检验 [M]. 长沙：湖南科学技术出版社，1996.
[2] 许豪文. 运动生物化学概论 [M]. 北京：高等教育出版社，2001.
[3] 陈近利，陈吉棣. 高密度脂蛋白研究进展 [J]. 中国医学杂志，2002，21(2)：186–190.
[4] 翁锡全，黄丽英，林文弢，等. 间歇低氧运动对大鼠血脂及载脂蛋白的影响 [J]. 体育科学，2005，25 (9)：46–48.

实验九　血氨的测定（试剂盒测试方法）

氨是蛋白质和氨基酸的代谢产物。在正常生理条件下，血液中氨主要以铵离子形式存在，游离形式的比例小于 5%。血氨水平是氨进入血液和从中消除的综合反映。

血氨对机体来说是一种有毒的物质，尤其对神经系统的影响更大。但在正常情况下，体内产生的氨可通过鸟氨酸循环生成无毒物尿素和合成谷氨酰胺两条途径迅速分解。因此，不会发生堆积造成身体危害。

正常安静时运动员血氨水平在正常范围内。运动后血氨水平受运动强度、训练效果和疲劳状况等影响。一般在运动后即刻取血，以评定运动强度、训练水平等。目前测定血氨的方法很多，有离子交换树脂法、无蛋白滤液法、紫外酶法、扩散法、试剂盒法等。本实验主要介绍血氨的试剂盒测试方法。

一、实验目的

(1) 学习采用试剂盒测试方法测定血氨的原理及操作方法。

(2) 了解血氨测定在运动训练中的应用。

二、实验原理

NH_3+α–酮戊二酸+NADH+H^+NADH+H^+ $\xrightarrow{GLDH}$ 谷氨酸+NAD^++H_2O

测定 340nm 处吸光度值下降的速率即可计算样品中 NH_3 的含量。

三、实验试剂

表 3–11　试剂盒测试法测定血氨的实验试剂

	试剂	主要成分	实验浓度
试剂 I（RI）	干粉	NADH	0.2mmol/L
试剂 II（RII）	酶管	GLDH	≥755μ/ml
试剂 III（RIII）	缓冲液	三乙醇胺	150mmol/L
pH 值 8.6		α–酮戊二酸	15mmol/L
		$ADPNa_2$	1.5mmol/L
试剂 IV（RIV）	标准液		100μg/dl

四、实验材料与仪器

采集静脉血用具及消毒用品、移液管、洗耳球、S22PC 分光光度计。

五、实验步骤

取一定量的 RIII（按瓶签要求）复溶 RI，稳定 10 分钟后使用。该液室温可以稳定 8 小时，2～8℃可以稳定 2 天，取 0.5ml RIII 复溶 RII，配成酶液，稳定 10 分钟后使用，用后立即放冰箱 4～8℃可保存一周。具体测试步骤见表 3–12。

表 3-12 试剂盒测试法测定血氨操作步骤

	空白管	标准管	样品管
工作液（ml）	0.8	0.8	0.8
蒸馏水（ml）	0.2	–	–
标准液（ml）	–	0.2	–
样品（ml）	–	–	0.2
混匀，30℃保温 5min，调波长 340nm，采用 1cm 比色杯，然后以蒸馏水或空气调零。先后加入 4μl 酶液于上述各管中，混匀，保温 10s 开始读数，每 15s 读一次，直至 1min，分别计算每分钟空白管、标准管、样品管的吸光度变化值 ΔA			

六、结果计算

血氨（μg/dl）=△A 样品-△A 空白/△A 标准-△A 空白×100μg/dl

七、注意事项

（1）本试剂盒采用带标准的速率法测定样品中血氨的含量。如果采用终点法测定，酶液应加 10μl，同时必须加试剂空白、样品空白及标准空白，20～25℃，反应 10 分钟，然后按终点法方法测定和计算。

（2）溶液变混浊或原始吸光度值<1.0，不能使用。

（3）如果血氨浓度>700μg/dl，则将样品用生理盐水稀释后重测，结果乘以稀释倍数。

八、评定与应用

血氨作为一项新的运动生化检测指标已经广泛应用到体育实践中，尤其是在体育科学领域受到了广泛关注。正常安静时运动员血氨水平处于正常范围内。运动后血氨水平受运动强度、训练效果和疲劳状况等影响。一般在运动后即刻取血，以评定运动强度、训练水平等。

运动时血氨水平的变化可以评定训练效果。在相同强度运动后，血氨升高的幅度与训练水平有关，训练水平高的运动员血氨变化幅度相对较低，而训练水平低的运动员血氨变化幅度相对较高，训练可以降低在剧烈运动时和恢复期最初阶段的血氨水平。有研究报道，经过耐力训练后，不论是在持续性耐力性运动还是激烈的有氧运动后，血氨升高的幅度都有所下降。

研究显示，激烈运动和持续、重复性运动均可以引起高血氨，运动时高血氨浓度是中枢产生疲劳的因素之一，运动后血氨水平是反映机体疲劳的重要指标，血氨水平和主观疲劳感觉呈正相关。短时间激烈运动时，血氨升高主要反映了磷酸原供能系统的失衡，同时氨可以引起局部肌肉痉挛，导致疲劳。长时间耐力运动时，血氨水平过高，将引起脑氨水平相应上升，直接影响大脑能量代谢。较严重的高血氨症明显影响中枢神经系统，使运动的控制能力下降，思维连贯性差，最后失去意识。

思考题

(1) 血氨有哪些来源和去路?
(2) 何种运动状态下可引起血氨升高? 血氨升高对运动能力有何影响?
(3) 试述运动训练中监控血氨浓度变化的意义?

参考文献

[1] 冯连世，李开刚. 运动员机能评定常用生理生化指标测试方法及应用 [M]. 北京：人民体育出版社，2002.
[2] 张蕴琨，丁树哲.运动生物化学实验 [M]. 北京：高等教育出版社，2006.
[3] 冯连世，冯美云，冯炜权. 运动训练的生理生化监控方法 [M]. 北京：人民体育出版社，2006.

实验十　超微量全血尿素氮的定量测定（二乙酰一肟法）

尿素是体内蛋白质和氨基酸分解代谢的终产物。在生命活动中，蛋白质总是不断进行代谢，蛋白质水解生成氨基酸，氨基酸经脱氨基作用所生成的氨，氨在肝脏经鸟氨酸循环转化成无毒的尿素并排出体外。研究表明，血尿素含量与运动量和机体的恢复状况有关，同时受肝脏功能、训练水平、身体机能的适应程度和体内蛋白质代谢的影响。因此，测定血尿素可为教练员了解运动训练负荷量和身体机能恢复状况提供科学、客观的依据。

一、实验目的

(1) 复习和巩固尿素的生成原理及其在运动训练中应用的意义。
(2) 学习超微量全血尿素氮的测定方法及原理。
(3) 强化采集指尖末梢血和常规实验操作技能。

二、实验原理

血液中的尿素在强酸的条件下与二乙酰一肟共热反应，生成红色复合物，其颜色深浅与尿素含量成正比，与同样处理的尿素标准液比较，即可求出血液中尿素的含量。

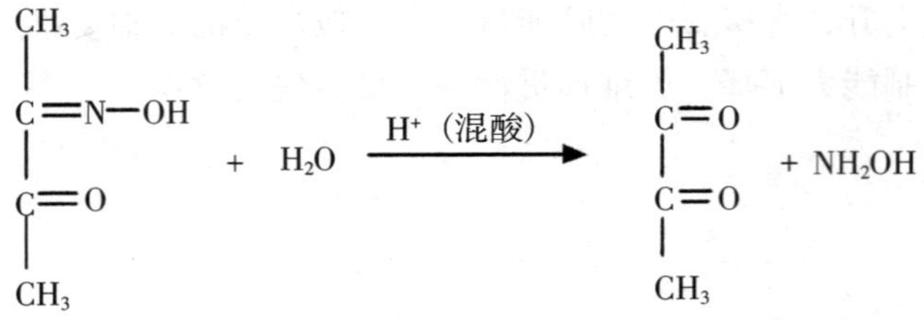

二乙酰一肟

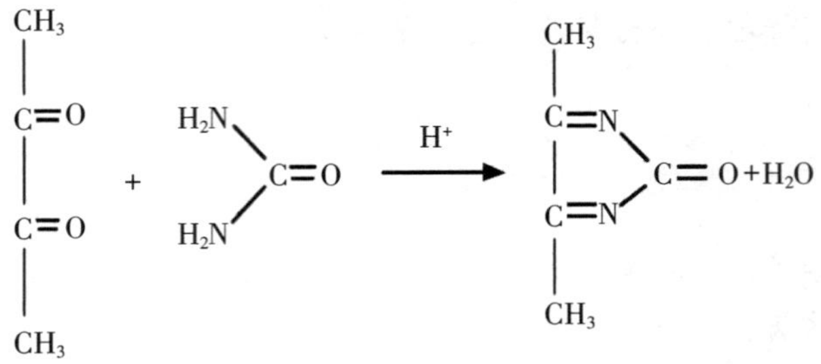

二乙酰　　尿素

三、实验试剂

（1）10%三氯醋酸：称取 10g 三氯醋酸，先在小烧杯中溶解，然后用 100ml 的容量瓶定容。

（2）二乙酰一肟液（二乙酰一肟—氨基硫脲，DAM–TSC）：称取二乙酰一肟 600mg，硫氨脲 30mg，加蒸馏水溶解至 100ml。存入棕色瓶中，此液久置冰箱有结晶析出，影响显色，最好使用期不超过一个月。

（3）混合酸液：浓磷酸（85%～87%）35ml，浓硫酸（95%～98%）80ml，慢慢滴入 800ml 蒸馏水中，冷却后加水至 1000ml。

（4）尿素氮标准储存液（1mg/ml）：将尿素（AR）置硫酸干燥器内 48h，然后精确称取 2.143g，用 0.01N 硫酸溶解稀释至 1000ml，置常温冰箱内保存。

（5）尿素氮标准应用液（0.01mg/ml）：吸取尿素氮标准液 1ml，加 0.01N 硫酸溶解稀释至 100ml，置冰箱内保存。

四、实验材料与仪器

采血针、吸血管、消毒棉球、移液管，离心管、离心机、沸水浴箱、S22PC 分光光度计。

五、实验步骤

（1）测试步骤依表 3–13 步骤操作测试。

表 3-13　二乙酰一肟法测定血尿素的操作步骤

	空白管	标准管	测定管
蒸馏水（ml）	0.50	–	0.48
新鲜血液（ml）	–	–	0.02
10%三氯醋酸（ml）	–	–	0.50
离心 10min 3000rpm			
取上清液（ml）	–	–	0.50
尿素氮标准应用液（ml）	–	0.50	–
二乙酰一肟液（ml）	0.50	0.50	0.50
混合酸液（ml）	4.00	4.00	4.00
沸水浴 10min，冷却，以 500nm，以空白管调零、比色，读出测定管和标准管光密度			

（2）标准曲线的制作方法如下表。

表 3-14　二乙酰一肟法测定血尿素的标准曲线的制作方法

	A 管	B 管	C 管	D 管	E 管
尿素标准贮存液（ml）	2.5	2	1.5	1	0.5
蒸馏水（ml）	2.5	3	3.5	4	4.5
浓度（mg%）	50	40	30	20	10

六、结果计算

测出上表不同浓度尿素在 500nm 的光密度值作为纵坐标，并以尿素浓度作为横坐标，绘出标准曲线。将测定管的光密度对应曲线，便可得出血尿素的含量。

也可根据以下公式进行计算：

尿素氮（mg%）= OD 测 / OD 标×（0.01×0.5）×100 / 0.01

OD 测 / OD 标×50

尿素（mg%）= 尿素氮（mg%）× $CO(NH_2)_2$ 分子量 / 2 × N 原子量

= 尿素氮（mg%）× 2.14

血尿素（mmol / L）= 血尿素 mg% ÷ 6

注：$CO(NH_2)_2$，分子量 60。

七、注意事项

（1）此法反应灵敏，特异性强，操作简便，适于微量比色分析，且因血液中干扰因子少，可不除蛋白质，但需要防止溶血引起血红蛋白对血清或血浆的影响。

（2）沸水浴时间对显色影响很大，5 分钟显色不全，15 分钟颜色虽较深，但放置会褪色，以沸水浴 10 分钟为宜。

八、评定与应用

近年来，血尿素的检测与应用越来越引起科研者和教练员的关注。日常训练中，教练员经常面临两个问题：一是给运动员的负荷是否足够大，对机体机能是否产生预期的影响？二是运动员承受的负荷是否过大，是否引起过度疲劳或过度训练？血尿素正是了解机体对训练负荷的承受能力和恢复程度的简易而灵敏的指标，它可帮助教练员调节和控制运动量，同时了解运动员的机能状态。

血尿素的变化与运动负荷量关系密切，当负荷量越大时，血尿素增加越明显，次日晨恢复越慢。在运动实践中，一般选择训练后第二天清晨抽静脉血测定血尿素含量，这对研究训练后效应，及时发现训练后恢复不足有着特殊的实践意义。一般来说，当一次运动前后血尿素增加值超过 3mmol/L 时，可认为运动量大，运动员已达疲劳阈值；如增加量为 2mmol/L 左右，则认为运动量较大，运动员还能适应，但如果血尿素变化值为 1mmol/L 时，说明其运动量很小。如果血尿素在运动后升高，在次日晨血尿素恢复至正常或比原来的水平低些，说明身体对负荷适应；如果血尿素在训练期早晨停留在升高水平或继续升高，说明经过一夜休息，身体还未恢复。应用血尿素评定运动量，除分析运动前后血尿素变化值外，还应结合血尿素的疲劳阈值。金特曼研究报道，清晨空腹安静时血尿素达 8.33mmol/L 时为过度训练。

训练周期血尿素变化与负荷量的评定有三种规律：

（1）在训练整个周期中血尿素含量变化不大。

（2）在训练周期开始时上升，到中后阶段达高峰，然后逐渐下降，恢复至原水平。

（3）在训练周期中始终升高。

总之，血尿素的变化是了解蛋白质物质代谢的一种简易的方法，是综合反映运动员对运动负荷量度承受情况的一个指标，在评定运动员运动负荷量度以及机能恢复状态时可结合其他生化指标进行综合评价。

思考题

（1）血尿素含量变化与身体机能有什么关系？

（2）如何通过测定血尿素浓度监控评定运动负荷量度？

参考文献

[1] 王继贵. 临床生化检验 [M]. 长沙：湖南科学技术出版社，1996.

[2] 翁锡全. 运动生物化学目标教学指南 [M]. 广州：广东人民出版社，2001.

[3] 冯连世，冯美云，冯炜权．优秀运动员身体机能评定方法 [M]．北京：人民体育出版社，2003.

实验十一　尿蛋白的测定（双缩脲法）

尿蛋白是指尿中所含的蛋白质，其主要成分是白蛋白。正常人尿内含有微量蛋白质，白天任意尿的蛋白质含量低于 10mg%，成年人每天排出 50～100mg，一般不超过 150mg。进行体育运动或训练后，尿中蛋白质排出量增加，每日可达 250mg 以上。由于运动引起尿中蛋白质排出增加的现象，称为运动性蛋白尿。研究证明，运动后尿蛋白数量与运动尤其是运动强度有关，同时还受运动员身体机能状态、运动员的情绪、不同的体育项目等因素的影响。因此，测定运动员运动后的尿蛋白含量，作为一个简单易行的生化指标，可用来评定运动员的身体机能状态、运动强度和运动量等。

一、实验目的

（1）学会掌握双缩脲法测定尿蛋白的原理和测试操作方法。

（2）了解掌握尿蛋白测定在运动训练监控中的应用。

二、实验原理

蛋白质是含氮的有机高分子化合物，分子中含有多个与双缩脲分子相似的结构（肽键），在碱性硫酸铜溶液中，蛋白质与铜离子等络合生成紫色的络合物，其颜色深浅与蛋白质浓度成正比，故用比色法测定其含量。

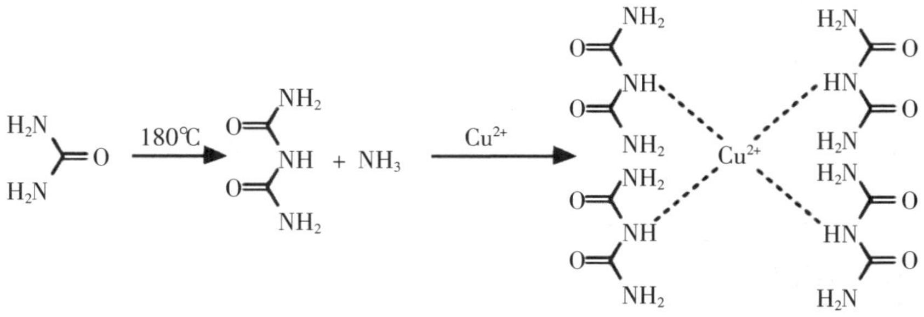

三、实验试剂

（1）0.15N 硫酸：取 1000ml 容量瓶，加入适量蒸馏水，然后准确取 16.3ml 浓硫酸慢慢加入容量瓶，待冷却后定容。

(2) 0.15%钨酸钠溶液：称取 0.15g 钨酸钠，在小烧杯中用少量蒸馏水溶解后，转移至 100ml 容量瓶中定容。

(3) 双缩脲试剂：称取硫酸铜（$CuSO_4 \cdot 5H_2O$，AR 或 CP）1.5g、酒石酸钾钠（$NaKC_4H_2O \cdot 4H_2O$，AR 或 CP）6g，分别用蒸馏水约 250ml 溶解后，全部转移入 1L 容量瓶中，混合。再加入 10%氢氧化钠溶液约 300ml，边加边摇。最后用蒸馏水定容。保存于塑料试剂瓶中或内壁涂有一层纯净石蜡的普通试剂瓶中。如无红色或黑色沉淀出现，此试剂可长期使用。

(4) 0.9%氯化钠：用天平称取氯化钠 0.9g，在小烧杯中用适量蒸馏水溶解，然后转移到 100ml 的容量瓶中定容即可。

(5) 标准蛋白溶液（500mg / dl）：将 1g 卵清蛋白溶于 100ml 0.9%氯化钠溶液离心，取上清液用克氏定氮测定其蛋白质含量。根据测定结果，用 0.9%氯化钠溶液稀释蛋白液，使其蛋白质含量为 500mg / dl。

四、实验材料与仪器

集尿瓶、移液管、洗耳球、离心管、离心机、S22PC 分光光度计。

五、实验步骤

具体操作步骤见表 3–15。

表 3–15　双缩脲法测定尿蛋白的操作步骤

加入物	空白管	标准管	测定管
尿液（ml）	–	–	5.0
0.15N 硫酸（ml）	–	–	2.5
1.5%钨酸钠（ml）	–	–	2.5
离心 5min（3000rpm）后取上清液			
生理盐水（ml）	1.0	–	1.0
双缩脲试剂（ml）	4.0	4.0	4.0
标准蛋白液（5mg/ml）（ml）		1.0	–
各管分别混匀后放置 20~30min，用 540nm 或绿色滤光板光电比色，以空白管校正光密度至零点，分别读出各管光密度			

六、结果计算

尿蛋白（mg%）=OD 测 / OD 标×250 mg%×1 / 5（尿量）

=OD 测 / OD 标×50

七、注意事项

(1) 最好在运动后 15 分钟时集尿，且应收集中段尿。

(2) 如果尿液比较混浊，可能是尿液中的无机盐含量过高造成，会影响测定结果，可通过加热消除。

(3) 在用玻璃棒搅拌助溶时，注意不要垂直用力，否则容易造成离心管底破裂而终止实验。

八、评定与应用

尿蛋白是评定运动负荷强度的重要指标，在早晨安静时测定也可评定运动员的机能恢复状态。尿蛋白值的大小与运动负荷强度、运动负荷量、环境、情绪等因素有关，同时又具有很大的个体差异，故只能做纵向比较，不能做横向比较。

在训练周期中，可以测定尿蛋白监测运动员对训练负荷的适应情况。一般情况下，在大运动量训练期，如果运动员晨尿中蛋白含量较高或超出正常范围，并持续 2 ~ 3 天，可能是过度疲劳或过度训练的表现。如在大运动量训练过程中，运动员尿蛋白排泄量增多，说明运动员对运动负荷不适应；继续坚持一个阶段的训练后，在完成相同强度的训练时，尿蛋白又会逐渐减少，说明运动员对运动负荷适应。如果尿蛋白不减少，反而增加时，说明运动员不适应，身体机能状态较差，应酌减训练强度或训练量。

运动性蛋白尿有较大的个体差异，有些人在运动后易出现阳性反应，且数量较多；有些人则不易出现，且数量较少。这种个体差异可能与遗传因素有关。尽管运动员运动后尿蛋白数量受个体机能影响很大，但个体在完成相同距离比赛或相似运动负荷时，尿蛋白量则较为稳定，一旦突然出现尿蛋白增多，并一直延续到次日晨或更长时间，这是机能不适应或疲劳未消除的表现。当运动后尿蛋白增多，4 小时后或次日晨完全恢复到安静时的正常范围时，表示训练量和训练强度大，对身体有较大刺激，但机体适应，并且能及时恢复。因此，在应用尿蛋白来评定训练负荷和身体适应状态时，应进行系统跟踪观察。

思考题

(1) 在运动训练中测定运动员尿蛋白含量有何应用意义？

(2) 一次大强度运动训练或比赛后，何时取尿较好？

(3) 测定一次尿蛋白发现其值升高，能否肯定其身体机能下降，为什么？

参考文献

[1] 喻红. 医学生物化学与分子生物学实验技术 [M]. 武汉：武汉大学出版社，2003.

[2] 冯连世，李开刚. 运动员机能评定常用生理生化指标测试方法及应用 [M]. 北京：人民体育出版社，2002.

[3] 冯连世，冯美云，冯炜权. 优秀运动员身体机能评定方法 [M]. 北京：人民体育出版社，2003.

实验十二　血清肌酸激酶的测定（肌酸显色法）

肌酸激酸（Creatine kinase，CK）又称磷酸肌酸激酶（Creatine Phosphokinase，CPK）。在代谢过程中，它催化肌酸（Cr）和ATP或磷酸肌酸（CP）和ADP之间的转化。它是短时间激烈运动时能量补充和运动后ATP恢复反应的催化酶，与运动时、运动后能量平衡及转移的关系密切。肌酸激酶有3种同工酶，分别为肌型（MM型）、脑型（MB型）、线粒体型（BB型）。运动时骨骼肌膜通透性增加或肌膜受损，都可使血清中肌型肌酸激酶浓度升高。因此，测定运动前后血清肌酸激酶活性可反映运动强度、身体机能状态。

一、实验目的

(1) 了解肌酸激酶测试原理并掌握肌酸激酶测试方法。
(2) 强化移液管、加液器及分光光度计的操作技能。
(3) 学习掌握血清肌酸激酶测定在运动训练中的应用。

二、实验原理

利用肌酸激酶催化磷酸肌酸合成ATP生成的肌酸与α-萘酚和双乙酸反应，生成红色化合物。在一定范围内，红色深浅与肌酸含量成正比，与同样处理的肌酸标准液比色，即求得酶的活力。

$$\text{肌酸磷酸}+\text{ADP}\underset{\text{pH 值 9.6}}{\overset{\text{CK，pH 值 7.2}}{\rightleftharpoons}}\text{肌酸}+\text{ATP}$$

$$\text{肌酸}+\alpha\text{-萘酚}+\text{双乙酸}\longrightarrow\text{红色化合物}$$

三、实验试剂

（1）混合底物：

①Tris-Hcl 缓冲液（pH 值 7.4）　称取三羟甲基氨基甲烷（Tris）2.4g，溶于 100ml 蒸馏水中，再加入 0.2mol / L 盐酸 88.8ml 及无水硫酸镁 0.34g，调节 pH 值至 7.4。此液在室温下可保存数月。

②12mmol / L 磷酸肌酸溶液　称取磷酸肌酸钠盐（$C_4H_8O_5-O_4PNa_3 \cdot 6H_2O$）43.6mg，加蒸馏水至 10ml，调节 pH 值至 7.4，保存于-25℃，可用一个月左右。

③4mmol / L ADP 溶液　称取 ADP 钠盐 23.3mg，加蒸馏水至 10ml，保存于-25℃，可用一个月左右。

临用前，取上述（1）、（2）、（3）试剂各 3ml 混合。在此混合底物液 9ml 中，加入盐酸半胱氨酸 31.5mg，调节 pH 值至 7.4。此试剂最好新鲜配制，也可以保存于-25℃。一般可放 5～7 天。

（2）贮存碱溶液：称取氢氧化钠（NaOH）30g，无水碳酸钠（Na_2CO_3）64g，加蒸馏水使溶解并稀释至 500ml，室温低时可析出沉淀，此时应放于 37℃水浴中待沉淀溶解后再使用。

（3）双乙酰溶液：先配成 10g / L 溶液，置棕色瓶中放冰箱保存。临用时用蒸馏水稀释 20 倍。

（4）α-萘酚溶液：称取 α-萘酚 400mg，用上述贮存碱液 10ml 溶解，此液必须新鲜配制，否则空白管光密度读数增高。

（5）标准肌酸溶液（1.7mmol / L）：准确称取无水肌酸 22.3mg，加蒸馏水定容至 100ml，置冰箱中保存可用数日。

（6）硫酸锌溶液（50g / L）：称取硫酸锌（$ZnSO_4 \cdot 7H_2O$）8.82g，加蒸馏水溶解，并稀释到 100ml。

（7）氢氧化钡溶液（60g / L）：称取氢氧化钡［$Ba(OH)_2 \cdot 8H_2O$］6g，溶于 90ml 蒸馏水中，煮沸数分钟，冷却后加蒸馏水至 100ml，过滤。取 50g / L 硫酸锌 5ml，加少量蒸馏水和 2 滴酚酞指示剂，用氢氧化钡溶液滴至出现粉红色为止。根据滴定结果，用蒸馏水稀释氢氧化钡溶液，使其恰与等体积的硫酸锌溶液中和。

四、实验材料与仪器

试管、分析天平、容量瓶、试剂瓶、滴定管、采血装置（采血针，血清管等）、水浴箱、离心机、振荡器、S22PC 分光光度计。

五、操作步骤

具体操作步骤见表 3-16。

表 3-16 肌酸显色法测定血清肌酸激酶的操作步骤

	空白管	标准管	测定管
混合底物（ml）	0.75	0.75	0.75
血清（ml）	–	–	0.1
标准肌酸（1.7μmol/ml,ml）	–	0.1	–
蒸馏水（ml）	0.1	–	–
置 37℃水浴保温 30 min			
$Ba(OH)_2$ 溶液（ml）	0.5	0.5	0.5
$ZnSO_4$ 溶液（ml）	0.5	0.5	0.5
蒸馏水（ml）	0.5	0.5	0.5
充分震荡，混匀，离心 2000rpm，10min			
上清液（ml）	0.5	0.5	0.5
α-萘酚溶液（ml）	1	1	1
双乙酰液	0.5	0.5	0.5
混匀，置 37℃水浴保温 20min			
蒸馏水	2.5	2.5	2.5
混匀，540nm 波长用空白管调零，读取各管的光密度			

六、结果计算

$$肌酸激酶活力单位（U/L）=\frac{测定管光密度-空白管光密度}{标准管光密度-空白管光密度}\times 0.17\times\frac{1}{0.5}\times\frac{1}{0.1}$$

(单位定义：以 1ml 血清在 37℃与底物作用 1h 产生 1μmol 肌酸为 1 个肌酸激酶活力单位。)

七、注意事项

(1) 本实验的许多试剂都易失效，故最好在每次实验前临时配制。所用 α-萘酚应为白色或略带黄色之结晶，如颜色过深，应在乙醇中重结晶后再用。磷酸肌酸试剂纯度要高，游离肌酸含量要低，空白管不应超过 0.1。

(2) 血清肌酸激酶活性超过 200U/L 者，血清需稀释后重做，结果乘以稀释倍数。

(3) 肌酸与 α-萘酚及双乙酰产生红色化合物的反应并非肌酸所特有，精氨酸、胍乙酸以及肌酐均可干扰测定。但除了肾功能衰竭及某些代谢病外，通常此类物质储量很低，故血清空白管与试剂空白管相差小。

(4) 最好用血清标本，肝素血浆也可用。肌酸激酶活性不稳定，室温下保持 4 小时、4℃下保持 8～12 小时、冰冻后 2～3 天维持活性不变。-20℃可长期保存，活性损失最小。标本采集后应尽快将血清冷却到 4℃。红细胞不含肌酸激酶，故轻度溶血无影响。

八、评定与应用

肌酸激酶是骨骼肌组胞中能量代谢的关键酶之一。在短时间、最大用力运动中，肌酸激酶的活性直接影响磷酸肌酸转化为 ATP 的反应速率。血清肌酸激酶大部分来自骨骼肌，主要有肌型同工酶（CK–MM）和心型同工酶（CK–BB）两种，其中心型同工酶的活性不超过 5U / L。正常情况下，肌细胞膜结构完整、功能正常，肌酸激酶透出细胞膜较少。安静时，血清肌酸激酶总活性的范围普通男子为 10～100U/L，女子为 10～60U / L；男运动员一般为 10～300U/L，女运动员参考值为 10～200U/L。不同项目运动员也存在项目差异（表 3–17）。

表 3–17　部分运动项目运动员血清肌酸激酶测试值（U/L）

项目	对象	血清肌酸激酶	研究者与报道时间
跳水	男（n=17）	237.22±109.47	李开刚等，2000
	女（n=16）	132.86±65.96	
举重	男（n=16）	398.18±280.44	封文平等，2000
田径	男（n=14）	63.81±10.78	李协群等，1990
	女（n=32）		
柔道	男（n=12）	222.67±119.99	林文弢，1998
	女（n=12）	129.5±37.7	
武术	女	97±73	项汉平，2000
速滑	男	109.5±85.5	田毓斌，1992
	女（n=84）	108.61	
马拉松	男（n=8）	159.2±63.47	姚大为，2008

（引自：冯连世等，2002）

无论是大强度还是低强度运动都会使血清中肌酸激酶活性增加。运动时间不同，血清肌酸激酶活性的变化不同，短时间的运动对血清肌酸激酶活性没有影响，只有长时间的运动才能引起血清肌酸激酶活性增加，并随运动时间的延长，血清肌酸激酶活性出现显著增加。研究发现，高强度肌肉负荷后，肌肉酸痛与血清肌酸激酶水平存在高度相关。因此，血清肌酸激酶活性的变化可作为评定肌肉承受刺激和骨骼肌微细损伤及其适应与恢复的敏感的生化指标。

一般认为，运动后肌酸激酶活性立即升高，8～16 小时出现高峰值，48 小时或 72 小时后恢复到正常水平。剧烈运动后肌酸激酶会显著升高。肌酸激酶的影响因素有运动强度、运动时间长短、训练水平、运动方式和性别。运动强度只有达到一定程度时，才能引起血清活性的显著变化。运动时间在 30～300 分钟，运动后血清肌酸激酶活性与时间长短成正相关。如果时间大于 300 分钟，运动后血清活性增高与时间不成正比例，而与肌肉供能不足有关。良好的训练者运动后，血清肌酸激酶活性升高相对较少。不同的运动方式，血清肌酸激酶的活性变化不同。碰撞性运动如跑步、赛艇等运动后血清肌酸激酶的活性要高于非碰撞性运动如滑雪、自行车等。

表 3–18 优秀短跑运动员比赛与训练前后血清肌酸激酶值变化表（U/L）

短跑运动员	大运动量训练				比赛		
	周一晨	训练日晨	训练后	次日晨	比赛日前	赛后 30 分钟	次日晨
男（n=10）	78.0	174.25	223.75	179.13	124.06	374.33	396.84
女(n=10)					65.81	118.54	157.00

（引自：许豪文，1983）

与成年运动员相比，青少年运动员运动后血清肌酸激酶活性的升高幅度要小些。但也有人认为，血清肌酸激酶活性无年龄差异。还有一些因素可能影响血清活性。如热环境下运动比冷环境下运动血清肌酸激酶活性要高。有研究结果表明，维生素 E 或 1，6–二磷酸果糖可以降低血清中肌酸激酶，乳酸脱氢酶、谷草转氨酶和谷丙转氨酶的活性，高原训练、种族、参与运动的肌纤维数量也会影响血清肌酸激酶值。

思考题

(1) 在进行血清肌酸激酶测定时应注意哪些问题?

(2) 安静时血清肌酸激酶高是否反映运动员身体机能状态较佳。

(3) 试述血清肌酸激酶测定在运动训练中的应用。

参考文献

[1] 冯连世，李开刚. 运动员机能评定常用生理生化指标测试方法及应用［M］. 北京：人民体育出版社，2002.

[2] 冯连世，冯美云，冯炜权. 优秀运动员身体机能评定方法［M］. 北京：人民体育出版社，2003.

[3] 王琰，钱士匀. 生物化学和临床生物化学检验［M］. 北京：清华大学出版社，2005.

实验十三 血清谷丙转氨酶活性的测定（赖氏法）

谷丙转氨酶（glutamate–pyruvate transaminase，GPT）又称丙氨酸氨基转移酶（Alanine amino transferase ALT），主要催化丙氨酸的 α–氨基转移至 α–酮戊二酸的酮基位置

上的化学反应。谷丙转氨酶在肝组织中的活性较高，在心肌、骨骼肌及其他组织中的活性较低。在正常的新陈代谢过程中，血清内维持一定水平的谷丙转氨酶活性。当肝细胞膜破裂或某些原因使肝细胞膜通透性增加时，谷丙转氨酶可大量释放入血，致使血清中转氨酶活性升高。如急性肝炎患者血清中谷丙转氨酶可明显升高，故临床上测定血清谷丙转氨酶活性既有助于诊断肝脏功能，也可作为观察疗效和预后的指标。依据这一原理，运动员在大运动量训练时，定期测定血清谷丙转氨酶的活性可以帮助了解运动员肝脏的机能状况。

一、实验目的

（1）学习掌握赖氏法测定血清谷丙转氨酶活性的原理和方法。

（2）掌握血清谷丙转氨酶测定在运动训练实践中的应用。

二、实验原理

丙氨酸和α-酮戊二酸为底物（基质液成分）经血清谷丙转氨酶作用生成谷氨酸及丙酮酸。丙酮酸与2，4-二硝基苯肼作用生成2，4-二硝基苯腙，此物在碱性条件下呈棕红色。根据棕红色的深浅与同样处理的丙酮酸标准液进行比较，即可计算出酶的活性。其反应过程如下：

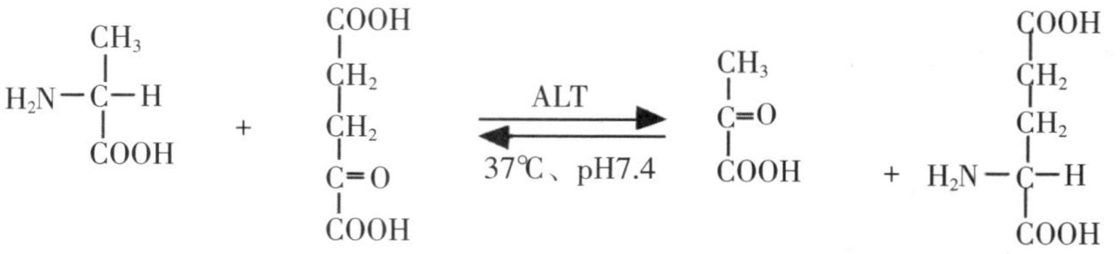

L-丙氨酸　α-酮戊二酸　α-丙酮酸　L-谷氨酸

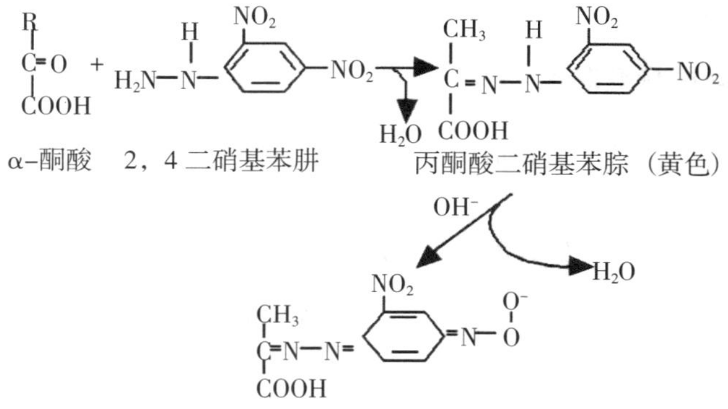

苯腙硝醌化合物（红棕色）

三、实验试剂

（1）磷酸盐缓冲液（pH 值 7.4，0.1mol / L）：

①磷酸二氢钾溶液　称取磷酸二氢钾 13.61g，溶解于蒸馏水中，并定容至 1000ml，4℃保存。

②0.1mol / L 磷酸氢二钠溶液　称取磷酸氢二钠 14.22g，溶解于蒸馏水中，并定容至 1000ml，4℃保存。

③取（1）溶液 420ml 和（2）溶液 80ml，混匀，即为 pH 值 7.4 的磷酸盐缓冲液，4℃保存。

（2）基质缓冲液（丙氨酸 200mmol / L，α–酮戊二酸 2.0mmol/L）：精确称取 DL–丙氨酸 1.79g，α–酮戊二酸 29.2mg，先溶于 0.1mol / L 磷酸盐缓冲液约 50ml 中，用 1mol / L 氢氧化钠调 pH 值至 7.4，再加磷酸盐缓冲液至 100ml，4～6℃保存，该溶液可稳定 2 周。

（3）2，4–二硝基苯肼溶液（1.0mmol / L）：称取 2，4–二硝基苯肼（AR）19.8mg，溶于 1.0mol / L 盐酸 100ml，置棕色玻璃瓶中室温保存。若有结晶析出，应重新配制。

（4）氢氧化钠溶液（0.4mol / L）：称取氢氧化钠 1.6g 溶解于适量蒸馏水中，并加蒸馏水至 100ml，置具塞塑料试剂瓶内，室温中可长期稳定保存。

（5）丙酮酸标准（2.0mmol / L）：准确称取丙酮酸钠（AR）22.0mg，置于 100ml 容量瓶中，加 0.05mol / L 硫酸至刻度。丙酮酸不稳定，开封后易变质（聚合），相互聚合为多聚丙酮酸，需干燥后使用。

四、实验材料与仪器

试管、移液管或加液器、洗耳球、烧杯、分析天平、试剂瓶、容量瓶、pH 计、S22PC 分光光度计、水浴箱。

五、操作步骤

（一）谷丙转氨酶标准曲线绘制

按照表 3–19，向各管加入相应试剂。

表 3–19　谷丙转氨酶标准曲线的绘制

	S1 管	S2 管	S3 管	S4 管	S5 管
0.1mol/L 磷酸盐缓冲液（ml）	0.1	0.1	0.1	0.1	0.1
2.0mmol/L 丙酮酸标准液（ml）	0	0.05	0.10	0.15	0.20
基质缓冲液（ml）	0.50	0.45	0.40	0.35	0.30
2，4–二硝基苯肼溶液（ml）	0.5	0.5	0.5	0.5	0.5

（续表）

	S1 管	S2 管	S3 管	S4 管	S5 管
混匀，37℃水浴 20min					
0.4mol/L 氢氧化钠溶液（ml）	5.0	5.0	5.0	5.0	5.0
相当于酶活性浓度（卡门单位）	0	28	57	97	150

混匀放置 5 分钟，在波长 505nm 处，以蒸馏水调零，读取各管吸光度。S2–S5 管吸光度减去 S1 管吸光度后，以吸光度为纵坐标，各管对应的酶活性单位为横坐标，绘制标准曲线。

（二）标本的制定

样品的测试按照表 3–20 操作。

表 3–20　赖氏法测定血清谷丙转氨酶操作步骤

	空白管	对照管	测定管
血清（ml）	–	0.1	0.1
蒸馏水（ml）	0.1	–	–
基质缓冲液（37℃，5min）	–	–	0.5
混匀后，置于 37℃保温 30min			
2，4–二硝基苯肼溶液（ml）	0.5	0.5	0.5
基质缓冲液（ml）	0.5	0.5	–
混匀后，置于 37℃保温 20min			
0.4mol/L 氢氧化钠溶液（ml）	5.0	5.0	5.0

室温放置 5 分钟，在波长 505nm 处以蒸馏水调零，读取各管吸光度值。

六、结果计算

测定管吸光度减去样本对照管吸光度的差值为标本的吸光度。该值在标准曲线上查得谷丙转氨酶的卡门单位。

七、注意事项

（1）基质液中的 α–酮戊二酸和显色剂 2，4–二硝基苯肼必须准确称量。每批试剂的空白管吸光度不应超过 0.015，如超出此范围，应检查试剂及仪器等方面问题。

（2）血清中谷丙转氨酶在室温（25℃）可以保存 2 天，在 4℃冰箱可保存 1 周，在-25℃可保存1个月。一般血清标本中内源性酮酸含量很少，血清对照管吸光度接近于试剂空白管。所以，成批标本测定时，一般不需要每份标本都作自身血清对照管，以试剂空白管代替即可，但对超过正常值的血清标本应进行复查。严重脂血、黄疸及溶血血清可增加测定的吸光度值；糖尿病酮症酸中毒病人血中因含有大量酮体，能和2，4-二硝基苯肼作用呈色，也会引起测定管吸光度增加。因此，检测此类标本时，应作血清标本对照管。

(3) 赖氏比色法由于受底物α-酮戊二酸浓度和2，4-二硝基苯肼浓度的不足以及反应产物丙酮酸的反馈抑制等因素影响，标准曲线不能延长至200卡门单位。当血清标本酶活力超过150卡门单位时，应将血清用生理盐水稀释后重测，其结果乘以稀释倍数。

(4) 赖氏法没有规定自身的单位定义，而是以实验数据套用速率法的卡门单位，以卡门单位报告结果。卡门单位定义为血清1ml，反应液总体积3ml，反应温度25℃，波长340nm，比色杯直径为1.0cm，每分钟吸光度下降0.001为一个卡门单位（相当于0.48U）。

(5) 加入2，4-二硝基苯肼溶液后，应充分混匀，使反应完全。加入氢氧化钠溶液的方法和速度要一致。如液体混合不完全或氢氧化钠溶液加入速度不同均会导致吸光度读数的差异。

八、评定与应用

谷丙转氨酶是体内活力最强的转氨酶之一，它广泛分布在人体的各组织器官内，分布次序：肝>肾>心>肌肉。以肝脏含量最多，是心脏、肌肉、肾脏的3倍，是血清2850倍。在肝脏等脏器官受损时，细胞内酶释入血液，使血清内酶的活力升高。所以血清谷丙转氨酶升高几乎总是肝病引起的，血清谷丙转氨酶通常被用做肝功能是否正常的重要指标。

运动对谷丙转氨酶活性影响的结论是不一致的，但大多数研究认为，运动负荷增加到一定程度后，可以引起运动时和运动后谷丙转氨酶活性增加。运动后血清谷丙转氨酶活性的上升同样受运动强度和时间影响。时间较短、强度相对较大的运动（如800m、1500m跑）之后，血清谷丙转氨酶活性显著上升，但恢复也较快，14小时后恢复。马拉松跑、铁人三项等长时间运动后，血清谷丙转氨酶活性变化报道不一，有学者认为血清谷丙转氨酶活性在运动后保持数日；也有人说，血清谷丙转氨酶活性变化不大，其原因可能与血浆容量改变有关。力量训练后，血清谷丙转氨酶活性在这类运动中几乎不上升，但在血清肌酸激酶活性上升非常显著时，血清谷丙转氨酶活性会有延迟上升的倾向。然而，研究表明训练水平与性别对安静血清谷丙转氨酶活性影响不明显。

思考题

(1) 赖氏法测定血清谷丙转氨酶时，如何设置对照？

(2) 采用赖氏法测定血清谷丙转氨酶时要注意哪些问题？

(3) 简述测定血清谷丙转氨酶在运动训练中的应用意义。

参考文献

[1] 冯连世，李开刚. 运动员机能评定常用生理生化指标测试方法及应用 [M]. 北京：人民体育出版社，2002.
[2] 王琰，钱士匀. 生物化学和临床生物化学检验 [M]. 北京：清华大学出版社，2005.
[3] 冯连世，冯美云，冯炜权. 优秀运动员身体机能评定方法 [M]. 北京：人民体育出版社，2003.

实验十四　血清超氧化物歧化酶的测定（羟胺法）

20 世纪 70 年代中期开始，人们对身体运动中自由基的生成产生了极大兴趣，自由基的生成逐渐被认为是引起运动性疲劳的重要原因之一，运动与自由基已成为当前运动医学领域的一个引人关注的课题。在自由基的防御体系中，超氧化物歧化酶（Superoxide dismutase，SOD）处于自由基防御前沿阵地的一个以底物为氧自由基的专一酶，它能有效地清除超氧阴离子（$O_2^{\cdot -}$），从而进一步阻断毒性更强的 $OH^{\cdot}$ 的生成。也就是说超氧化物歧化酶的作用是将氧自由基歧化，将一分子 $O_2^{\cdot -}$氧化成为 O^2，另一分子 $O_2^{\cdot -}$还原成为 H_2O_2，从而起到保护细胞的作用。超氧化物歧化酶被认为是机体自由基清除系统内一个重要的酶，是抗氧化系统中最有代表性的一种酶，它可以阻止脂质过氧化的激活及其连锁反应的发生。因此，测定超氧化物歧化酶可在很大程度上估计、评价自由基清除酶系统的功能状况。测定超氧化物歧化酶有氯化硝基四氮唑蓝（NBT）光化还原法、邻苯三酚自氧化法、羟胺法等方法，其中羟胺法对实验仪器的要求相对简单，以下主要介绍这种方法。

一、实验目的

(1) 学习掌握血清超氧化物歧化酶测定原理和测试方法。
(2) 强化相关实验操作技能。
(3) 学习掌握超氧化物歧化酶在机体内清除自由基的作用及其生化评定意义。

二、实验原理

超氧阴离子（$O_2^{\cdot -}$）氧化羟基的最终产物为亚硝酸盐，后者在对氨基苯磺酸及甲萘胺作用下呈现紫红色，在波长 530nm 处有极大吸收峰，可用分光光度法进行测定，当超氧化物歧化酶消除 $O_2^{\cdot -}$后形成的亚硝酸盐减少。

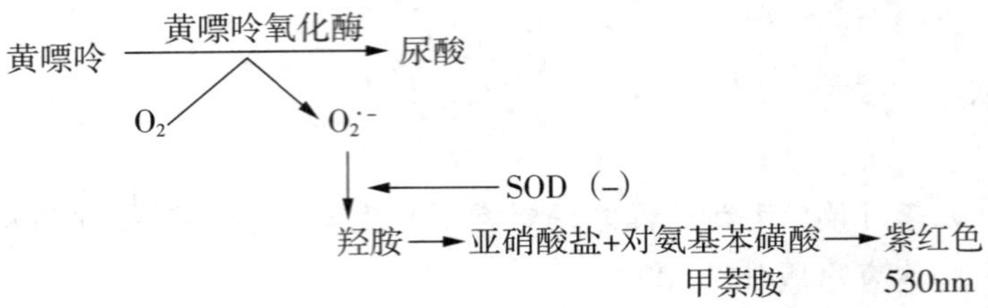

三、实验试剂

(1) 1 / 15mol / L 磷酸盐缓冲液 pH 值 7.8。

(2) 10mmol / L 盐酸羟胺：盐酸羟胺 6.95mg，加水至 10ml。

(3) 7.5mmol / L 黄嘌呤：黄嘌呤 11.4mg，加水至 10ml。

(4) 0.023U / ml 黄嘌呤氧化酶：25U / 0.9ml 黄嘌呤氧化酶 8.4μl 加 pH 值 7.8 磷酸盐缓冲液至 10ml。

(5) 10g / L 甲萘胺、3.3g / L 对氨基苯磺酸、超氧化物歧化酶标准品、三氯甲烷、95% 乙醇 (v/v)。

四、实验材料与仪器

采集静脉血器具及用品、血清管、离心管、试管、离心机、恒温水浴、721（或 S22PC）分光光度计。

五、实验步骤

具体测试步骤见表 3–21。

表 3–21　羟胺法测定血清超氧化物歧化酶的操作步骤

	空白管	测定管	对照管
1/15 mol /L 磷酸盐缓冲液 pH 值 7.8（ml）	1.0	1.0	1.0
血清（μl）		20	
10mmol/L 盐酸羟胺（ml）	0.1	0.1	0.1
7.5mmol/L 黄嘌呤（ml）	0.1	0.1	0.1
0.023U/ml 黄嘌呤氧化酶（ml）	0.1	0.1	0.1
双蒸水（ml）	0.5	0.5	0.5
混匀，37℃恒温水浴 30min			
3.3 g /L 对氨基苯磺酸（ml）	2.0	2.0	2.0
10g/L 甲萘胺（ml）	2.0	2.0	2.0
混匀 15min 后，倒入 1cm 光径比色杯，以蒸馏水调零，530nm 处比色测定 OD 值			

超氧化物歧化酶标准抑制曲线：将超氧化物歧化酶标准品用磷酸盐缓冲液配制成750U/ml的溶液，再稀释到50倍，即超氧化物歧化酶量为15U/ml（1.5μg/ml），用本法测定不同量的超氧化物歧化酶标准的百分抑制率，以百分抑制率为纵坐标，以超氧化物歧化酶活力单位U/ml为横坐标绘制标准曲线。

六、结果计算

超氧化物歧化酶（SOD）百分抑制率=（对照管OD–测定管OD）/对照管OD×100%

每毫升反应液中超氧化物歧化酶抑制率达50%时所对应的超氧化物歧化酶量为一个单位。

超氧化物歧化酶（SOD）活力（U/ml）=（对照管OD–测定管OD）/对照管OD×100%/50%×（反应液总量/取液量）×样品稀释倍数

也可用酶比活法即以每样品的百分抑制率从超氧化物歧化酶标准曲线查出相应的超氧化物歧化酶 U/ml乘以稀释倍数（1ml取样量）。

七、注意事项

（1）超氧化物歧化酶和黄嘌呤氧化酶保存在4℃温度环境，避免活性降低或失活。

（2）超氧化物歧化酶标准的百分抑制率曲线要准确。

八、评定与应用

清除活性氧等自由基的酶常称为抗氧化酶（antioxidant enzyme）。机体的抗氧化酶系统，主要包括超氧化物歧化酶（SOD）、过氧化氢酶（CAT）和谷胱甘肽过氧化物酶（GSH–Px）。真核细胞中主要有位于细胞浆的CuZnSOD和位于线粒体的MnSOD。超氧化物歧化酶为自由基清除剂，广泛存在于生物体的各种组织中，能清除自由基超氧阴离子（$O_2^{\cdot -}$），而$O_2^{\cdot -}$具有细胞毒性，可使脂质过氧化，损伤细胞膜，引起炎症、肿瘤和自身免疫性疾病，并可能促使机体衰老。超氧化物歧化酶被认为是机体自由基清除系统内一个重要的酶，是抗氧化系统中最有代表性的一种酶，它可以阻止脂质过氧化的激活及其连锁反应的发生。因此，测定超氧化物歧化酶可在很大程度上估计、评价自由基清除酶系统的功能状况。

当机体超氧化物歧化酶、维生素E、谷胱甘肽过氧化物酶等含量减少或清除自由基的能力下降时，导致自身氧化应激。但细胞可通过多种抗氧化防御来保护自己，适应就是其中的一种可诱导的抗氧化损伤能力，在生物的进化、防癌及抗衰老上起着重要作用。倪耀华等研究报道，受试者分别采用30%$\dot{V}O_2max$、70%$\dot{V}O_2max$、90%$\dot{V}O_2max$三种运动强度脚踏车运动至力竭，结果发现，70%$\dot{V}O_2max$运动致人体内血浆的丙二醛（MDA）含量增加最为显著，超氧化物歧化酶活性显著下降；90%$\dot{V}O_2max$运动时，体内血浆丙二醛含量和超氧化物歧化酶活性均无明显变化，30%$\dot{V}O_2max$运动时，血浆丙二醛含量明显升高，超氧化物歧化酶活性无明显变化。刘宁等认为机体血清或组织中丙二醛和活性氧（ROS）并不随运动强度和时间的增加而呈直线增加趋势，超氧化物歧化酶也并非随运动强度和时间增加而呈直线下降趋势。训练能改善机体的许多代谢功能，提高机体的适应性，增强运动能力，对超氧化物歧化酶也不例外。大量研究已表明，慢性有氧训练可以提高组织中过氧化氢酶和超氧化物歧化酶的活性。曹国华报道，国家队运动员红细胞超氧化物歧化酶高于大学生运动员，提示国家队运动员体内自由基防御能力较高，显然与这些队员平时专项训练有关，还发现健康男子股四头肌中的超氧化物歧化酶与最大摄氧量呈显著正相关。国内外不少学者报道了耐力训练可提高动物与人体组织和血液的超氧化物歧化酶活性，并认为人体的有氧能力与骨骼肌超氧化物歧化酶的活性密切相关。二级以上的短跑和中长跑运动员安静时红细胞超氧化物歧化酶的含量及活性明显高于普通大学生。鲁政等的结果表明，低氧运动后血清丙二醛没有产生明显变化，但血清超氧化物歧化酶、谷胱甘肽（GSH）显著性提高，可能是机体加快自由基清除的代偿性反应，低氧运动中补充电解质饮料或纯净水，运动后超氧化物歧化酶、谷胱甘肽均不发生显著性改变，说明低氧运动时补充水分有助于减少自由基的产生。

思考题

（1）本实验超氧化物歧化酶测定采取什么方法？显色剂是什么物质，比色波长是多少？

（2）简述用羟胺法测定超氧化物歧化酶的原理。

（3）简述测定超氧化物歧化酶在运动训练中的应用及其意义。

参考文献

[1] 张淑媛，卢青，邹洪. 盐酸羟胺自氧化法测定SOD活性的电化学方法研究[J]. 北京教育学院学报（自然科学版），2007，2（2）：12-14.

[2] Lenaz G. Role of mitochondria in oxidative stress and ageing.Biochim BiopHys Acta. 1998 Aug 10; 1366（1-2）: 53-67.

[3] 刘宁，王轲，赵歌. 递增负荷运动训练对大鼠血清及部分组织MDA、ROS含量和SOD活性变化的影响[J]. 青海医学院学报，2008，29（4）：240-244.

[4] 鲁政，胡扬，田野. 低氧运动对血清MDA、SOD、GSH的影响及电解质饮料干预效果的研究[J]. 北京体育大学学报，2007，30（2）：198-202.

[5] 倪耀华，王秀业. 不同运动强度对血浆氧自由基代谢水平的研究[J]. 四川体育科学，2000，1：15-16.

实验十五 血清丙二醛的测定（硫代巴比妥酸法）

国内外大量的研究证明，运动引起机体自由基产生增加。在进行大强度的耐力运动时人体的耗氧量可以增大 20～30 倍，超氧自由基的生成增多，对机体的危害性也增大。Dillard（1978）报道，人在进行长时间大强度的有氧运动过程中呼出的气体含有大量的戊烷，虽然这些戊烷从何处产生还不清楚，但是由于戊烷是脂质过氧化后产生的易变化的产物之一，因此可以间接证实运动有大量的自由基生成及破坏了细胞和亚细胞的生物膜的脂质双层结构，产生脂质过氧化作用。随后一些学者相继报道机体连续运动直到精疲力竭后肝脏、肌肉匀浆中丙二醛（MDA）的浓度升高大约 2 倍，丙二醛在运动后浓度变化可作为评定自由基生成及对生物膜脂质双层结构破坏的指标。生物体的生物膜系统含有丰富的多不饱和脂肪酸，且与膜流动性有关。当生物膜受到自由基攻击时，生成脂质过氧化自由基（ROO）及其加氢产物脂质氢过氧化物（ROOH）等，使膜的流动性和通透性发生障碍，并可产生代谢片断丙二醛。自由基通过其强烈的氧化作用，对不饱和脂肪酸产生氧化和过氧化作用，生成脂质过氧化物，并降解成丙二醛，所以丙二醛是反映脂质过氧化（LPO）水平的有效指标。

一、实验目的

（1）掌握血清丙二醛的测定方法和原理。

（2）强化运动生化实验有关操作技能。

（3）学习掌握丙二醛在机体内的作用及其生化评定意义。

二、实验原理

丙二醛是细胞膜脂质过氧化的终产物之一，测其含量可间接评估脂质过氧化的程度。1 个丙二醛分子与 2 个硫代巴比妥酸（TBA）分子在酸性条件下共热，生成粉红色复合物，以波长 532nm 测定 OD 值。

丙二醛（MDA）+硫代巴比妥酸（TBA）$\xrightarrow{\text{加热}}$粉红色复合物（532nm 处有一吸收峰）

三、实验试剂

硫代巴比妥酸、10mmol / L 四乙氧基丙烷（贮备液，4℃保存 3 个月），临用前用甲醇稀释成 10nmol / ml、20%三氯醋酸、正丁醇、0.1mol 盐酸、蒸馏水，所有试剂选用 AR 级，并要求用双蒸水配置。

四、实验材料与仪器

微量加样器、恒温水浴箱、离心机、混旋器、具塞离心管、721 或 S22PC 分光光度计。

五、实验步骤

具体操作见表 3-22。

表 3-22 硫代巴比妥酸法测定血清丙二醛的操作步骤

试剂	标准管	测定管	空白管
10nmol/ml 四乙氧基丙烷（ml）	0.6	–	–
血清（ml）	–	0.6	–
蒸馏水（ml）	1.4	1.4	2.0
充分混匀			
20%三氯醋酸（TCA）（ml）	1.0	1.0	1.0
混匀静置 20min 沉淀蛋白质			
0.1molHCl（ml）	2.0	2.0	2.0
1%TBA（ml）	1.0	1.0	1.0
充分混匀沸水浴 30 min，室温冷却			
正丁醇（ml）	4.0	4.0	4.0
强烈振荡 1min，3000rpm 离心 10min，缓慢吸取上清液在 532nm 处比色			

六、结果计算

丙二醛（MDA）含量=（测定管 OD–空白管 OD）/（标准管 OD–测定管 OD）×标准管浓度（nmol / ml）

七、注意事项

（1）95 ~ 100℃水浴时不要摇晃。

（2）用正丁醇抽提时要充分振荡。

八、评定与应用

正常情况下，活性氧（ROS）自由基的产生和活性氧的清除是处于动态平衡的，当活性氧产生大于活性氧清除时，即会攻击机体，产生所谓的氧化应激。活性氧能够氧化生物大分子，如DNA、蛋白质和脂质。活性氧不仅可损伤DNA，还可与生物膜脂质、蛋白质、糖类、透明质酸等物质发生反应。单糖的自氧化产物可促进蛋白质交联，引起蛋白质聚合，使基底膜增厚。组织的脂质过氧化是活性氧过量引起氧化损伤的重要标志。目前，概括了两种关于氧化应激引起DNA损伤的可能机理：一是通过Fenton反应形成$OH^{·}$；另一种是由于活性氧激发了细胞内一系列代谢反应，通过Ca^{2+}依赖性内切酶的激活，类似于细胞程序性死亡（apoptosis）的途径，造成DNA断裂。这两种机理并不相互排斥，两者可同时发生，其相对重要性可能依赖于细胞类型及氧化应激是如何启动的。脂质过氧化反应是发生在不饱和脂肪酸共价键上的一系列自由基反应。活性氧通过其强烈的氧化作用，对不饱和脂肪酸产生氧化和过氧化作用，生成脂质过氧化物，并降解成丙二醛，所以丙二醛是反映脂质过氧化水平的有效指标。生物膜是由脂类和蛋白质构成，其脂类主要是不饱和脂肪酸，膜的流动性主要由不饱和脂肪酸决定，而且生物膜的许多功能都由膜的流动性支持，当不饱和脂肪酸过氧化后，它的含量迅速减少，使得生物膜呈刚性状态。已经有实验观测到低氧下心肌自由基过量产生。自由基引起的脂质过氧化使细胞膜结构和功能都受到损伤。

适度持久地进行健身锻炼可提高超氧化物歧化酶活性，降低血清中丙二醛含量。研究表明，中低强度可以提高小鼠体内抗氧化系统中某些抗氧化酶的活性，加快自由基清除速度，减少脂质过氧化物的堆积，降低组织中脂质过氧化水平和减少脂褐素（lipofuscin）的沉积。国外也有人发现，低强度40%$\dot{V}O_2max$的运动能抑制脂质过氧化反应；但也有人研究发现，强度低于30%$\dot{V}O_2max$，人体血浆丙二醛含量显著升高，而血浆超氧化物歧化酶含量则没有显著升高。通过适当的体育锻炼，预防和延缓老年人某些常见疾病的发生和发展，使人精力充沛，提高工作效率，这一理论普遍被人们所接受。体育运动对机体的研究相当多，但是进行体育运动过程中是否对机体产生一些不良影响相对研究得较少，在研究中发现，如果对自然界动物（包括人类）的寿命加以比较可以找出一个规律，即“代谢和动物寿命之间为负相关”。大约50年前一些科学家对60多种哺乳类动物进行比较，发现动物的寿命和脑重或体重直接相关。一般来说，大型动物的寿命比小型动物长，活动多的动物其寿命较短。例如，鼠整天为觅食奔跑，其寿命比活动较少的人类和大象要短。在人类中男性体力活动常多于女性，平均寿命也比女性短。还有人报道，关在动物园的动物平均寿命也比野生动物要长。由此可知，体力活动除了可以给人们带来一系列益处，也可以带来一些具有不良后果的副作用。其中自由基的产生对机体的危害就是副作用之一。然而，合理的体育锻炼能减少机体自由基的损害，增强机体的免疫抵抗能力。总之，有规律的身体活动再加上饮食补充足够的抗氧化剂，能清除体内产生多余的自由基，从而达到强身健体的目的。

思考题

(1) 丙二醛测定采取什么方法？显色剂是什么物质，比色波长是多少？

(2) 丙二醛指标的测定在运动实践中有何意义？

参考文献

[1] 陈真. 运动与自由基发展现状的研究 [J]. 首都体育学院学报，2003，15 (2)：80–84.

[2] Ji LL. Aging and acute exercise enhance free radical generation in rat skeletal muscle.J Apple Physiol. 1999.87：465–470.

[3] Widner B Gatti R Baier–Bitterlich G et al. Physical exercise and oxidative stress.J Sports Med Phys Fit 1998.38：84.

[4] 杨李，唐瑛，左娟，等. 硫代巴比妥酸法测定血清脂质过氧化物方法的改进 [J]. 华南国防医学杂志，2004，18 (1)：30–32.

实验十六　血清一氧化氮的测定（α–萘胺分光光度法）

1987 年，Palmer 首次证实内皮舒张因子（EDRF）即一氧化氮（NO）。作为一种重要的信使物质和神经递质，其生理和病理作用引起学者们广泛的重视。20 世纪 90 年代以来，人们日益重视一氧化氮与心肌舒缩功能的关系。研究表明，在生物体内，与一氧化氮有关的自由基和化合物达数十种，及其相关产物相互反应，在生物体内生成一系列具有重要生物功能的自由基和硝基化合物，与生物体系中活性氧相对应，人们称之为生物活性氮，或活性氧介质。一氧化氮起着信使分子的作用。当内皮要向肌肉发出放松指令以促进血液流通时，它就会产生一些一氧化氮分子，这些分子很小，能很容易地穿过细胞膜。血管周围的平滑肌细胞接收信号后舒张，使血管扩张。一氧化氮的发现获颁了 1998 年的诺贝尔生理医学奖。一氧化氮是由一氧化氮合酶（NOS）催化 L–精氨酸（L–Arg）与氧分子经多步氧化还原反应生成的一种化学性质活泼的化合物，对运动时骨骼肌血流量、氧摄取和葡萄糖转运均起着重要的调节作用。

一、实验目的

(1) 掌握血清一氧化氮的测定方法和原理。

(2) 强化运动生化实验有关操作技能。

(3) 学习掌握一氧化氮测定在运动训练中的应用及意义。

二、实验原理

氢氧化铝 [$Al(OH)_3$] 凝胶清除血清中的有色成分，得到无色透明的血清脱色液。

利用醋酸钠、对氨基苯磺酸及α-萘胺溶液使血清脱色液分别显色，在波长520nm有吸收峰值。

三、实验试剂

（1）硝酸盐一氮（NO_2^-—N）标准液：称取一定量的经烘干处理的亚硝酸钠（$NaNO_2$），用去NO_2^-水配成浓度为6.25×10^{-2}mol/L的贮备液，密塞装在棕色瓶中，并加入1ml三氯甲烷置于4℃下至少可稳定两个月。使用时用去NO_2^-水将贮备液稀释至2.50×10^{-6}mol/L，即2.50nmol/ml的标准使用液。

（2）氢氧化铝凝胶悬液：取一定量硫酸铝，加适量蒸馏水，加热至60℃使硫酸铝溶解，冷却至室温后，在搅拌下加入氢氧化钠浓溶液，得氢氧化铝沉淀。最终使硫酸铝与氢氧化钠的摩尔比为1∶6。用去NO_2^-水反复冲洗沉淀至洗涤液中检不出NO_2^-为止。最后将澄清后上清全部吸出，即得稠状凝胶悬液氢氧化铝。

（3）其他试剂：用去NO_2^-水配成浓度为3.30×10^{-3}mol/L的对氨基苯磺酸溶液，3.20×10^{-3}mol/L的α-萘胺盐酸盐溶液和0.2mol/L醋酸钠溶液，其中α-萘胺溶液需装在大棕色瓶中密塞贮存4℃以下。

四、实验材料与仪器

移液管、离心机、离心管、具塞离心管、涡流振荡器、721或S22PC分光光度计。

五、实验步骤

（1）血清脱色处理：取10ml氢氧化铝凝胶悬液，3000rpm离心，弃上清，沉淀中加入0.6ml血清，涡流震荡10分钟后，3000rpm离心5分钟，得无色透明血清脱色液，计量脱色液体积。

（2）显色反应：试剂空白管加入1.0ml去NO_2^-，标准管加入1.0ml硝酸盐一氮标准使用液，样品管加入1.0ml血清脱色液后；所有管再分别加入醋酸钠溶液，对氨基苯磺酸溶液，α-萘胺溶液各0.5ml，振荡，密塞静置反应30分钟后。

（3）比色：于波长520nm处，以去NO_2^-水作参比，用1cm比色杯测量吸光度。

六、结果计算

NO（nmol/ml）=2.50（OD测-OD空）/（OD标-OD空）×V/0.6

其中2.50为1ml硝酸盐一氮标准使用液中含有硝酸盐一氮的纳摩尔数，0.6为血清取样量，V为血清脱色液总体积（ml）。

七、注意事项

（1）离心得到的沉淀要用涡流震荡器充分振荡。

（2）比色在 2 小时以内完成。

八、评定与应用

一氧化氮的相关理论是 1987 年以来生命科学与医学领域的研究热点之一。一氧化氮既是体内的一种必不可少的信息分子，又具有细胞毒作用。当致病因子侵袭肝脏时，内毒素可致肝脏或血管内皮产生大量的一氧化氮，参与其病理生理过程。随着科学研究的进展，一氧化氮的相关理论已深入到临床医学的诸多领域。利用运动训练和一氧化氮供体、前体及一氧化氮合酶特异性抑制剂相结合的手段，可以延缓某些心血管疾病的发生和发展，而且对这些疾病也有一定的治疗作用，尤其是在血管的保护和改善方面具有重要意义。正常人血清一氧化氮含量是 0.323±0.022μmol / ml。

近年来一氧化氮的理论也被引入到运动人体科学的领域，认为一氧化氮在心血管功能、骨骼肌收缩功能中对运动的适应性变化起重要作用。运动中一氧化氮的增加可松弛血管平滑肌，使血流量增加，从而使氧运输量增加。一氧化氮供体提高骨骼肌葡萄糖转运，抑制一氧化氮合酶活性，使骨骼肌收缩引起的葡萄糖转运受阻，并且一氧化氮还可以促进骨骼肌对葡萄糖的利用，有利于 ATP 的产生。在运动过程中一氧化氮浓度变化可以引起肺部通气量变化。一氧化氮是一种重要的血管调节物质，影响线粒体氧化能力，调节脑部血流量，参与能源物质氧化。据报道，运动改善血管舒张功能与一氧化氮有密切关系。运动可导致一氧化氮合成增加，不同的运动强度对一氧化氮的生成有不同的影响，Brown 等人的研究发现，前臂分别进行 15%，30%，45%的 MVC（最大自主收缩）运动强度，前臂静脉血浆中一氧化氮和血流量随强度的增加而增加，呈现正向的线性关系。Chikara 等研究发现，经过 12 周的中等强度的训练显著提高人前臂血管扩张作用，一氧化氮合酶抑制剂可以阻断这一效应。小强度和大强度却未能引起血管扩张，但大强度训练可增加血浆 8–羟基–2–脱氧鸟苷酸和丙二醛的浓度，二者都是氧化应激指示剂。可见不同训练强度对一氧化氮的影响不同，中等强度可增加一氧化氮的含量，诱导血管扩张；大强度训练则会加强体内氧化应激，降低一氧化氮的生物活性。王冰梅等认为，较小强度的有氧训练就能显著地促进人和小鼠一氧化氮和尿素的合成，提高骨骼肌一氧化氮合酶的活性。柏建清等人报道，耐力训练和力量训练可极显著地提高安静时血清一氧化氮的基础值，而且与受试者的机能状况有关。力竭运动引起血清一氧化氮极显著降低。Michael 等对运动引起白细胞中一氧化氮合酶表达变化的研究中发现，半程马拉松跑和力竭运动导致淋巴细胞中 iNOS（诱导型一氧化氮合酶）表达增多，运动后巨噬细胞和粒细胞中 iNOS 生成更多。

Shen 等的研究表明，长期的适宜运动训练可以提高血浆一氧化氮水平和血小板的鸟苷酸水平，并抑制血小板黏附，发挥其抗血栓形成的作用，为体育锻炼防止心血管栓塞疾病以及运动康复医学中运动处方的制定提供了理论依据。一氧化氮途径在运动训练引起的骨骼肌血流量增加中起重要作用，并有利于在运动恢复过程中保持骨骼肌内有较大的血流量，促进运动后的恢复。一氧化氮还是影响心泵功能的一种因素；一氧化氮使脂质过氧化酶失活，从而减少有氧运动时脂肪供应能量的能力；一氧化氮浓度的升高使 HbO_2 携氧能力下降。良好的体育训练，能够有效地提高机体不同功能状态下一氧化氮的生成，对增强人体的运动能力，提高大众健身具有重要意义。

思考题

(1) 一氧化氮测定采取什么方法？显色剂是什么物质，比色波长是多少？

(2) 谈谈在运动训练实践中一氧化氮测定的意义。

参考文献

[1] 李恩民，许丽艳，齐辛，等. 分光光度法检测血清中 NO 含量 [J]. 白求恩医科大学学报，1996，22 (1)：103–104.

[2] Rush J W，Denniss S G，Graham D A. Vascular nit ric oxide and oxidative st ress：determinant s of endot helial adaptations to cardiovascular disease and to physical activity. Can J Appl physiol，2005，30 (4)：442–474.

[3] Brown M D，Srinivasan M，Hogikyan R V，et al. Nit ric oxide biomarkers increase during exercise2induced vasodilation in the forearm.Int J Sports Med，2000，21：83–89.

[4] Chikara Coto. Effect of different intensities of exercise on endot helium2dependent vasodilation in humans role of endot helium2dependent Nit ric oxide and oxidative stress. Circulation，2003，108：530–535.

[5] 王冰梅. 有氧条件下一氧化氮与肝脏尿素循环之间关系初探 [J]. 体育科学，2005，23 (5)：47–49.

[6] 柏建清. 力竭运动对力量型和耐力型少年运动员血中内皮素和一氧化氮的影响 [J]. 北京体育大学学报，2004，27 (12)：1642–1644.

[7] Andreas Michael，Markus sommer，Elke Schlotz，et al. Expression of the inducible nit ric oxide synt hase (iNOS) in human leukocytes：responses to running exercise. Med Sci Sport Exer，2000，32：1220–1225.

[8] 梁娟. 长期木兰拳运动对中老年女性自由基代谢和 NO 的影响 [J]. 中华物理医学与康复，2006，28 (7)：479–482.

实验十七　血清碱性磷酸酶的测定（磷酸苯二钠比色法）

碱性磷酸酶（Alkaline phosphatase ALP）是一种磷酸单酯酶，在碱性环境中能水解很多磷酸单酯化合物。机体的各个组织都有碱性磷酸酶，但以骨骼、肝脏、脾脏和肾脏等组织含量较多。正常情况下，血清碱性磷酸酶主要来自骨骼，由成骨细胞产生。成骨活跃时，成骨细胞分泌大量碱性磷酸酶，一部分参与骨的钙化，一部分释放到血液中，使血液中碱性磷酸酶活性升高。因此，测定血清碱性磷酸酶活性可以反映骨形成以及评定骨质疏松状况。

一、实验目的

(1) 学习掌握测定碱性磷酸酶的原理与测试方法。
(2) 强化运动生化实验操作技能。
(3) 了解和掌握血清碱性磷酸酶测定在运动实践中的应用和意义。

二、实验原理

碱性磷酸酶在碱性环境中作用于磷酸苯二钠，使之水解生成酚和磷酸。酚在碱性溶液中与4-氨基安替比林作用，经铁氰化钾氧化形成红色醌类化合物，其颜色深浅与ALP活性成正比。

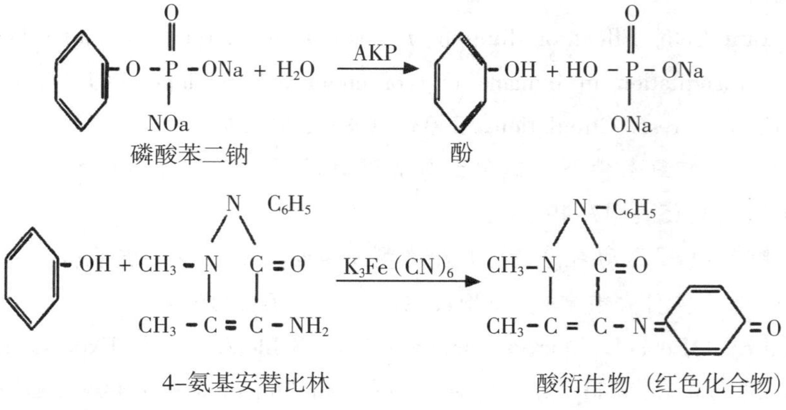

三、实验试剂

（1）0.1mol/L 碳酸盐缓冲液（pH 值 10.0）：称取无水碳酸钠 6.36g，碳酸氢钠 3.36g，4-氨基安替比林 1.5g，加蒸馏水溶解并定容至 1000ml，置棕色瓶中保存。

（2）0.02mol/L 磷酸苯二钠溶液：先将 400ml 蒸馏水煮沸，称取磷酸苯二钠 2.18g（磷酸苯二钠如含 2 分子结晶水，则应称取 2.54g）加入煮沸的蒸馏水中使其溶解，冷却后用煮过的冷蒸馏水加至 500ml，再加氯仿 2ml，置冰箱保存，此为底物溶液。

（3）铁氰化钾溶液：称取铁氰化钾 2.5g，硼酸 17g，各自溶于蒸馏水 400ml 中，两液混合后，加蒸馏水定容至 1000ml，置棕色瓶中避光保存（如出现蓝绿色即弃去）。

（4）1mg/ml 酚标准贮存液：称取重蒸馏苯酚 1.0g，溶解于 0.1mol/L 盐酸中，并定容至 1000ml。

（5）0.05mg/ml 酚标准应用液：取上述酚标准贮存液 5ml，加蒸馏水定容至 100ml。此液只能保存 2～3 天。

四、实验材料与仪器

分析天平、容量瓶、烧杯、试剂瓶、试管、移液管、洗耳球、S22PC 分光光度计、水浴箱。

五、实验步骤

（一）血清碱性磷酸酶标准曲线的制作

依表 3-23 步骤操作后，立即混匀，选择波长 510nm，用零号管调零，读取各管吸光度，并与相应酶金氏单位对应，绘制标准曲线。

表 3-23　血清碱性磷酸酶标准曲线制作操作步骤

	0 管	1 管	2 管	3 管	4 管	5 管
酚标准应用液（ml）	0	0.2	0.4	0.6	0.8	1.0
蒸馏水（ml）	1.1	0.9	0.7	0.5	0.3	0.1
碳酸盐缓冲液（ml）	1.0	1.0	1.0	1.0	1.0	1.0
置于 37°C 水浴中 5min						
铁氰化钾溶液（ml）	3.0	3.0	3.0	3.0	3.0	3.0
相当于金氏单位	0	10	20	30	40	50

（二）血清样品碱性磷酸酶的测定

取试管标明空白管和测定管，按表 3-24 操作。

表 3-24　磷酸苯二钠比色法测定血清样品碱性磷酸酶操作步骤

	对照管	测定管
血清（ml）	-	0.1
碳酸盐缓冲液（ml）	1.0	1.0
置 37°C 水浴中 5min		
已预温基质液	1.0	1.0
混匀，置 37°C 水浴中保温 15min		
铁氰化钾溶液（ml）	3.0	3.0
血清（ml）	0.1	-

立即充分混匀，在波长 510nm 比色，用蒸馏水调零，读取各管吸光度，用测定管吸光度减去对照管吸光度后查标准曲线，即可得血清碱性磷酸酶的活力单位。

金氏单位定义：每 100ml 血清在 37℃与基质作用 15 分钟，产生 1mg 酚，即为 1 个金氏单位。

六、注意事项

（1）底物溶液中不应含有游离酚，如有酚则对照管显红色，说明磷酸苯二钠已经开始分解，应弃去不用。

（2）铁氰化钾溶液中加入硼酸有稳定的显色作用。该液应避光保存，如出现蓝绿色即应弃用。

（3）加入铁氰化钾溶液后必须立即混匀，否则显色不完全。

七、评定与应用

血清碱性磷酸酶（ALP）大部分来自肝脏和骨骼（几乎各占 50%），分别称为肝源性和骨源性碱性磷酸酶。当体内钙营养不良时，甲状旁腺素分泌增加，导致成骨细胞增生活跃，或由于钙摄入不足，生成的内骨组织不能钙化，成骨细胞不能转化为骨细胞，成骨细胞反馈性增生活跃。上述情况导致成骨细胞分泌大量碱性磷酸酶入血，造成血中碱性磷酸酶活性升高。因此，检测血清碱性磷酸酶可快速、准确地评价体内钙的营养状况，有助于指导生长发育期的小儿和妊娠期间、产后的妇女及老年人有效科学的补钙；虽然不能诊断骨质疏松，但是碱性磷酸酶活性反映了骨转换速率，可用于预测骨质疏松症的发生、骨质疏松症的筛查、辅助诊断和疗效观察，是公认的骨质疏松症疗效的评价指标。当然肝功能正常时，血清碱性磷酸酶也能反映成骨细胞的功能。利用运动或结合药物防治骨质疏松已经成为研究热点，尤其对绝经后妇女或老年人群预防骨质疏松，延缓衰老具有重要意义。正常成年人血清碱性磷酸酶含量是 40 ~ 150U / L（或 3 ~ 13 金氏单位），婴儿 50 ~ 240U / L，儿童<500U / L（或 5 ~ 28 金氏单位），青少年男<750U / L、

女<500U / L。骨质疏松时血中碱性磷酸酶明显增高。一般认为这种血清碱性磷酸酶的升高是由于骨吸收亢进而出现的代偿性骨形成增强引起的。血清碱性磷酸酶可以结合其他项目共同诊断疾病和观察疗效，常与骨钙素（BGP）、Ⅰ型胶原氨基末端肽和骨密度相结合共同诊断骨代谢疾病。

目前国内大量研究表明，科学地运动可有效地减缓随年龄增长而发生的骨质疏松；可提高绝经后妇女骨密度，减少骨丢失。如张林等针对 75 名绝经后 5～10 名女教师进行健骨运动（心率为 130 次 / 分钟左右）6 个月，发现运动后血清碱性磷酸酶，骨钙素呈增加趋势，提示运动对骨形成有一定影响。刘保华等选用绝经后 1～5 年健康妇女 96 名进行跟踪监测，发现坚持 1 年以上的 70%～80%最大心率强度的运动可显著提高血清碱性磷酸酶的含量。邱平等观察长期参加太极拳（剑）、健身操、交际舞运动对中老年人骨代谢生化指标的影响，发现运动组与非运动组的健康中老年人血清碱性磷酸酶含量均在正常范围内，提示由于机体的调节作用，健康中老年人钙、磷代谢可保持在稳定的水平。Fujimura 通过测验骨形成的敏感生化标志物，研究了高强度抗阻训练对 17 名中青年骨代谢的影响，训练组进行举重练习，每周 3 次，共 4 个月，抗阻训练 1 月后训练组血清碱性磷酸酶活性明显增加并保持整个训练周期，结果显示抗阻增加骨的形成。王玉昕等对女性老年人碱性磷酸酶的检测结果指出，舞蹈健身组和慢跑组略高于对照组，坚持长跑男性老年的碱性磷酸酶在正常范围。而动物实验表明雌性大鼠 10 周被动跑步后碱性磷酸酶活性较非运动对照组显著增加，这可能与激素的变化存在某种联系。处在生长发育期是骨量发育的关键时期，李建设等针对生长发育期大鼠进行 10 周不同强度的游泳运动，发现中等强度的负重游泳运动使血清碱性磷酸酶显著升高，可有效地促进骨的形成。总而言之，当成骨活动增强时，碱性磷酸酶活性升高，反之则减低。由于在肝脏、骨骼、脾脏、肾脏和胎盘等多种组织均存在同工酶，故它对骨组织而言缺乏特异性和敏感性。因此，进一步检测特异性骨源性碱性磷酸酶对了解成骨细胞功能状态有更重要的意义。

思考题

（1）金氏法测试血清碱性磷酸酶的优缺点。

（2）请查阅资料说明目前常用的血清碱性磷酸酶测试方法，与金氏法进行比较作出评价。

（3）结合体育锻炼谈谈血清碱性磷酸酶在骨代谢评价中测定的意义。

参考文献

[1] 王继贵. 临床生化检验 [M]. 长沙：湖南科学技术出版社，1996.

[2] 张林，杨锡让，薛延. 健骨运动对绝经后女性骨代谢生化标志物的影响 [J]. 中国运动医学杂志，2000，19（2）：159-162.

[3] 刘保华，周丽萍，王智红，等. 运动对绝经后妇女骨代谢的影响 [J]. 广东医学学报，2007，25（3）：258–260.

[4] 邱平、李育民、高瑾，等. 运动对中老年人骨代谢生化指标的影响 [J]. 中国康复医学杂志，2005，20（5）：340–342.

[5] 曹鹏. 不同强度跑台运动对老龄雌性大鼠骨量及骨代谢的影响 [J]. 北京体育大学学报，2009，32（2）：74–76.

[6] 李建设、牛秀荣、张绍岩，等. 长期不同强度游泳运动对生长期大鼠骨代谢的影响 [J]. 中国运动医学杂志，2009，28（3）：304–306.

[7] Fujimura Rei. Effect of resistance exercise training on bone formation and re-sprption in young male subjects assessed by biomarkers of bone.Journal of Bone & Mineral Research. 1997，12（4）：656–662.

实验十八　尿羟脯氨酸的测定（碱水解法）

尿液中羟脯氨酸（Hydroxyproline，HYP）的含量能反映机体内结缔组织胶原的代谢情况。羟脯氨酸在胶原蛋白中约占 13.4%，在弹性蛋白中含量极少，其他蛋白均不存在。胶原蛋白多分布在皮肤、骨骼、血管等结缔组织中。体内分解产生的羟脯氨酸约一半来自骨骼，同时约 50%随尿排出，并且尿中羟脯氨酸约 2 / 3 以小分子肽的形式存在。所以，测定尿中总羟脯氨酸时，需先将尿液用盐酸在高温环境下水解 2 小时，使肽分解为氨基酸后再测定，过程比较繁杂。本实验采用白云等提出的碱水解法，省去了酸水解法中因反复调 pH 值所需的时间，并避免高温（烤箱 120 ~ 150℃）水解时，具塞玻璃样管的破损现象。

一、实验目的

（1）学习掌握尿羟脯氨酸测定原理与方法。

（2）强化运动生化实验操作技能。

（3）了解的掌握尿羟脯氨酸测定在运动实践中的应用和意义。

二、实验原理

尿中含羟脯氨酸的多肽被碱水解成游离的羟脯氨酸，游离的羟脯氨酸被氧化成吡咯，再与对二甲氨基苯甲醛在一定温度下反应，生成一种红色化合物，在 560nm 处有最大吸收峰。

三、实验试剂

（1）羟脯氨酸标准贮存液（1mg / ml）：将羟脯氨酸标准品，准确称取 100mg，用 0.01mol / L 盐酸溶解并稀释定容至 100ml，置棕色瓶中，常温冰箱保存。

（2）羟脯氨酸标准应用液：取羟脯氨酸标准贮存液 2ml，用蒸馏水稀释定容至 100ml，常温冰箱保存可用 2 周。

（3）2.1mol / L 柠檬酸液：$C_6H_8O_7H_2O$（一水柠檬酸）44.13g 加蒸馏水溶解稀释并定容至 100ml。

（4）0.05mol / L 氯胺–T 溶液：称取氯胺–T1.41g，用甲醇稀释并定容至 100ml。

（5）3.15mol / L 过氯酸溶液：取 70%过氯酸 27ml 用蒸馏水稀释并定容至 100ml。

（6）10%对二甲氨基苯甲醛（P–DMAB）溶液：称取 10g 对二甲氨基苯甲醛用甲醇溶解后稀释并定容至 100ml。

（7）6mol / L 氢氧化钠：氢氧化钠 24.0g，加蒸馏水溶解稀释并定容至 100ml。

（8）柠檬酸缓冲液：柠檬酸 50g，结晶醋酸钠 120g，氢氧化钠 34g，用蒸馏水溶解，加冰醋酸 12ml，调 pH 值为 6.0，用蒸馏水稀释至并定容 1000ml。

四、实验材料与仪器

分析天平、容量瓶、集尿瓶、烧杯、试剂瓶、试管、移液管、洗耳球、S22PC 分光光度计、pH 计、三用水箱。

五、实验步骤

取 3 支试管，标明空白管、标准管和测定管，按表 3–25 操作。

表 3–25　碱性水解法测定尿 HYP 的操作步骤

	空白管	标准管	样品管
尿样（μl）	–	–	50
6mol/L NaOH 液（μl）	–	–	100
混匀，100℃水浴，水解 150min			
2.1mol/L 柠檬酸（μl）	–	–	160
HYP 标准应用液（μl）	–	50	–
蒸馏水（μl）	50	–	–
柠檬酸缓冲液（μl）	400	400	400
0.05mol/L 氯胺–T（ml）	1.0	1.0	1.0
混匀，37℃水浴，氧化 3min			

(续表)

	空白管	标准管	样品管
3.15mol/L 过氯酸液（ml）	1.0	1.0	1.0
混匀，37℃水浴，终止氯化 3min			
10%P-DMAB 液（ml）	1.0	1.0	1.0
混匀，80℃水浴，显色 5min，速冷比色，空白管调零，560nm 波长，1cm 比色杯测其光密度			

六、结果计算

$$尿羟脯氨酸含量（mg/dl）=\frac{样品管光密度}{标准管光密度}\times 2$$

七、注意事项

（1）按照要求严格控制水浴温度。

（2）显色后应立即冷却并测定吸光度。

（3）羟脯氨酸标准贮存液应置棕色试剂瓶，除羟脯氨酸应用液外，其他试剂最好现用现配。

八、评定与应用

羟脯氨酸是一种非必需氨基酸，是胶原蛋白一种特异的氨基酸，除弹性蛋白中含有少许外，其他蛋白中均未含有。尿羟脯氨酸是骨吸收的主要生化指标，是骨基质中的氨基酸，骨胶原分解后，不再参加骨胶原合成，从尿中排出的产物，因为羟脯氨酸的排出量与骨吸收率显著相关，因此可通过尿 HYP/Cr（羟脯氨酸与肌酐的比值）来判断骨质吸收的情况，HYP/Cr 随年龄的增长而升高，在绝经后骨质疏松症中 HYP/Cr 明显升高，在骨质疏松症好转过程中，HYP/Cr 会逐渐下降。HYP/Cr 的正常范围为 0.06 ~ 0.016。目前，作为最经济、简便、安全有效地防治骨质疏松症的方法——运动，已经展开广泛深入的研究。

运动方式、运动强度及运动时间对羟脯氨酸的影响不同。李明华、冯美云等研究一次大强度力量训练后羟脯氨酸的变化，发现正常人（男性）24 小时内尿羟脯氨酸的排泄总量及排泄速率变化不明显。结果提示一次性力量运动对运动后 24 小时内胶原代谢的影响极微小，或这种影响在尿中的表现极微小，还有存在反应潜伏期的可能。对于绝经后女性易出现 HYP/Cr 升高的现象，许多科研工作者提出运动预防骨质疏松措施，并针对不同锻炼方式进行了研究。如王洁研究太极柔力球对绝经后健康女性骨代谢的影响中发现，24 周的太极柔力球运动后，HYP/Cr 出现降低，但不具统计学意义，并结合骨形成指标提出太极柔力球运动对促进绝经后妇女骨形成方面优于抑制骨吸收。周丽萍等通过健骨运动、药物对绝经后女性进行对比研究，运动干预 1 年后 HYP / Cr 明显降低，与药物治疗效果相差不大，表明健骨运动可明显抑制骨吸收，因此，体育锻炼对绝经后女性骨量的维持作用可能主要是抑制了骨代谢的骨吸收过程。

在人体发育的不同阶段，24 小时尿羟脯氨酸的排泄不同（表 3–26）。Hodgkinoson 等报道，在 18～45 岁年龄段中，无论男性或女性，尿羟脯氨酸含量均随年龄增长而下降，然后维持在一个水平不变；但女性从 45～65 岁，尿羟脯氨酸的排泄则明显增加（$P<0.05$），并显著高于同年龄男性（$P<0.01$）。因为老年男性骨质疏松症可能是一个缓慢渐进的过程，因此尿羟脯氨酸的测定对于老年男性骨质疏松症的诊断可能无临床意义。同时采用尿羟脯氨酸评价时要注意排除膳食的影响。

表 3–26　不同年龄 24h 尿羟脯氨酸的排出量

年龄	24h 尿羟脯氨酸的排出量
1~5 岁	150~496μmol/24h（20~65mg/24h）
6~10 岁	270~755μmol/24h（35~99mg/24h）
11~17 岁	480~1370μmol/24h（63~180mg/24h）
18~21 岁	150~420μmol/24h（20~55mg/24h）
>21 岁	114~330μmol/24h（15~43mg/24h）

思考题

（1）尿羟脯氨酸测定中需要注意的事项有哪些？
（2）试述尿羟脯氨酸在运动训练中的评价意义。

参考文献

[1] 白云，于德奎，刘凤贞，等. 应用碱水解法测定尿羟脯氨酸的探讨［J］. 中国地方病防治杂志，2000，15（2）：112–113.
[2] 李明华，冯美云. 尿羟脯氨酸排泄规律及力量练习对其影响［J］. 北京体育大学学报，1994，17：27–31.
[3] 王洁. 太极柔力球运动对绝经后妇女骨密度和骨代谢指标的影响［J］. 北京体育大学学报，2007，30（9）：1226–1228.
[4] 周丽萍，刘新，王智红. 运动对绝经后妇女骨量和骨代谢影响情况分析［J］. 中国妇幼保健，2007，22（3）：394–396.
[5] Hodgkinoson A，Thompson T. Measurement of the fast–ing urinary hydroxypro–line：creatinine ratio in normaladults and its variation with age and sex. J Clin Pathol，1982，35：807–811.

实验十九　血清睾酮的测定（酶联免疫法）

睾酮是机体内活性最高的一种雄激素。男性的雄激素主要在睾丸间质细胞内产生，女性的肾上腺皮质网状带、卵巢的基质细胞也能分泌一定量的雄激素。睾酮是类固醇类化合物，不易溶于水，血清睾酮主要有 4 种存在形式：约 3%为游离睾酮，约 40%与性激素结合球蛋白结合，约 40%与白蛋白结合，约 17%与血浆蛋白质结合。游离睾酮和与白蛋白结合的睾酮易被组织利用，称为有活性的睾酮，其中游离睾酮的生理活性最强，而与性激素结合球蛋白结合的睾酮没有生理活性，但当被组织利用的睾酮增多时，结合的睾酮就分离出来补充。睾酮的主要生理功能是促进雄性生殖系统的发育与成熟，促进合成代谢，刺激红细胞的生成和骨骼的生长。长期大强度大运动量训练会导致血清睾酮水平下降，因此，在运动训练监控中，定期监测运动员血睾酮及游离睾酮的含量，可评价运动负荷量的大小及运动员的身体机能状态。血清睾酮的测定方法有放射免疫分析法、酶联免疫分析法、化学发光法等，这里以酶免疫分析法为例介绍血睾酮的测试方法。

一、实验目的

(1) 掌握酶联免疫分析技术的基本原理。
(2) 学习使用 RT-2100C 型多功能酶标仪测试血清睾酮的实验操作技能。
(3) 学习掌握测试血清睾酮在运动训练中的应用意义。

二、实验原理

样品中的睾酮抗原与酶标抗原竞争包被在微孔反应板上的睾酮抗体，经过 1 小时的温育反应后，通过洗涤阻止此竞争反应，再加入显色液（睾酮底物工作液）使其显色，测定其吸光度值，待测睾酮含量与所测光密度值成反比。

三、实验试剂

(1) 双蒸水。
(2) 血睾酮定量测试试剂盒（以德国 DRG 公司生产的血睾酮酶标免疫试剂盒为例）。

四、实验材料与仪器

25μl、100μl、200μl 的移液器及相应枪头，酶标微孔反应板固定架，恒温水箱或恒温箱，吸液纸，RT-2100C 型酶标仪，标准冰箱。

五、实验步骤

(一) 开机

(二) 血睾酮测试项目设置

(1) 项目名称：输入睾酮 (T)。

(2) 试剂名称：根据所用试剂输入“德国 DRG 公司血睾酮酶标免疫试剂盒”。

(3) 波长：从列表中选取 450nm，可以不设置次波长，主波长和次波长不能重复。

(4) 计算方法：根据试剂盒说明从列表中选取“折线回归”。

(5) 双样本：若选择双样本，则布板时每个样本孔的相邻孔被自动设置为重复孔，计算时取两者吸光度的平均值。若试剂盒有限，此项可不选。

(6) 空白上限：设为≤0.05。测试时如果空白孔吸光度超过设定的上限，系统会提示用户“空白孔吸光度过高”，这时空白仍按实测值计算。

(7) 标准品设置窗口：根据试剂说明输入。

①标准品数量：选择 7 个标准品。

②浓度单位：从列表中选择 nmol / L。

③双标准：若选择双标准，则布板时每个标准孔相邻孔被自动设置为重复孔，计算是取两者吸光度的平均值。

④标准品浓度：双击标准品浓度列表项，在弹出窗口中由小到大输入标准品浓度值。

(三) 样品测试

测试前先将试剂盒从冰箱中拿出解冻稳定至室温，并按试剂盒说明用双蒸水 40 倍稀释浓缩洗涤液 (40×)。

(1) 用固定架固定好微孔反应板。

(2) 在反应板条孔中依次加入定标液 (Testosterone Standards) 25μl，其余孔加入待测血清 (Sample) 25μl。

(3) 每孔加入酶标液 (Enzyme-conjugate) 200μl，充分混匀 10 秒，置 37℃室温孵育 60 分钟。

(4) 弃去各孔中样品，拍干。每孔加满洗涤液，后弃去，如此反复洗 3～5 次，拍干。拍干时尽量除去板孔内残存的水滴。

(5) 每孔加 200μl 底物液 (Substrate Solution)，混匀，置 37℃室温孵育显色 15 分钟。

(6) 显色完毕后，每孔加入终止液 (Stop Solution) 100μl，静置 15 分钟。

(7) 在酶标仪操作界面点击样品测试，进入样品布板界面。

(8) 点击新项目，并选择预设置的项目“睾酮”，并进行布板，包括空白、标准、样本，布板完成后点击确定。

RT-2100C 允许用户在 96 孔板范围内任意设置孔位。根据反应板中标准品和样品的加入位置进行布板。先选择窗口上方的孔类型选择开关，然后在相应孔位上点击，包括样本孔（01-96）、空白孔（B）、标准孔（S1-S6），如图 3-1 所示。若实验中有质控，还需布板质控孔。

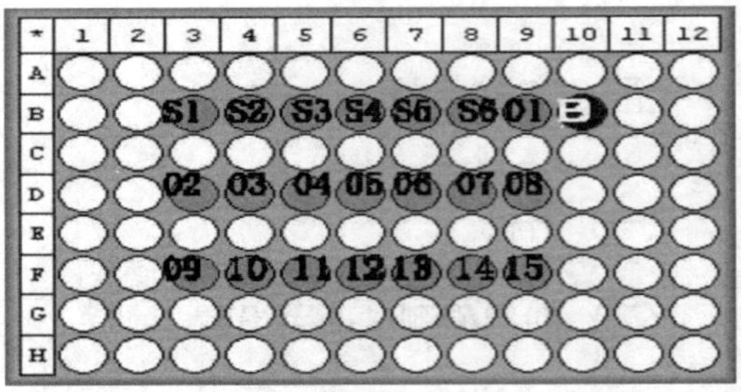

图 3-1　酶标板的布板方法

9. 开始测试时，酶标仪会出现测试参数界面，需设置进板方式和振板参数，准确无误后，按测试开始键。

（1）进板方式：选择连续方式（<5 秒）可提高测量速度；选择步进方式（<15 秒）可获得更高的测量精度。

（2）振板参数：振板速度分快速，中速和慢速 3 档，振板时间 1～60 秒。也可以选择不振板。

10. 测试结束，酶标仪显示各孔吸光度值，并计算出测试结果，此时可打印测试结果。

六、注意事项

（1）加样时应将所加物加在酶标板孔的底部，避免加在孔壁上部，并注意试剂不能溅出，加样后加样液中不能产生气泡。

（2）温育时要用塑料薄膜封住酶标板，以防试剂蒸发；微孔板不可重叠放置，以免传热不均匀。

（3）洗板时需保证微孔板平放，将洗涤液注满各孔，但应避免漏液溢液现象；洗完后，应将微孔板在吸水纸上轻轻拍干。

七、评定与应用

睾酮是由睾丸间质细胞分泌，其分泌睾酮的数量受多种因素的影响，如昼夜节奏、季节、年龄、性别、体温、运动等。男性血睾酮高于女性，且年龄越大，睾酮水平越高；清晨血清睾酮水平最高，夜间最低；秋末冬初较高，春季较低。故采用血睾酮进行运动员机能评定时，可在某一训练周期中定期测试血睾酮，如在集训前、中、后期等，也可以根据运动员的主观表现来进行不定期的检测（表 3-27）。需要注意的是训练期前后进行取样比较时，运动员的状态需保持一致。

表 3-27　中国优秀游泳运动员在大强度集训期血清睾酮的变化

性别	第 1 周（nmol/L）	第 3 周（nmol/L）	第 5 周（nmol/L）	第 7 周（nmol/L）
男（n=5）	20.9±6.65	21.98±3.66	16.31±2.06	20.28±3.38
女（n=9）	1.49±1.23	0.68±0.22	0.33±0.27	0.63±0.35

（引自：冯连世等，2002）

一般来说，身体机能良好时，血清睾酮水平变化不大，且血睾酮增加伴有体能增强的趋势。而在疲劳、过度训练或机能状态不好时，血睾酮水平则出现下降，故可将血睾酮作为运动员选材和评定运动员机能状态的重要指标。长期持续大负荷训练，尤其是耐力训练会造成运动员安静时血清睾酮降低，运动负荷量越大，血睾酮下降越明显，此时较低的血清睾酮水平可作为机体过度训练的标志。

如果训练后运动员血睾酮变化不大，说明训练负荷不足，对运动员刺激不大，需要根据训练目的增加训练强度，或者增加训练量；如果训练后运动员血睾酮出现下降，但下降幅度不大，说明运动负荷合理，对运动员已形成足够刺激；如果血睾酮下降幅度达25%以上，并持续不回升，说明训练负荷安排不合理，应及时进行调整。当运动员完成训练任务，成绩亦有所提高，但血睾酮却处于低水平（出现了睾酮水平与运动能力分离现象），意味着机体的合成代谢过程和恢复速率随之减慢，如果在此基础上仍继续增加训练负荷而不做调整，将会导致训练后难以及时恢复，影响训练计划的完成。因此，在强化训练期需及时了解运动员血睾酮水平，但测试间隔也不宜过短，根据训练负荷的大小，一般间隔 1～2 周。

思考题

(1) 运用酶免疫分析方法测试血睾酮时如何减少实验误差？

(2) 试述血清睾酮测试在运动训练中的应用。

参考文献

[1] 冯连世，冯美云，冯炜权. 优秀运动员身体机能评定方法 [M]. 北京：人民体育出版社，2003.

[2] 冯连世，李开刚. 运动员机能评定生理生化指标测定方法及应用 [M]. 北京：人民体育出版社，2002.

[3] 冯连世，冯美云，冯炜权. 运动训练的生理生化监控方法 [M]. 北京：人民体育出版社，2006.

[4] 丁振若. 现代检验医学 [M]. 北京：人民军医出版社，2007.

[5] 王云双. 临床免疫学检验 [M]. 北京：军事医学科学出版社，2009.

实验二十　血清皮质醇的测定（酶联免疫法）

皮质醇（C）是由肾上腺皮质分泌的一种甾体类糖皮质激素，能调节物质代谢，维持体内糖代谢的正常进行，保持血糖浓度稳定；促进肝外组织蛋白质的分解，抑制氨基酸进入肝外组织，使血中氨基酸含量上升，加强糖异生；促使四肢的脂肪组织氧化分解；使红细胞、血小板和中性粒细胞在血液中的数目增加，淋巴细胞和嗜酸性粒细胞数目减少，降低白细胞介素-2（IL-2）的生成，对免疫系统功能有一定的调节作用。与普通人相比，运动员肾上腺皮质机能较强，但当过量运动训练造成肾上腺皮质机能下降后，体力也明显下降。过大运动负荷会造成组织蛋白质分解增强，影响运动员身体机能水平。因此，在运动训练过程中测试皮质醇可监控运动员的身体机能状态。

血清皮质醇的测定方法有放射免疫分析法、酶联免疫分析法、化学发光法等，这里主要介绍用酶联免疫分析方法测试血清皮质醇含量。

一、实验目的

（1）掌握酶联免疫分析技术的基本原理。

（2）学习使用 RT-2100C 型多功能酶标仪测试血清皮质醇的实验操作方法。

（3）学习掌握血清皮质醇测试在运动训练中的应用。

二、实验原理

样品中的皮质醇抗原与酶标抗原竞争包被在微孔反应板上的皮质醇抗体，经过 1 小时的温育反应后，通过洗涤阻止此竞争反应，再加入显色液使其显色，测定其吸光度值，待测皮质醇含量与所测光密度值成反比。

三、实验试剂

1. 双蒸水。

2. 血清皮质醇定量测试试剂盒（本实验以美国 LIFEKEY BioMeditech Corporation 生产的皮质醇酶标免疫试剂盒为例）。

四、实验材料与仪器

50μl、100μl、200μl 的移液器及相应枪头，酶标微孔反应板固定架，恒温水箱或恒温箱，吸液纸，RT-2100C 型酶标仪，标准冰箱。

五、实验步骤

（一）开机

（二）血皮质醇测试项目设置

（1）项目名称：输入皮质醇（C）。

（2）试剂名称：根据所用试剂输入“美国 LIFEKEY BioMeditech Corporation 生产的皮质醇酶标免疫试剂盒”，也可以不输入。

（3）波长：从列表中选取 450nm，不需设次波长。

（4）计算方法：根据试剂盒要求从列表中选取“折线回归”。

（5）双样本、空白上限、标准品等设置方法同实验十九中血清睾酮的测试。

（三）样品测试

测试前先将试剂盒从冰箱中拿出稳定至室温，并按试剂盒说明用双蒸水 40 倍稀释浓缩洗涤液（40×）。

（1）取出所需反应板，用固定架固定好微孔反应板。

（2）加入 100μl 标准品（Standards）、血清标本于相应反应板孔中。

（3）每孔加入酶标液（Enzyme-conjugate）200μl，充分混匀 10 秒，置 37℃室温孵育 60 分钟。

（4）洗板：弃去各孔中样品，拍干。每孔加满洗涤液，后弃去，如此反复洗 3 ~ 5 次，拍干。拍干时尽量除去板孔内残存的水滴。

（5）每孔加入 50μl 底物 A 和 50μl 底物 B，轻轻混匀 10 秒，室温暗处温育 15 分钟。

（6）显色完毕后，每孔加入 50μl 终止液（Stop Solution）。轻轻摇匀 30 秒。

（7）在酶标仪操作界面点击样品测试，进入样品布板界面。

（8）点击新项目，并选择预设置的项目“皮质醇”，根据反应板中标准品和样品管位置，按照实验十九中的方法进行布板，包括空白、标准、样本设置，布板完成后点击确定。

（9）开始测试时，酶标仪会出现测试参数界面，按照实验十九中的方法设置进板方式和振板参数，准确无误后，按测试开始键。

（10）测试完成后，酶标仪显示吸光度（OD 值），系统自动显示测试结果，打印测试结果。

六、评定与应用

皮质醇是促进机体进行分解代谢的重要激素，当皮质醇浓度降低时，下丘脑释放促肾上腺皮质激素释放激素进入垂体，使肾上腺分泌皮质醇增加；当遇到某种应激时，皮质醇浓度则明显上升。血清皮质醇浓度易受多种因素影响，如突发事件、疾病、过度紧张、情绪激动时都可升高；此外，血清皮质醇有昼夜节律性，故测定血清皮质醇的安静值时要控制实验条件，采血时间应固定，多在清晨 7:00~8:00 进行。一般可在阶段训练中每周一（一个小周期开始的第一日）晨起时取样，测定血清皮质醇浓度，以避免其他因素的影响。表 3-28 为血清皮质醇在运动训练中的测试举例及参考值。

表 3-28 中国优秀游泳运动员在大强度集训期血清皮质醇的变化

例数	第 1 周（nmol/L）	第 3 周（nmol/L）	第 5 周（nmol/L）	第 7 周（nmol/L）
n=13	20.9±6.65	21.98±3.66	16.31±2.06	20.28±3.38

（引自：冯连世等，2002）

在运动过程中皮质醇升高可促进糖原分解供能，提高运动能力。在运动初期，机体承受负荷能力较强时，皮质醇分泌增多，促进物质能量代谢，以满足运动时机能负荷的提高和能量消耗增加的需要。但在大负荷运动后皮质醇持续保持高水平则会加快机体分解代谢过程，不利于机体恢复。因此，测定血清皮质醇可用于评定运动员的肾上腺皮质机能和训练后恢复状况。一般认为皮质醇在 276nmol / L 或 10μg / dl 以下时运动员的机能状态良好。

在实际应用中可以在某一训练阶段中做定期测试，如在训练前、中、后及赛前测定安静状态下运动员的血清皮质醇浓度。在一个训练周期后的恢复期，如果血皮质醇恢复速度缓慢或长期保持较高浓度而不恢复到正常水平，表明运动员对训练适应较差甚至已处于过度训练状态，是身体机能下降的表现。当运动员完成相同的运动负荷时，如果皮质醇上升的幅度逐渐下降，提示运动员机能状况良好，同时也是对训练适应性提高的结果。

在运动训练身体机能监控过程中，发现血清皮质醇的变化常为一过性，而且变化幅度很大。因此，一般不单独使用血清皮质醇指标，多与血清睾酮一起使用，综合评定运动员的机能状况。运动应激首先引起下丘脑—垂体—肾上腺轴活动加强，人体血中皮质醇明显上升，加快分解代谢，以适应运动的代谢需求，同时长期大负荷训练后垂体–下丘脑—性腺受到抑制，血睾酮降低，性腺分泌雄激素减少，形成“高皮质醇–低血睾酮”症，此时分解代谢大于合成代谢，不利于运动员消除疲劳，需要对运动员加强营养等恢复手段，以免发展为过度训练。许多研究认为，运动后的睾酮和皮质醇的变化都较为复杂，且存在很大的个体差异，因此有学者提出用睾酮（T）/皮质醇（C）比值进行综合评价，认为用这一指标进行评价要比用单一指标进行评价更敏感、客观。如果睾酮/皮质醇比值下降 25%～30%就是疲劳和过度疲劳的表现，当低于训练期前 25%而又不回升时，应调整训练计划或增加恢复措施。

思考题

（1）试述酶免疫分析方法测试皮质醇的实验原理及实验操作过程。
（2）如何在运动训练中联合运用血睾酮和皮质醇评定运动负荷及运动员身体机能状态？

参考文献

[1] 冯连世，冯美云，冯炜权. 优秀运动员身体机能评定方法［M］. 北京：人民体育出版社，2003.

[2] 冯连世，李开刚. 运动员机能评定生理生化指标测定方法及应用［M］. 北京：人民体育出版社，2002.

[3] 冯连世，冯美云，冯炜权. 运动训练的生理生化监控方法［M］. 北京：人民体育出版社，2006.

[4] 丁振若. 现代检验医学［M］. 北京：人民军医出版社，2007.

[5] 石凌波，崔伟历，张凤川. 检验医学分析前质量控制［M］. 北京：人民军医出版社，2008.

[6] 王云双. 临床免疫学检验［M］. 北京：军事医学科学出版社，2009.

第四章　运动生物化学综合性实验

学生在掌握运动生化实验基本操作的基础上以及经过基础性实验锻炼后，可以结合运动生物化学原理指导开展一些综合性实验，学习如何运用运动生化原理将一个或多个生化指标结合不同运动测试方法综合用于训练效果、运动负荷和身体机能的评定，使学生能够更好地理解和掌握所学运动生物化学理论知识，并学会应用运动生物化学理论知识解决运动实践的问题。本章安排 10 个实验项目，内容涉及磷酸原、糖酵解、有氧代谢能力评定和一堂训练课或一个训练周期负荷强度、量度及身体机能的综合评定。

实验二十一　磷酸原能商测试与评定

磷酸原能商法（Alactic Quotient，AQ）是 1988 年 Adalbert Szogy 在国际奥林匹克百科全书中介绍的一种测试磷酸原系统供能能力的方法，该方法在实验室条件下利用功率自行车进行最大负荷的踏车运动，通过测试做功能力和血乳酸变化综合评价磷酸原供能能力。

一、实验目的

（1）复习和巩固评价磷酸原系统供能能力的意义。
（2）学习和掌握磷酸原能商的测定原理、方法与应用。
（3）巩固采集指尖末梢血和血乳酸测定的操作技能。

二、实验原理

乳酸是糖无氧酵解的产物，在短时间激烈大强度运动或比赛时，如运动员乳酸的生成速率或量增大，说明此时是以糖无氧代谢供能占优势，相反则磷酸原代谢为主。因此，在缺氧状态下运动，乳酸的生成量又可作为区别磷酸原系统和糖酵解系统供能能力的主要指标。一般来说，在 10 ~ 15 秒的极量强度负荷运动中，乳酸生成量少，说明糖酵解代谢比例小，这是磷酸原代谢能力强的表现。基于这一原理，Adalbert Szogy 提出了有关磷酸原能商的测试方法。

三、实验材料与仪器

Monark818E 型自行车功率计、电子秒表、75%消毒酒精、棉签、采血针、吸血管、血乳酸测定仪（如用杨氏改良法需分光光度计及相关试剂，见第三章实验五）。

四、实验步骤

（一）测定程序

（1）受试者进入实验室，换上运动服，穿好跑鞋，静坐 15 分钟后，测定受试者安静时心率、血压、采集受试者指尖末梢血 20μl 加入到样品管待测血乳酸。

（2）受试者在功率自行车上以小负荷做 2～3 分钟准备活动，正式测试前，受试者双脚用脚套紧套在脚踏上，等待开始口令。

（3）听到开始口令后，受试者在功率自行车上以初始负荷 100rpm、600W 最大用力蹬车 15 秒（可视受试者体能情况适当降低负荷），第 5 秒达最大功率，记录 15 秒期间踏车距离（D）。在测试过程中，受试者的臀部不能离开自行车坐垫。

（4）运动后第 6 分钟采集指尖末梢血 20μl 加入到样品管，待测血乳酸（为运动后最高血乳酸值）。

（二）血乳酸测定

血乳酸（Bla）测定可根据实验室仪器实际条件确定，如没有血乳酸分析仪，可采用杨氏改良法进行测定（实验方法具体见第三章实验五）。

五、结果计算

（1）计算 100rpm、600W 最大用力踏车运动 15 秒期间完成的总功（kJ）。

$$\text{TWP (15s)} = \text{frictional resistance (N)} \times \text{distance traveled (m)}$$
$$= F \times D$$
$$= 60 \times D \text{ (kJ)}$$

（2）求出运动中血乳酸差值（△Bla）。

△Bla15s=运动后最高血乳酸值–运动前安静血乳酸值

（3）计算出磷酸原能商。

$$\text{磷酸原能商 (AQ)} = \frac{\text{TWP (15s)}}{\triangle \text{Bla15s}}$$

六、注意事项

(1) 对于不同性别、年龄或体能水平的受试者，运动负荷可根据具体情况作适当调速，如 11 ~ 13 岁男少年，运动负荷为 400 ~ 450W，14 ~ 17 岁男少年，运动负荷为 500W，而 12 ~ 13 岁女少年为 300W，14 ~ 17 岁女少年为 400W 左右。

(2) 受试者准备运动递增负荷至 100rpm、600W 要求后才计时。

(3) 运动后采血时间应为肌乳酸与血乳酸达到平衡的时间，即所测应为最高血乳酸值。正式实验前如有可能应做预备实验，采用同样方法测试后分别在运动后 1 分钟、3 分钟、6 分钟、9 分钟时间点采样测试血乳酸，以便获取最高血乳酸值的时间。

七、评价与应用

磷酸原能商（AQ）测定可反映机体在极量负荷运动时磷酸原与糖酵解供能的比例，因为在 15 秒的极量负荷运动中，如完成总功多，而运动过程中乳酸生成少，运动后最高血乳酸浓度就低，那么在 15 秒极量负荷运动中血乳酸增值（△Bla）就少，结果磷酸原能商值大，表示磷酸原供能能力强，说明在 15 秒极量负荷运动中磷酸原系统供能比例大，糖酵解供能比例相对较小。因此，磷酸原能商测试通常适合于评价速度、力量项目，如举重、短跑、短跨、跳跃、投掷和 25m 游泳等专项运动员的运动能力，同时评价磷酸原系统供能能力的训练效果。

如许玲（2005）对广东 6 名女子短跨运动员夏训期前后磷酸原能商测进行了测试，两次测试血乳酸及磷酸原能商见表 4-1。两次测试结果显示，在短时间 15 秒极大强度运动中，机体主要以磷酸原供能系统为主，糖酵解供能系统为辅，所以机体产生的乳酸较少，血乳酸浓度较低，其值为 6~7mmol / L 之间，运动前后△Bla15s 均在 4.7mmol / L 左右。第二次测试结果表明，TWP15s 和磷酸原能商分别比第一次提高了 14.9% 和 12.7%，反映女子短跨运动员夏训后，专项运动能力产生适应性变化，机体磷酸原系统供能能力提高，是有效训练结果的表现。

表 4-1　广东 6 名女子短跨运动员夏训期前后磷酸原能商测试结果

	安静 Bla (mmol/L)	运动后第 6min Bla (mmol/L)	△Bla15s (mmol/L)	TWP15s (KJ)	AQ (KJ/mmol·L)
第一次	1.62±0.36	6.32±1.12	4.70±1.23	7.4±0.77	1.57±0.51
第二次	2.32±0.49	7.11±2.77	4.78±2.74	8.5±1.99	1.77±0.57

（引自：许玲，2005）

思考题

(1) 简述磷酸原能商法评定磷酸原系统供能能力的生化原理。

(2) 磷酸原能商测试过程中要注意什么事项?
(3) 试述磷酸原能商测试在运动实践的应用。

参考文献

[1] 冯炜权. 运动生物化学原理 [M]. 北京:北京体育大学出版社,1995.
[2] 林文弢. AQ 和 LQ 在测定及在评定无氧代谢能力中的作用 [J]. 广州体育学院学报,1992,12 (2):19-25.
[3] 许玲. 女子短跨运动员夏训期无氧代谢能力研究分析 [J]. 广州体育学院学报,2005,25 (2):60-64.

实验二十二 10 秒最大负荷测试与评定

磷酸原系统是由 ATP、CP 两种高能磷酸化合物组成,在骨骼肌中 ATP 仅能维持最大强度运动 1 ~ 3 秒;随之 CP 分解,把高能键转给 ADP 生成 ATP,但 CP 的供能时间也仅有 5 ~ 7 秒。即是说,在以最大强度运动时,磷酸原系统供能的时间在 10 秒内。因此,可以根据运动中机体产生乳酸多少间接反映磷酸原供能系统供能比例大小,从而设计出测定 10 秒内最大负荷前后血乳酸变化来评价磷酸原系统的供能能力。

一、实验目的

(1) 进一步明确评价磷酸原系统供能能力的意义。
(2) 学习和掌握 10 秒最大负荷的测定原理、方法与应用。
(3) 巩固采集指尖末梢血和血乳酸测定的操作技能。

二、实验原理

根据磷酸原供能系统的供能特点,受试者在 10 秒内进行最大负荷运动过程中,乳酸生成越少而成绩较好,说明磷酸原供能能力强。

三、实验材料和仪器

Monark818E 型自行车功率计或运动跑台(运动现场可选择直道跑道 30~60m、篮球场、羽毛球场等)、电子秒表、75%消毒酒精、棉签、采血针、吸血管、血乳酸测定仪(如用杨氏改良法需分光光度计及相关试剂,见第三章实验五)。

四、实验步骤

（一）实验方法

根据磷酸原供能系统的供能特点，本实验可在实验室或田径场进行，如在实验室测定可采用 Monark818E 型功率自行车或运动跑台进行 10 秒以内的最大负荷运动进行测试，也可在田径场直道跑 30～60m，也可根据具体运动专项进行具体选定，如篮球 10 秒内的 30m 跑、运球跑、曲线变向跑，或羽毛球、乒乓球的多球训练等。

（二）实验程序

（1）受试者到实验室或运动现场，换上运动服，穿好跑鞋，静坐 15 分钟后，测试受试者安静时心率，采集受试者指尖末梢血 20μl 加入到样品管待测血乳酸。

（2）受试者进行 2～3 分钟准备活动后，等待开始口令。

（3）听到开始口令后，受试者在功率自行车或活动跑台进行 10 秒最大负荷运动或 30～60m 全力跑，记录完成的功率、跑速或跑步成绩。

（4）分别在运动后第 1、3、5、7 分钟采集指尖末梢血 20μl 加入到样品管，待测血乳酸（浓度最高的为运动后血乳酸峰值）。

（三）血乳酸测定

血乳酸测定可根据实验室仪器实际条件确定，如没有血乳酸分析仪，可采用杨氏改良法进行测定（实验方法具体见第三章实验五）。

五、结果计算

△Bla=运动后血乳酸峰值–运动前安静血乳酸值

六、注意事项

（1）可根据受试者所进行专项特点，选择最大负荷运动合适时间（但必须是 10 秒以内）和运动方式。

（2）如测试中只运动一次 10 秒内最大负荷时，运动后血乳酸峰值必须做预实验来确定采样时间。如果是进行若干次 10 秒内最大负荷间歇测试时，可在最后一次运动后即刻采样。

（3）进行若干 10 秒内最大负荷运动时，每次之间应安排间歇休息，时间可按运动时间和负荷灵活安排，目的是避免乳酸堆积，以免影响结果评定。

七、评定与应用

磷酸原系统具有快速和最大功率输出的特点，是进行 10 秒以内最大功率输出的基本能量来源。在 10 秒内进行最大负荷运动时，如完成功率大或跑速快，而运动前后血乳酸差值少，则可以说明磷酸原系统供能能力强。如林文弢（1995）曾采用 10×60m 方法（每次间隔 30 秒）对广东省羽毛球 6 名运动员磷酸原供能能力进行评定，结果见表 4–2。从测试结果分析，梁××、朱××、李××和邓××进行 10×60m（间歇 30 秒）的成绩要比潘××和黄××好，同时，他们 10 次 60m 跑后血乳酸峰值与安静值的差也较低，因此，梁××、朱××、李××和邓××四位运动员的磷酸原系统供能能力要强于潘××和黄××。

表 4–2 广东省羽毛球运动员 10 × 60m 跑成绩与运动前后血乳酸值

	10×60m（间歇 30s）										血乳酸（mmol/L）		
	1	2	3	4	5	6	7	8	9	10	前	后	差值
梁××	7.80	8.37	7.78	8.26	7.97	8.60	8.23	7.93	8.60	8.32	0.7	4.6	3.9
潘××	8.29	8.42	7.94	9.00	8.41	8.43	8.31	8.56	8.21	8.57	0.5	5.3	4.8
朱××	7.93	8.52	7.97	8.61	8.24	8.84	8.00	8.61	8.18	8.75	0.7	3.7	3.0
李××	7.46	8.48	8.08	8.74	7.95	8.53	7.84	8.51	8.59	8.83	0.6	3.1	2.5
黄 ×	7.78	8.14	8.19	8.54	8.12	7.87	8.63	9.00	8.55	9.65	0.6	5.2	4.6
邓××	7.75	7.94	7.56	7.99	7.75	8.27	8.53	8.98	9.10	8.86	1.1	2.8	1.7

（引自：林文弢，1995）

10 秒内最大负荷运动测定除了用于评价运动员的磷酸原系统供能能力外，也可用于磷酸原系统能力训练的监控。如羽毛球多球训练，从球的个数来说，常分为 10 球、20 球、30 球、40 球、50 球等，从内容上分，则有多球杀上网、接四方球、多球前半身侧身击球、多球进攻、多球防守等。从训练内容分析，羽毛球多球训练可训练技术，而从羽毛球多球训练的组合、时间、球数等分析，则可训练体内各供能系统的供能能力。因此，可监测训练后血乳酸来了解训练过程中对发展磷酸原系统能力的情况。据林文弢报道（1996）10 球×20 组与 60m 跑后血乳酸接近，分别是 4.21mmol / L，4.98mmol / L（表 4–3）。从以上监控血乳酸变化提示，10 球×20 组的羽毛球多球训练，不管训练内容如何，主要是训练发展磷酸原系统的供能能力。

表 4–3 10 球 × 20 组与 60m 跑后血乳酸浓度（mmol/L）

	例数	10 球×20 组	10×60m 跑
广东羽毛球男队	14	4.19±0.42	3.79±0.91
广东羽毛球女队	16	4.33±2.23	6.16±0.87

（引自：林文弢，1996）

思考题

(1) 试简述10秒最大负荷测试评定磷酸原代谢能力的原理。

(2) 根据10秒最大负荷测试原理结合运动项目特点设计评定某一专项磷酸原代谢能力的具体方法。

参考文献

[1] 冯连世，李开刚. 运动员身体机能评定常用生理生化指标测试及应用 [M]. 北京：人民体育出版社，2002.

[2] 林文弢，李裕和. 羽毛球多球训练的生化分析 [J]. 武汉体育学院学报，1996，2：74–79.

实验二十三　跑台无氧功测试与评定

跑台无氧功测试是实验室条件下测定糖酵解系统供能能力的一种方法，运动时间设定为45秒，强度按性别不同而定，该方法完全属于一种定量负荷评定，因此，只要根据运动后血乳酸浓度峰值与运动前安静血乳酸浓度差值大小，便可以评定受试者的无氧耐力能力，即糖酵解系统供能能力。

一、实验目的

(1) 复习和巩固无氧耐力与糖酵解系统供能能力的关系。

(2) 学习和掌握跑台无氧功的测定原理、方法与应用。

(3) 巩固采集指尖末梢血和血乳酸测定的操作技能。

二、实验原理

以定量负荷进行45秒的运动，进行多次采血以测得这种负荷强度的最大乳酸值。最大乳酸值与安静乳酸值之差（ΔBlamax），则反映该负荷的净增乳酸浓度。由于完成这一负荷的能量供应特点是ATP–CP供能和部分糖酵解供能，若血乳酸生成越多，表示糖酵解供能的比例越大，则ATP–CP供能能力比例小；反之，ATP–CP供能比例大。因此通过测定净增乳酸浓度即可反映出运动员的无氧耐力素质。

三、实验材料与仪器

可调速度及坡度跑台一架、75%消毒酒精、棉签、采血针、吸血管、血乳酸测定仪及相关试剂（如用杨氏改良法需分光光度计及相关试剂，见第三章实验五）。

四、实验步骤

（一）测试程序

（1）受试者进入实验室后，穿上跑鞋，静坐 5～15 分钟后，测试安静状态心率，采集指尖末梢血待测血乳酸（为安静血乳酸）。

（2）做 2～3 分钟准备活动后，在跑台上进行低速适应。

（3）由实验者将坡度控制至男为 7.5%（女为 5%）、速度男为 22km / h（女为 20km / h）时，开始计时，持续跑步 45s。

（4）在跑后即刻和恢复期第 2、3、4、5、6、8 分钟各时刻采集指尖末梢血，待测血乳酸。

（二）血乳酸含量测定

血乳酸含量测定可根据实验室仪器实际条件确定，如没有血乳酸分析仪，可采用杨氏改良法进行测定（实验方法具体见第三章实验五）。

五、结果计算

（1）比较跑后即刻和恢复期第 2、3、4、5、6、8 分钟各时刻血乳酸浓度，找出运动后最大血乳酸值。

（2）计算：$\triangle$Blamax=运动后最大血乳酸值-安静血乳酸值

六、注意事项

（1）运动后恢复期各时刻采集末梢血要熟练迅速，控制好时间，否则不能准确反映即刻的血乳酸值。

（2）跑后即刻和恢复期第 2、3、4、5、6、8 分钟各时刻采血测试血乳酸，目的是捕捉这种负荷强度下运动后的最大血乳酸，如事先进行预实验已知道最大血乳酸时刻，则不需要每次都进行多次采血。

七、评定与应用

完成45秒定量负荷，运动过程中机体主要是由磷酸原系统和糖酵解系统供能。显然如果ΔBlamax低，则说明动用糖酵解供能比例较少，提示无氧耐力素质差。反之，ΔBlamax高，说明该定量负荷下骨骼肌糖酵解系统供能比例大，提示无氧耐力素质好，这种测试方法通常用于评定短于1分钟全力运动项目，如400m跑、100m游泳的糖酵解系统供能能力比较适宜。而对于长于1分钟的速度耐力项目如800m跑、200m游泳，在测试评定中还可以以同样速度和坡度进行尽可能长时间运动，直至力竭，记录运动至力竭时间，同样在运动后3分钟、5分钟、7分钟、9分钟、11分钟采血测试血乳酸，以得到血乳酸峰值。如果受试者跑的时间越长、产生的血乳酸峰值越高，说明受试者骨骼肌糖酵解系统供能能力强，同时，机体耐受乳酸长时间刺激的能力也较强。

思考题

(1) 试述跑台无氧功测试评定糖酵解系统供能能力的原理。
(2) 为什么跑台无氧功测试运动后要测定血乳酸的峰值?
(3) 跑台无氧功测试法实验中要注意哪些事项?

参考文献

[1] 冯连世，李开刚. 运动员机能评定常用生理生化指标测试方法及应用［M］. 北京：人民体育出版社，2002.
[2] 中国运动医学专业委员会. 2003年全国运动生物化学学术研讨会应用技术资料［C］. 广州体育学院，2003.

实验二十四　400m全力跑测试与评定

400m全力跑测试是一种评定最大糖酵解系统供能能力的方法，因为400m跑是距离最长的短跑项目，400m跑所需时间一般为45~60秒，其运动强度是极限强度或接近极限强度。400m跑开始的10秒内，主要由磷酸原系统供能，接下来主要是糖酵解系统供能，其维持最大强度的持续时间可达到30~90秒。也就是说当400m跑出发10秒以后，机体处于缺氧情况下，主要由糖的无氧酵解来供能。因此，采用测试400m全力跑成绩及其跑后血乳酸最高值可以综合评定机体糖酵解系统的供能能力，该方法通常用于速度耐力项目运动员选材和无氧耐力训练效果的评定。

一、实验目的

(1) 理解 400m 跑供能特点及其运动过程中血乳酸变化规律。
(2) 掌握 400m 全力跑测试与评定方法。
(3) 强化血乳酸指标在评定糖酵解供能能力中的应用。

二、实验原理

400m 全力跑时机体的供能方式主要是以糖酵解供能为主，如果在 400m 全力跑时机体的糖酵解速率可达最高峰，其产物血乳酸浓度也会达到最高值，故可通过测定运动员全力跑 400m 后的血乳酸最高值来评定其糖酵解系统供能能力。

三、实验场地、仪器

田径场跑道（最好是 400m 标准场）、秒表、75%消毒酒精、棉签、采血针、吸血管、血乳酸测定仪及相关试剂（如用杨氏改良法需分光光度计及相关试剂，见第三章实验五）。

四、实验步骤

(1) 受试者到田径场后，换上跑鞋，静坐 5～15 分钟，取指尖末梢血待测血乳酸（为安静时血乳酸）。
(2) 做 2～3 分钟准备活动后，在 400m 起跑线上等待起跑口令。
(3) 全力跑 400m，记录成绩。
(4) 运动后 3、6、9 分钟时刻取指尖末梢血待测血乳酸值（多个时刻测试血乳酸目的在于获取运动后血乳酸的最高值）。

五、实验结果

比较运动后 3、6、9 分钟时刻血乳酸值，找出其中最高血乳酸作为运动后血乳酸最高值。

六、注意事项

(1) 受试者测试前身体状态应该良好。
(2) 受试者测试前一定要做好充分准备活动，以免受伤。

(3) 运动后 3、6、9 分钟时刻取指尖末梢血待测血乳酸值，目的在于获取运动后血乳酸的最高值，因此，如条件允许，可选择密集一点的时刻测试血乳酸，如在恢复期第 2、3、4、5、6、8 分钟各时刻进行测试，这样获取的血乳酸最高值比较准确。

七、评价与应用

一般来说，全力跑 400m 后 3～9 分钟，运动后的血乳酸可达高峰，如果所测得的血乳酸最高值在 14~18mmol / L，说明该运动员的糖酵解系统供能能力好；相反，如果在 9～10mmol / L 以下，则说明其糖酵解系统供能能力差。以上评价可应用于速度耐力项目运动员选材或一般情况下受试者的机能评定。应用这种方法选拔速度耐力运动员时，要注意性别、年龄因素对血乳酸的影响。研究表明，14～17 岁的少年运动员在全力跑 400m 时，其运动成绩（58.4 秒）和成人的成绩（58.26 秒）基本相同，然而在跑后即刻以及恢复期中，少年的血乳酸值均低于成人（表 4–4），在评定时要注意这个特点。

表 4–4　少年和成人 400m 跑后血乳酸的变化（mmol/L）

	跑后即刻	跑后 3min	跑后 6min	跑后 10min	跑后 20min	跑后 30min
少年	7.00	11.67	11.90	11.38	7.81	5.66
成人	8.69	12.49	13.26	12.41	9.45	6.43

（引自：许豪文等，1998）

对于糖酵解系统训练效果的评定，则应结合 400m 跑成绩进行综合评价，即一个训练阶段结束后，如果 400m 全力跑后，血乳酸最高值升高，成绩也提高了，这是运动员的糖酵解系统供能能力提高、训练效果好的表现；如果血乳酸最高值仍为原来水平，而运动成绩提高，这是运动员有潜力的表现；如果血乳酸不变或下降，而运动成绩下降，这是运动员机能水平下降或训练效果差的表现。

思考题

(1) 为什么可以采用 400m 全力跑测试评定糖酵解系统的供能能力？
(2) 对于游泳项目是否可以采用 100m 全力游测试评定糖酵解供能能力？
(3) 本实验中怎样获得跑后血乳酸峰值？

参考文献

[1] 林文弢. 运动生物化学 [M]. 第二版.北京：人民体育出版社，2009.
[2] 冯炜权. 运动生物化学原理 [M]. 北京：北京体育大学出版社，1995.

[3] 冯连世，李开刚. 运动员机能评定常用生理生化指标测试方法及应用 [M]. 北京：人民体育出版社，2002.
[4] 骆建，张艺宏，胡俊梅，等. 男子 400m 分段时间对运动成绩的影响及血乳酸值的变化 [J]. 体育科学，1998，18（3）：57-60.

实验二十五　乳酸阈测试与评定

乳酸阈也称乳酸无氧阈，是指在递增负荷运动中，当运动强度达到某一负荷时，机体内出现氧需要量大于氧供给量，体内的供能方式由有氧代谢为主向无氧代谢转换的临界点（转折点）。通常以血乳酸含量达到 4mmol/L 时所对应的跑速、游速或功率来表示乳酸阈强度。乳酸阈的测定方法很多，一般以乳酸—强度曲线为原理。本实验介绍递增负荷跑台运动测试乳酸阈。乳酸阈测定对耐力的评定以及训练强度监控指导具有重要的实践意义。

一、实验目的

（1）学习乳酸阈的测定原理及方法。
（2）理解乳酸阈在运动训练中评定方法。
（3）巩固加深对有氧代谢供能能力的认识及生化评定意义。

二、实验原理

逐级递增负荷运动中，血乳酸浓度变化与运动强度或做功能力变化存在相关性，根据乳酸—强度曲线为原理，每级乳酸值和相应的强度（功率或跑速），在坐标纸上画出乳酸—强度曲线，取血乳酸为 4mmol/L 时对应的跑速或功率，即乳酸阈强度。

三、实验材料与仪器

可控速跑台（如 TRACKMASTER）或功率自行车（Monak-818）、Polar 心率遥测仪；75%消毒酒精、棉签、采血针、吸血管、血乳酸测定仪（如 EKF-C-Line GP 血乳酸测试仪或 YSI-1500 乳酸分析仪）及相关试剂（如用杨氏改良法需分光光度计及相关试剂，见第三章实验五）。

四、实验步骤

（一）实验室模拟训练测定法

（1）受试者进入实验室，换上运动服，穿好跑鞋，静坐 15 分钟后，测定受试者安静时心率，采集受试者指尖末梢血 20μl 加入到样品管待测血乳酸。

(2) 令受试者骑功率自行车 1～2 分钟作为准备活动。

(3) 然后实验者发令并开始计时，受试者在跑台或功率自行车上做逐级增加功率的定量负荷运动。共分 5 级，每级负荷 3 分钟。依照表 4-5 安排各级负荷强度及间歇时间。在递增负荷运动过程中连续记录实际完成的跑速或功率、心率等指标（记录在表 4-6 中），在第 1、2、3、4、5 级末采集指尖末梢血 20μl 至测定管，待测血乳酸。

表 4-5　递增负荷实验程序

测功器	性别	起始负荷	递增负荷	持续时间	间歇
功率自行车	男	50~100W	40~50W	3min	不间歇
	女	50W	40~50W		
跑台	男	2.5~3.5m/s	0.5m/s	3min	30s
	女	2.5~3.0m/s	0.5m/s		

（引自：冯美云，1999）

(4) 测定出各级负荷后的血乳酸值，将结果记录在表 4-6 中。

表 4-6　递增负荷运动测定乳酸阈有关指标登记表

受试者：　　　　　　　　性别：　　　　　　　　室温：

序号	负荷状态		持续时间（min）	心率（b/min）	血乳酸（mmol/L）
	跑台	功率自行车			
0	安静	安静			
1					
2					
3					
4					
5					

（二）运动场测量法

在运动场上测定时，可采用 3～5 级。如在田径场上采用 5×2400m 跑，测试中由教练员用口令调整跑速，以达到匀速跑（表 4-7）。

表 4-7　田径场测定乳酸阈试验程序

性别	段落组（m）	起始速度（m/s）	递增速度（m/s）	末级速度（m/s）	间歇（min）	取血
男	5×2400	3.0	0.5	5.0	2	组后第 2min 末
女	5×2400	2.5	0.5	4.5	2	组后第 2min 末

（引自：冯美云，1999）

五、实验结果

根据每级血乳酸及其对应负荷强度在坐标纸上绘出血乳酸—强度曲线，然后取4mmol / L 血乳酸对应的功率值，即为乳酸阈对应的功率或跑速（图 4–1）。

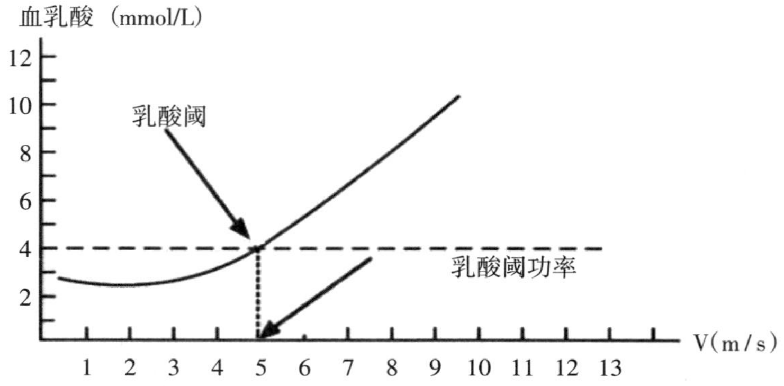

图 4–1　血乳酸—强度曲线

六、注意事项

（1）受试者实验前应做充分的准备运动。

（2）实验中应根据受试者体能状况安排适宜负荷强度。

（3）严格按制采血时间。

七、评定与应用

20 世纪 60 年代，沃塞曼（Wasserman）第一次提出“无氧阈”这个概念，是以最早的氧债理论——氧亏为基础的。无氧阈反映了人体运动中最大有氧代谢的能力，与最大摄氧量相比，无氧阈更能反映人体实际的有氧能力。通过研究，证明人体的最大摄氧量受遗传的因素较大，而无氧阈值受训练的影响较大。前者较适合于作为运动员选材的一项重要指标，后者更适合于作为指导训练的重要依据。在运动训练中可以通过对运动员乳酸阈的测试，一方面为提高有氧代谢能力训练强度监控提供依据，如表 4–8 所示，根据不同运动项目运动员乳酸阈可以确定训练时对应专项的运动强度；另一方面可以作为评定运动员有氧代谢能力的依据，即如果血乳酸浓度“拐点”出现的延迟或乳酸阈跑速越快（功率越大），则表明运动员的有氧能力越强。评定参考标准见表 4–9。

表 4-8　不同运动项目运动员乳酸阈强度

运动项目	乳酸阈强度	研究者
男子皮艇	200W	Tesch et al（1984）
女子皮艇	137W	
男子举重	100W	
男子长跑	5.15m/s	Hess（1984）
男子中跑	4.76m/s	
男子 400m	4.02m/s	
女子 400m	4.50m/s	Svedenbag et al（1984）
男子 800m	4.90m/s	
女子 800m	3.99m/s	Fohrenbag et al（1981）
男子 1500m	5.20m/s	Svedenbag et al（1984）
女子 1500m	4.26m/s	Fohrenbag et al（1981）
男子马拉松	5.50m/s	
男子超马拉松	5.50m/s	Jacobs et al（1980）
男子曲棍球	4.15m/s	Hollmann et al（1981）
男子现代五项	4.70m/s	Hass et al（1983）
男子场地曲棍球	4.21m/s	
女子场地曲棍球	3.40m/s	
女子划船	292W	
男子划船	340W	Roth et al（1981）
女子职业自行车	317W	Hass et al（1983）
男子职业自行车	390W	Roth et al（1981）
男子游泳	1.35m/s	Olbrecht

（引自：Jacobs，1986）

表 4-9　乳酸阈评定有氧代谢能力的参考标准

乳酸阈跑速（m/s）	训练水平
3.0±0.5	缺乏耐力训练
3.5~4.0	耐力训练较差
4.0~4.7	中等耐力训练
4.8~5.2	耐力训练较好
5.3~5.6	优秀耐力训练

（引自：Mader，1975）

由于机体在完成运动负荷时，每个人血乳酸动力学变化的特点不同，如果不同项目运动员都以 4mmol / L 乳酸浓度及所对应的功率作为乳酸阈强度，必然忽略了机体的个体差异性。因此，有条件的情况下最好测试运动员的个体乳酸阈，这样更能准确地反映运动员的有氧代谢能力以及对训练强度的安排更具针对性。

附录：个体乳酸阈测试

一、测试步骤

（1）首先采取受试者安静时血液，测其血乳酸值后，在功率自行车上做准备活动。

（2）正式实验：采用蹬功率自行车逐级递增负荷的形式，起始负荷为 50W，每 3 分钟递增 50W，一般递增不超过 6 级。分别采取各级负荷后即刻及恢复期第 2、5、8、10、15 分钟的血样测定血乳酸。测试结果记录在表 4–10 中。

表 4–10　递增负荷运动测定个体乳酸阈测试登记表

受试者：　　　　性别：　　　　室温：

序号	负荷状态	持续时间（min）	心率（b/min）	血乳酸（mmol/L）
0	安静			
1	50W	3		
2	100W	3		
3	150W	3		
4	200W	3		
5	250W	3		
6	运动后 2min			
7	运动后 5min			
8	运动后 8min			
9	运动后 10min			
10	运动后 15min			

（3）数据处理：在坐标纸上画出乳酸动力学变化曲线，最后一级负荷后即刻的血乳酸值定为 A 点，由 A 点做水平线与恢复期曲线相交于 B 点，再由 B 点向负荷曲线做一条切线，切于 C 点。C 点所对应的纵坐标为个体乳酸阈乳酸浓度，对应的横坐标为个体乳酸阈强度（图 4–2）。

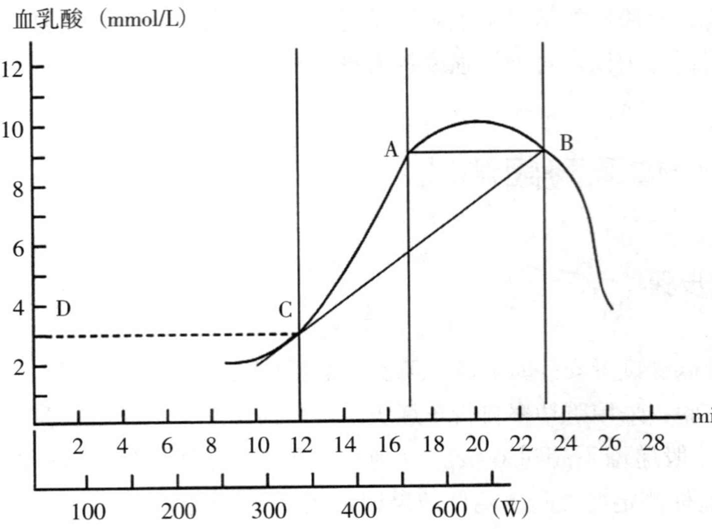

图 4–2　个体乳酸阈曲线

思考题

(1) 乳酸阈测试中如何设置负荷强度？

(2) 乳酸阈测试中需要多次采集血样，谈谈如何改进乳酸阈测试？

(3) 试述乳酸阈测试在运动训练实践中应用。

参考文献

[1] 冯连世，李开刚. 运动员机能评定常用生理生化指标测试方法及应用［M］. 北京：人民体育出版社，2002.

[2] 冯连世，冯美云，冯炜权. 优秀运动员身体机能评定方法［M］. 北京：人民体育出版社，2003.

[3] 王凤阳，高家平，冉晓站，等. 乳酸阈强度下探讨无氧阈机制的人体与运动实验研究［J］. 中国运动医学杂志，2006，25（4）：473–476.

[4] 刘锡梅，刘建红. 心率、血乳酸在赛艇科学化训练中的应用探讨［J］. 武汉体育学院学报，2001，35（3）：45–47.

实验二十六　最大乳酸稳态测试与评定

最大乳酸稳态（MLSS）代表在恒定负荷运动中，血乳酸浓度达到平稳状态，即达到稳态乳酸浓度的上限。最大乳酸稳态测试用于评定氧转运系统的适应性和专项耐力的运动能力以及长时间耐力项目训练适宜强度的监控，而不是评价运动员的最大有氧代谢能力。

一、实验目的

（1）学习掌握最大乳酸稳态测试的原理、方法。
（2）理解最大乳酸稳态测试在运动训练中评定意义。

二、实验原理

在恒定负荷的运动中，乳酸的产生率与消除率达到平衡时所对应的最大跑速或最大功率，即为最大乳酸稳态。采用最大乳酸稳态强度运动时，不会造成血乳酸的持续升高和大量堆积。

三、实验材料与仪器

可控速跑台（如 TRACKMASTER）、Polar 心率遥测仪；75%消毒酒精、棉签、采血针、吸血管、血乳酸测定仪（如 EKF–C–Line GP 血乳酸测试仪或 YSI–1500 乳酸分析仪等）及相关试剂（如用杨氏改良法需分光光度计及相关试剂，见第三章实验五）。

四、实验步骤

乳酸最大稳态测试需要进行几次恒定负荷运动测试，每天只进行一次，除受试者由于意志原因不能坚持而提前终止外，每一级恒定负荷试验至少应该持续 30 分钟。不同项目初始强度不同，一般为 50%～60%$\dot{V}O_2max$，然后每次加大运动负荷（4%～5%），直到观察到血乳酸浓度稳态为止。每次测试程序如下。

（一）测试程序

（1）受试者进入实验室后，穿上跑鞋，做充分准备活动后，在跑台上进行跑步适应。
（2）由实验者逐渐调节跑速至预定强度，开始计时，匀速跑步 30 分钟。
（3）在持续跑第 15、20、25、30 分钟各时刻采集指尖末梢血待测血乳酸。

（二）血乳酸含量测定

血乳酸含量测定可根据实验室仪器实际条件确定，如没有血乳酸分析仪，可采用杨氏改良法进行测定（实验方法具体见第三章实验五）。

五、实验结果

将测试结果记录在表 4-11 中。

表 4-11　最大乳酸稳态测试记录表

跑速（m/min）	15min		20min		25min		30min	
	HR (b/min)	Bla (moml/L)	HR (b/min)	Bla (mmol/L)	HR (b/min)	Bla (mmol/L)	HR (b/min)	Bla (mmol/L)
第一次								
第二次								
第三次								

比较各次恒定负荷运动后 20 分钟血乳酸测试结果，如发现其中一次恒定负荷运动中的血乳酸在 3mmol / L 左右，且其升高值不超 1mmol / L，则此恒定负荷为乳酸最大稳态强度。

六、注意事项

（1）测试中注意运动强度的设置。

（2）每次测试后确保受试者体能完全恢复后才能进行第二次测试。

七、评定与应用

1985 年由 Heek 等人首先提出了最大乳酸稳态（MLSS）的概念，1993 年 Tegtbur 将最大乳酸稳态定义为“在恒定负荷运动中，除了运动开始短暂的变化外，血乳酸浓度不再增加时的最大运动强度”。在欧美国家，有关最大乳酸稳态的研究很多，并且认为最大乳酸稳态是一个被公认的测定耐力能力的黄金标准，也是有氧训练中的临界强度。在训练中当运动强度高于最大乳酸稳态时，就出现摄氧量（$\dot{V}O_2$）、通气量（VE）和血乳酸浓度升高，就会导致机体过早疲劳而使得运动能力下降，直至运动终止。因此，对于耐力项目运动员的有氧训练来说，最大乳酸稳态是一个适宜的训练强度。一般将略高于最大乳酸稳态强度训练作为高强度训练（即强化耐力训练），占训练总量的比重不宜过大，略低于该强度训练为低强度训练（即一般耐力训练），所占比重较大。但在训练中也要注意最大乳酸稳态的个体差异。

最大乳酸稳态受训练方式、运动水平、环境、年龄等因素影响。采用不同的运动方式进行最大乳酸稳态试验，获得的最大乳酸稳态是不同的，Beneke 在用划船测功器和功率自行车两种方式对同一组运动员进行测试时发现，采用划船测功器测试的最大乳酸稳态显著低于功率自行车，但此时的心率无显著差异。同时，他也发现不同运动项目运动员最大乳酸稳态时的乳酸值不同，对应的强度也不同，原因可能与其从事不同专项的优势工作肌群有关。因此，在进行最大乳酸稳态测试时，应采用与运动员运动专项相同或接近的运动方式，如径赛运动员使用跑台，自行车、速滑运动员使用功率自行车，赛艇运动员使用划船测功器等，以免造成测试结果偏差而失去对训练的指导意义。

最大乳酸稳态时的血乳酸值及此时的运动强度与运动成绩有关，不同最大乳酸稳态水平可以出现相同的最大乳酸稳态负荷和强度，但运动员成绩越好，其稳态负荷也越高。有研究人员曾对我国 7 名优秀自行车运动员的研究发现，经过 3 周高原训练后稳态试验时的心率和血乳酸值明显下降，因此认为，最大乳酸稳态时的血乳酸水平是监测训练效果和评定机能的敏感指标之一。

思考题

(1) 试述最大乳酸稳态测试在运动训练中应用。
(2) 如何判断最大乳酸稳态测试中每次运动后受试者体能完全恢复？

参考文献

[1] 冯炜权，谢敏豪，王香生，等.运动生物化学研究进展［M］. 北京：北京体育大学出版社，2006.
[2] Baldari，C.，L. Guidetti. A simple method for individual anaerobic threshold as Predictor of max lactate steady state Predictor of max lactate steady state. Med. Sei.Sports Exerc.，2000，32（10）：1798–1802.
[3] Anthony S.Palmer，J.A.Potteiger，et al. A 1–day maximal lactate steady–state assessment protocol for trained runners.Med.Sci. Sports Exerc，1999，31（9）：1336–1341.
[4] RalPH Beneke，Hermann Heek，and et al. Maximal lactate steady state during the second decade of age. Med. Sci. Sports Exerc.1996，28（12）：1474–1478.
[5] 冯连世，李开刚. 运动员机能评定常用生理生化指标测试方法及应用［M］. 北京：人民体育出版社，2002.

实验二十七　一堂训练课运动强度的生化监控与评定

运动强度是一堂训练课的核心，是提高训练效果的重要因素。训练课的运动强度安排是按照教练员发展不同的代谢能力为依据的，不同的运动强度机体参与供能的代谢系统不同，训练课通常是由不同的训练手段组成的，对不同训练手段运动强度的监控与评价是评价一堂训练效果的重要依据。目前评定运动强度的常用指标主要有心率、血乳酸、血氨、血清肌酸激酶（CK）及尿蛋白等。心率和血乳酸能够在一次动作完成后即刻测定机体对训练强度的反应，或对有目的地发展运动员某种能量代谢系统供能能力的训练方法和手段进行监控；而血清肌酸激酶及尿蛋白一般用来评定一堂训练课的总体训练负荷强度。本实验以心率、血乳酸和尿蛋白指标为例介绍一堂训练课强度的综合监控与评价。

一、实验目的

(1) 复习运动强度的概念以及运动强度与训练效果的关系。
(2) 强化运动生物化学实验的操作技能。
(3) 学习和掌握应用生化指标综合监控、评价一堂训练课运动强度的原理及方法。

二、实验原理

不同的运动强度机体会动员不同的能量代谢系统参与供能，教练员根据发展不同供能系统的供能能力安排不同的训练方式和不同的运动强度。在任何强度运动的起始阶段，人体首先动用 ATP-CP 系统供能，此时糖酵解参与供能比例很少，血乳酸水平较低；如果运动强度低于最大有氧代谢能力强度时，肌肉乳酸生产后很快被氧化代谢，血乳酸也不会大幅度升高，一般都在 4mmol / L 以下；当运动强度达到某一水平，机体的有氧代谢最大功率不能满足运动需要时，糖酵解代谢比例增大，血乳酸浓度迅速升高，反映运动强度越大。同时，由于血乳酸水平提高，导致肾小球滤过性增加，促使大强度运动后尿蛋白数量也增加，但存在较大的个体差异。

三、实验材料与仪器

电子秒表、75%消毒酒精、棉签、采血针、采血管、血乳酸测定仪（如用杨氏改良法需分光光度计及相关试剂，见第三章实验五）和尿八项自动分析仪及其试剂条（如用双缩脲法测试需分光光度计及相关试剂，见实验第三章实验十一）。

四、实验步骤

（一）测定程序

(1) 受试者进入运动场地，静坐 15 分钟后，测定受试者安静时心率、采集受试者指尖末梢血 20μl 加入到样品管待测血乳酸，并用集尿瓶收集尿样，注意收集中段尿。

(2) 按照日常一堂训练课计划安排训练。

（3）分别在训练课主体部分某一次训练内容后测试即刻心率，并在 3 ~ 5 分钟时采集血样 20μl 待测血乳酸，另外在训练课结束后测试即刻心率并采集血样 20μl 待测血乳酸，15 分钟后用集尿瓶收集中段尿，待测尿蛋白。

（二）血乳酸、尿蛋白的测定

血乳酸测定可根据实验室仪器实际条件确定，如没有血乳酸分析仪，可采用杨氏改良法进行测定（实验方法具体见第三章实验五）。尿蛋白测定可根据实验室仪器实际条件确定，如没有尿八项自动分析仪，可采用双缩脲法测定尿蛋白进行测定（实验方法具体见第三章实验十一）。

五、实验结果

将测试结果记录在表 4–12 中。

表 4–12　一堂训练课运动负荷强度生化监测与评定实验结果

受试者	性别	课前安静状态下			某一训练内容后		训练课结束后		
		HR (b/min)	Bla (mmol/L)	Upro (mg/dl)	HR (b/min)	Bla (mmol/L)	HR (b/min)	Bla (mmol/L)	Upro (mg/dl)

六、注意事项

（1）选择训练课主体部分某一次训练内容应具代表性。

（2）注意运动后采血时间应为肌乳酸与血乳酸达到平衡时间，即所测的应为最高血乳酸值。正式实验前如有可能应做预备实验，采用同样方法测试后分别在运动后 1 分钟、3 分钟、5 分钟、7 分钟、9 分钟时间点采样测试血乳酸，以便获取最高血乳酸值的时间。

（3）尿样采集应控制在运动后 15 分钟，提前或延迟集尿都可能测不到尿蛋白的峰值，而影响评定结果。

七、评价与应用

利用多个生化指标对一次训练课运动强度进行综合监控与评定，目的在于帮助教练员系统了解该堂训练课的负荷强度是否给予运动员身体足够的刺激、是否达到教练员的预期目的、达到了怎样的训练效果。同时，利用这些指标还可以监控运动员的疲劳程度和恢复情况，尤其是进行连续系统的监控更有意义，既可为教练员制定连续大强度训练的训练计划提供参考，也可以预防过度训练而引起的运动损伤。对于一堂训练课而言，无论是运动强度还是运动量度所选取的指标一定是对运动比较敏感且短时间内容易变化的指标，最好训练前、中、后都做检测，进行比较。乳酸是人体供能体系中的一个重要中间产物，它既是糖酵解的产物，又是有氧代谢氧化的底物，还可以经糖异生途径转变成糖，而且产生速度很快，因此，运动时乳酸生成和乳酸清除的代谢变化，成为了解运动时能量代谢特点，是掌握运动强度的重要指标。一般情况，运动后血乳酸在 4mmol / L 左右时，强度低；血乳酸在 10mmol / L 左右时，强度中等；血乳酸大于 12mmol / L 时，强度较大。正常人的尿液中基本上没有蛋白，而在激烈运动后会出现，一般来说，一堂训练课后尿蛋白浓度越高表示运动强度越大或机能状态越差。因此，尿蛋白也是反映运动强度的敏感指标。在一堂训练课中采用血乳酸和尿蛋白进行综合监控和评定会更加客观、科学。

在评定中，应根据训练具体内容与测试结果进行综合分析、评定，应明确评定指标变化与运动强度的关系，除寻找确定总体规律的同时，还要注意个体差异，如尿蛋白的变化就存在明显的个体差异，故不能轻率地下结论，应系统观察。这也是运动训练中实施负荷强度安排个体化原则的重要依据。

思考题

(1) 评定一堂训练课强度可选择哪些主要生化指标组合？选择的依据是什么？

(2) 尝试设计一个方案评价一堂以发展磷酸原系统供能能力为主的训练课强度安排的合理性。

参考文献

[1] 林文弢. 运动生物化学 [M]. 第二版. 北京：人民体育出版社，2009.

[2] 冯连世，冯美云，冯炜权. 运动训练的生理生化监控方法 [M]. 北京：人民体育出版社，2006.

[3] 林文弢，翁锡全. 运动负荷综合评定的生化原理 [C]. 2003 全国运动生化学术会议论文集，广州，2003.

实验二十八　一堂训练课量度的生化监控与评定

负荷量是指运动训练过程中运动员机体所承受的外部训练刺激总量，所表现出的内部负荷的过程，是影响训练效果的重要环节。一般一堂训练课是由多个训练手段组成的，每一个训练手段负荷量的大小是影响整个训练课效果的重要因素。因此，对每一个训练手段负荷量的监控和评价是保障整堂训练课训练效果的重要依据。目前监控一堂训练课负荷量度的常用指标主要有血红蛋白、血尿素、尿胆原、尿酮体、尿蛋白等。本实验以血红蛋白、血尿素、尿酮体指标为例介绍一堂训练课负荷量度的综合监控与评价。

一、实验目的

（1）复习运动负荷量的概念以及负荷量与训练效果的关系。

（2）进一步熟悉血红蛋白、血尿素和尿八项测试的方法。

（3）学习和掌握采用多个生化指标综合监控一堂训练课负荷量的原理及方法。

二、实验原理

运动训练中训练量的增加往往体现为训练时间的增加，随着训练时间的延长，非糖物质参与氧化供能的比例也越来越多，其代谢产物如氨基酸、蛋白质的分解代谢产物血尿素、脂肪酸分解代谢中间产物酮体也越来越多，而由于大负荷量导致红细胞破坏引起血红蛋白的下降。因此，在一堂训练课后测试血尿素、尿酮体和次日晨测试血红蛋白指标可以评定一堂训练课的负荷量度，也可以了解运动员的身体机能状态。

三、实验材料与仪器

75%消毒酒精、棉签、采血针、采血管、分光光度计（如 S22PC 型或 721 型等）及测试血尿素和血红蛋白的相关试剂（见第三章实验十、实验一）、尿八项自动分析仪及其试剂条。

四、实验步骤与方法

（一）测定程序

（1）受试者在进行一次训练课前，安静休息 15 分钟，分别采集受试者指尖末梢血 20μl 加入到样品管测血尿素、血红蛋白，并用集尿瓶采集中段尿液待测尿酮体。

（2）按照日常安排进行训练。

(3) 训练课结束后即刻采集指尖末梢血 20μl 加入到样品管，待测血尿素，并在 15 分钟内取中段尿测定尿酮体。

(4) 训练课次日晨采集指尖末梢血分别测试血尿素、血红蛋白，并收集尿液测尿酮体。

(二) 各指标的测定

(1) 血尿素的测定。血尿素测定可根据实验室仪器实际条件确定，可采用半自动生化分析仪进行测定，也可采用分光光度计进行测定（实验方法具体见第三章实验十）。

(2) 血红蛋白的测定。血红蛋白测定可根据实验室仪器实际条件确定，可采用半自动生化分析仪进行测定，也可采用分光光度计进行测定（实验方法具体见第三章实验一）。

(3) 尿酮体的测定。采用尿液分析仪及对应试纸按要求测试。

五、实验结果

将测试结果记录在表 4–13 中。

表 4–13　一堂训练课负荷量度生化监测与评定实验结果

受试者	性别	课前安静状态下			训练课结束后		训练课次日晨		
		Hb (g/L)	BU (mmol/L)	UKET (mg/dl)	BU (mmol/L)	UKET (mg/dl)	Hb (g/L)	BU (mmol/L)	UKET (mg/dl)

六、注意事项

(1) 严格按照要求采样及测试。

(2) 测试过程中最好同步记录每次训练时间。

(3) 训练课前要求将所有尿液排空，训练课结束后 15 分钟内取中段尿测定。

七、评价与应用

血尿素是人体蛋白质的代谢产物，通过测定血尿素水平可以反映训练负荷量的大小。一般认为，30 分钟以内的运动，血尿素变化较小，只有在长时间较大强度运动时，血尿素的变化才明显，通常训练量安排应该以血尿素水平控制在 8.4mmol / L 以下为宜，但在评定中最好以该指标变化幅度作为评估标准更为准确。当运动后血尿素比运动前增加值超过 3mmol / L 时，说明运动量大，运动员已达疲劳阈值；如增加量为 2mmol / L 左右，则认为运动量较大，运动员基本能适应；如果血尿素变化值只有 1mmol / L 时，则认为运动量很小。另外，蛋白质分解代谢加强不仅仅发生在运动量大的运动中，而且会延续到运动后，常表现为运动后次日、第 2 天甚至第 3 天还保持着较强的分解代谢。因此， 应用血尿素评定运动量度时应跟踪测试评定。

血红蛋白与运动负荷量关系密切，由于大运动量会破坏红细胞，导致血红蛋白下降，因此，在训练课次日可以测定血红蛋白评定负荷量，如发现血红蛋白下降越多则说明前一天训练课的负荷量越大。当然，机能状态不同的运动员在承受相同负荷量时，血红蛋白的下降程度不同，机能状态差、训练水平不高的运动员，其血红蛋白下降可能较大。在具体监控与评定时，血红蛋白与血尿素共同使用评定运动量会更为科学，因为当运动疲劳造成红细胞破坏时释放的血红蛋白会成为血氨的重要来源，造成血尿素的升高。具体评定方法见表 4–14。另外，酮体是肝脏组织脂肪酸不完全氧化的代谢产物，是间接反映脂肪动员参与代谢情况。由于脂肪代谢与运动量有关，所以，可以根据一堂训练课后尿酮体的浓度变化来评定运动负荷量的大小，其浓度越高说明训练量越大。综上所述，在应用生化指标监控和评价负荷量度时应采用多指标综合评价，这样才能使评价更具针对性和准确性。

表 4–14　血尿素、血红蛋白与负荷量度评定

血尿素（mmol/L）	血红蛋白	评价
增加 1	不变，上升	运动量小
	下降幅度大	身体机能下降
增加 1~2	下降	运动量大
	不变、上升	运动量中等
增加 2~3	下降	运动量很大，运动员不能适应
	不变	运动量大

（引自：林文弢等，1991）

思考题

（1）评定一堂训练课负荷量度可选择哪些主要生化指标组合？选择的依据是什么？

(2) 结合专项训练课安排设计一个评价该堂课负荷量度的方案。

参考文献

[1] 林文弢. 运动生物化学 [M]. 第二版. 北京：人民体育出版社，2009.
[2] 冯连世，冯美云，冯炜权. 运动训练的生理生化监控方法 [M]. 北京：人民体育出版社，2006.
[3] 林文弢，翁锡全. 运动负荷综合评定的生化原理 [C]. 2003 全国运动生化学术会议论文集，广州，2003.

实验二十九　一堂训练课运动负荷的生化监控与评定

一堂训练课是由运动负荷所组成的，而构成运动负荷的主要因素是强度与量度。训练课的目的不同则组成运动负荷的强度与负荷量也会相应的发生变化。教练员或体育教师只有对负荷强度与负荷量进行监控和客观的评定，才能保证所安排的训练课对于运动员或学生体能的提高是有意义的。评价一堂训练课中一组训练负荷强度的生化指标主要是运动后的血乳酸，评价训练课的总强度的指标主要是课后的尿蛋白以及次日晨血清肌酸激酶（CK）与血红蛋白、尿胆原。评价一堂训练课训练量常用生化指标主要是课后的尿蛋白、尿酮体，还有次日晨的血尿素与血红蛋白。由于尿蛋白和血红蛋白对训练负荷强度和量都有反应，因此这两个指标往往作为辅助指标，配合血乳酸、血清肌酸激酶（CK）和血尿素等指标共同使用，可以互补、科学地评定运动负荷。本实验选用血乳酸、血清肌酸激酶（CK）和血尿素 3 个生化指标来评定一堂训练课的强度和量度。

一、实验目的

(1) 了解应用生化指标监控一堂训练课运动负荷的原理与意义。
(2) 学习和掌握采用多个生化指标监控与评定一堂训练课运动负荷的方法。
(3) 进一步强化运动生物化学实验操作技能。

二、实验原理

血乳酸（Bla）的高低反映运动时骨骼肌糖酵解代谢状况，运动后血乳酸越高，反映运动时乳酸生成越多，运动强度就越大；血清肌酸激酶是骨骼肌能量代谢的关键酶，大强度训练使内环境发生变化而导致肌细胞膜通透性增大，引起血清肌酸激酶水平提高。因此，运动后通过对血乳酸、血清肌酸激酶的测试可以反映机体承受负荷强度的能力，从而达到调整负荷强度的目的。而血尿素（BU）是人体内蛋白质和氨基酸代谢的终产物，血尿素的变化幅度受到负荷量的影响，负荷量越大，血尿素增加越明显，次日晨恢复得就越慢。因此，测试运动后血尿素可以评价一堂训练课的负荷量。

三、实验材料与仪器

75%消毒酒精，棉签，采血针，采血管，试管若干支及测试血乳酸、血清肌酸激酶及血尿素试剂，离心机、半自动生化分析仪或分光光度计。

四、实验步骤

（一）测定程序

（1）受试者在一堂训练课前，安静休息 15 分钟，分别采集受试者指尖末梢血样各 20μl 加入到样品管测血乳酸、血尿素，另取一支毛细血清管取分离血清待测肌酸激酶。

（2）按照事先计划安排一堂课的训练。

（3）在训练课主体部分某一组训练内容完成后采集血样 20μl 待测血乳酸。

（4）训练课结束后即刻采集指尖末梢血样各 20μl 分别加入到样品管，待测血乳酸、血尿素。

（5）训练课次日晨采集指尖末梢血 20μl 加入样品管，待测血尿素，另取一支毛细血清管取分离血清待测肌酸激酶。

（二）各指标的测定

（1）血乳酸的测定。血乳酸测定可根据实验室仪器实际条件确定，如没有血乳酸分析仪，可采用杨氏改良法进行测定（实验方法具体见第三章实验五）。

（2）血尿素的测定。血尿素测定可根据实验室仪器实际条件确定，可采有半自动生化分析仪进行测定，也可采用分光光度计进行测定（实验方法具体见第三章实验十）。

（3）血清肌酸激酶的测定。血清肌酸激酶测定可根据实验室仪器实际条件确定，如可采有半自动生化分析仪进行测定，也可分光光度计进行测定（实验方法具体见第三章实验十二）。

五、实验结果

将测试结果记录在表 4–15 中。

表 4–15　一堂训练课运动负荷生化监测与评定实验结果

受试者	性别	课前安静状态下			一组训练完成后	训练课结束后		训练课次日晨
		Bla (mmol/L)	BU (mmol/L)	CK (U/L)	Bla (mmol/L)	Bla (mmol/L)	BU (mmol/L)	CK (U/L)

六、注意事项

(1) 严格按照要求采样及测试。

(2) 采用采集微量末梢血分离血清后应及时测试肌酸激酶。

(3) 应用血乳酸评定一组训练内容负荷强度的取血时间要根据完成时间来确定，运动时间越长，则训练完成到取血之间的时间越短；运动时间越短，则训练完成到取血之间的时间越长，但一般不超过 5 分钟。

七、评价与应用

在对一堂训练课具体的训练监控中，训练负荷的生化评定是一个多指标、多层次、多因素的整体综合评定，它由若干个单项生化指标组成，各自具有独立性，同时又具有综合性和完整性。因此，在运动训练中对运动负荷采用多指标的综合评定以及某个指标训练前后的比较，可以帮助教练员全面了解运动员承受负荷能力和身体机能恢复状况。在本实验中采用血乳酸、血尿素及血清肌酸激酶 3 个指标组合，既体现其评价强度和量度的有效性和独立性，同时也体现综合性；评价时可以根据血乳酸是糖酵解产物，其浓度高低与负荷强度成正比关系来评价运动强度，反映训练课中某一训练组合内容的负荷强度；另外，当机体的运动负荷较大且运动时间较长时，血乳酸会出现积累，因此通过测试一次训练课后血乳酸升高多少，依此来确定一堂训练课总的负荷强度。同理，在一堂训练课的不同阶段测试血清肌酸激酶变化也可以了解机体承受负荷强度的能力。血清肌酸激酶主要来自骨骼肌和心肌，在正常生理活动情况下，其数量很少且无重要催化作用。男子正常参考值为 10 ~ 100IU / L；女子为 10~60IU / L。运动强度和运动负荷对血清肌酸激酶活性都有影响，一般认为，负荷强度的影响大于负荷量，当负荷强度和量都大时，其升高最明显。较大强度运动后可增至 100 ~ 200IU / L；极量运动后可达 500 ~ 1000IU / L。

评定负荷强度时，可结合血尿素测定同步评定负荷量度，以此了解运动员整体适应能力。血尿素是蛋白质、氨基酸代谢的终产物，运动 30 分钟后出现明显升高，可用来衡量负荷量的有效指标；在安静状态下，受试者的血尿素值一般处于正常范围，训练课结束后或次日晨若血尿素仍然处于正常范围，则说明训练课的负荷量小，对身体的刺激不明显；若在训练课后或次日晨血尿素水平超过正常值，则说明训练课的负荷量较大；如超过 8.33mmol / L 这个疲劳阈值时，则表明受试者对训练课的负荷量不适应，可能出现过度训练情况。

思考题

(1) 评定一堂训练课负荷强度与量度可选择哪些主要生化指标组合？选择的依据是什么？

(2) 简述对一堂训练课负荷强度与量度进行生化监控与评定的目的与意义。

(3) 结合专项课训练课安排设计一个评价该堂课负荷强度和量度的方案。

参考文献

[1] 林文弢. 运动生物化学 [M]. 第二版. 北京：人民体育出版社，2009.

[2] 冯连世，冯美云，冯炜权. 运动训练的生理生化监控方法 [M]. 北京：人民体育出版社，2006.

[3] 翁锡全，林小妹. 应用血尿素血乳酸评定蹼泳持续训练运动量和强度的研究 [J]. 广州体育学院学报，1996，16 (3)：80-86.

[4] 冯炜权. 运动训练生物化学 [M]. 北京：北京体育大学出版社，1998.

实验三十 某一训练周期身体机能的生化监控与评定

每一运动项目的训练安排都有一定的周期，小到每一天的训练，大到一年的训练都是一个训练周期。在整个训练周期中，教练员不仅要掌握好负荷强度与负荷量，而且还要了解运动训练对运动员身体机能的影响。学习与掌握运动生化的方法对训练周期中运动员的身体机能进行监控与评定，可以很好地了解运动员的身体状态，这对于合理地安排训练是十分重要的。

一、实验目的

(1) 了解应用生化指标监控某一训练周期身体机能的意义。

(2) 学习和掌握采用生化指标监控与评定某一训练周期身体机能的方法。

(3) 进一步强化血红蛋白、血清睾酮和血清皮质醇测试技能。

二、实验原理

血红蛋白（Hb）是人体运输氧气和部分二氧化碳的载体，又有维持体液酸碱平衡的作用，故能直接影响体内物质代谢与能量代谢，从而影响人体的身体机能及运动能力。大运动负荷训练初期，血红蛋白往往呈下降趋势，说明身体机能下降；当继续训练时血红蛋白回升，则反映运动员适应大负荷量训练，身体机能提高。睾酮是一种具有增强合成代谢功能的雄性激素，在长时间大运动负荷训练后，当出现血睾酮（T）浓度下降，皮质醇（C）浓度上升，睾酮/皮质醇比值（T/C）下降时，说明运动员身体机能下降；当运动能力出现提高时，血睾酮也会随之升高，皮质醇出现下降，睾酮/皮质醇比值（T/C）升高。由于睾酮与皮质醇存在较大的个体差异，故目前主要采用睾酮/皮质醇比值来反映身体机能的变化。由于身体机能的评价较为复杂，一两个单一的指标不能全面反映身体机能状态。因此，将血红蛋白与睾酮/皮质醇比值相结合能较为全面地评价某一训练周期运动员身体机能的变化情况。

三、实验材料与仪器

真空管，一次性采血针，止血带，小垫枕，2%碘酊，75%酒精，棉签，微量加液器若干支、不同规格试管若干支，离心机，睾酮及皮质醇酶免试剂盒，酶标仪，分光光度计及血红蛋白测试试剂。

四、实验步骤

本实验以两周作为一个训练周期对运动员身体机能进行监控与评定。因为睾酮、皮质醇和血红蛋白值在短时间内的变化不明显，而经过两周的运动刺激会使其出现较为显著的变化，以便于监控与评定。

（一）实验程序

(1) 受试者在训练第 1 周周一早上 7 点的安静状态下用血清管抽取 2ml 静脉血，室温放置 30 分钟后离心分离血清，待测血清睾酮和皮质醇；另外取 20μl 全血加装有 5ml 氰化高铁血红蛋白稀释液的试管中，测试血红蛋白。

(2) 受试者进行为期两周的训练。

(3) 在第 2 周周一晨测定血红蛋白以及训练结束后的次日晨 7 点的安静状态下与第 1 周周一同样采集 2ml 静脉血分离血清，待测睾酮和皮质醇，并测试血红蛋白。

（二）指标测试

（1）血红蛋白的测定

依本书第三章实验一进行测试，计算结果。

（2）血清睾酮、皮质醇的测定

依酶免试剂盒的要求进行测试（具体操作见第三章实验十九、二十），获得睾酮和皮质醇结果后，计算睾酮/皮质醇比值。

五、实验结果

将实验结果记录在表 4–16 中。

表 4–16 某一训练周期身体机能的生化监测与评定实验结果

受试者	性别	第 1 周周一晨				第 2 周周一晨	训练结束后次日晨			
		Hb (g/L)	T (nmol/L)	C (nmol/L)	T/C	Hb (g/L)	Hb (g/L)	T (nmol/L)	C (nmol/L)	T/C

六、注意事项

（1）严格按实验要求统一采样时间。

（2）静脉血应分离血清后分装在另一试管中，并存放于冰箱，待测。

（3）严格按指标测试步骤由专人实施测试。

七、评价与应用

血红蛋白在训练周期中受运动量的影响较大，一般来说在大运动量初期血红蛋白值会出现一定程度的下降，如果运动量适宜，机体经过一段时间适应后又会回升。如果运动量太大，身体无法适应，则出现血红蛋白水平继续下降的情况，如果与初始状态时的水平相比下降了 10%，运动能力会受到影响；如果下降了 20%则会使得运动能力明显降低。在训练周期中，血红蛋白含量变化与血清睾酮的水平有关。

睾酮是雄性激素中的一种，具有增强合成代谢的功能，与运动员身体机能关系十分密切。研究表明，一段短时间的激烈运动后血清睾酮水平变化不大，而大负荷量的运动训练可以使血清睾酮浓度下降。如只是一两节训练课的大负荷训练，则血清睾酮水平下降伴有血清皮质醇水平的升高，同时血清睾酮水平能够很快恢复；连续多次大负荷训练课后，血清睾酮水平下降较多，同时皮质醇也有可能下降，而且恢复较慢。

运动训练监控中还可以利用血清睾酮 / 皮质醇比值进行评定，一般用比值与初始状态相比，比值下降不超过 30%或不小于 0.35×10^{-3}。如果血清睾酮/皮质醇的比值出现大幅度下降，表明这一训练周期中机体的分解代谢大于合成代谢，不利于疲劳的消除，需要加强营养等恢复手段，避免过度训练的发生。如果血清睾酮/皮质醇比值升高，则表明这一训练中机体的分解代谢没有超过合成代谢，有利于疲劳的消除，运动员的身体机能状态较好。

在以血清睾酮 / 皮质醇比值对身体机能进行评价时，还应观察受试者睾酮值的变化。如果受试者的血清睾酮 / 皮质醇比值水平正常但是睾酮的绝对值偏低，也是身体机能下降的表现，因此，不能完全以血清睾酮/皮质醇的比值为评价依据。在进行某一训练周期身体机能评定时，应把血清睾酮/皮质醇比值与血红蛋白相结合进行评定。因为睾酮具有促进红细胞合成的作用，因此，睾酮水平降低一般也会伴有血红蛋白水平的下降，说明运动员机能下降。如果受试者的血清睾酮 / 皮质醇比值升高，且血红蛋白出现上升，则表明受试者的身体机能良好；如果受试者的血清睾酮/皮质醇比值出现下降，而血红蛋白没有出现变化，则提示教练员注意调整训练量，防止因比值进一步降低而导致的血红蛋白下降。如果血清睾酮/皮质醇比值下降，同时血红蛋白出现下降，表明机体的疲劳没有消除，应尽快调整训练，防止过度训练的发生。

思考题

(1) 评定某一训练周期运动员身体机能可选择哪些主要生化指标组合？选择的依据是什么？

(2) 试述某一训练周期运动员身体机能生化指标监控与评定方法。

参考文献

[1] 林文弢. 运动生物化学 [M]. 第二版. 北京：人民体育出版社，2009.

[2] 冯连世，冯美云，冯炜权. 运动训练的生理生化监控方法 [M]. 北京：人民体育出版社，2006.

[3] 冯连世，冯美云，冯炜权. 优秀运动员身体机能评定方法 [M]. 北京：人民体育出版社，2003.

第五章 运动生物化学研究性实验

在学习运动生物化学理论知识并掌握一定实验基本操作技能以及经过基础性、综合性实验的实践后，进一步学习运动生物化学研究性实验是非常必要的。研究性实验是学生以个人或课题组形式在教师引导下结合具体问题通过实验设计和自主实验探索的一种实践活动。在本科学生中开展运动生物化学研究性实验不仅可以使学生初步掌握运动生物化学科学研究的基本原理与方法，而且可以培养学生观察和发现问题以及分析、解决实际问题的能力，同时还可以增强学生的创新意识和团队精神，为今后研究生学习和独立进行科学研究打下良好的基础。

第一节 运动生物化学研究性实验基本程序与要求

运动生物化学研究性实验是基础性和综合性实验的结合，是在实验设计理论指导下应用运动生物化学理论知识，通过实验探讨运动生物化学学科领域问题的过程。运动生物化学研究性实验其实就是一个“做什么，怎么做”的过程。一般来说，运动生物化学研究性实验是先由教师或学生提出问题，然后由学生设计实验步骤和实施实验，并对实验结果进行统计分析，得出结论的探究性过程。因此，运动生物化学研究性实验教学是培养学生综合应用运动生物化学理论知识与实验技能以及独立科学研究的一个重要环节。

一、运动生物化学研究性实验的基本程序

运动生物化学研究性实验与其他学科实验研究一样，具有一定的程序。根据研究性实验进程，一般分为实验准备、实施和总结三个阶段。实验准备阶段的基本程序是实验选题、设计、开题；实验实施阶段的基本程序是实验准备、预实验、正式实验；实验总结则包括结果分析、撰写研究报告或论文（图 5-1）。

（一）实验选题

实验选题是实验研究的第一步，即确定研究题目。研究性实验不同于基础性和综合性实验，开展实验前应先明确所要研究的课题是属于运动生物化学的哪个研究领域，并阅读该领域相关文献，最后才确定研究题目（或内容）。选题时切忌好高骛远，不切实际，一定要结合自己的研究兴趣，并且研究内容难易程度也要适合自己或研究小组各成员的研究能力。

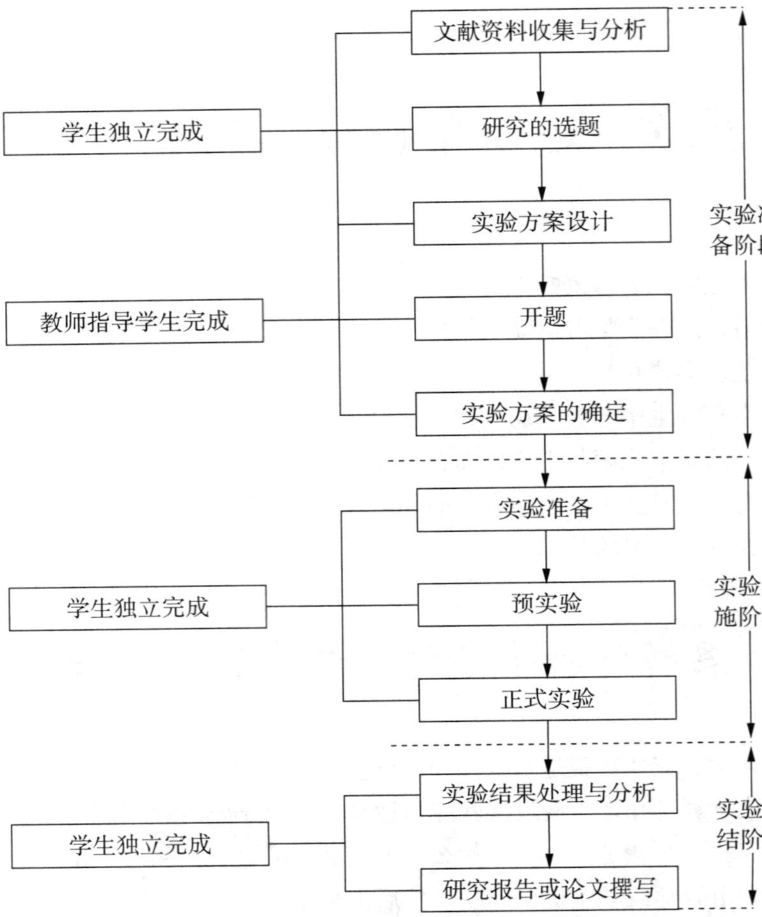

图 5-1　运动生物化学研究性实验的基本程序

(二) 实验方案设计

依据选题确定题目制订具体实验方案。实验方案设计的目的是确定一个科学合理的实验实施计划，使整个研究实验工作有目的、有步骤地进行，最大限度地降低实验误差。

(三) 开题

学生个人或研究小组经确定研究题目和实验方案后，在教师组织下召开开题报告。由学生从研究题目、选题依据和研究内容、研究实验方案、预期结果及可行性分析等方面进行汇报，并由教师、学生针对选题的创新性和实验设计的合理性、可行性及其不足等进行讨论，最后教师总结提出修改意见，由负责课题的学生进行修改，优化确定研究实验方案。通过开题对课题的可行性进行论证，可使选题和实验方案设计更加科学、合理和严谨。

（四）实验方案实施

按照实验方案所规定的对象、内容、时间、手段、方法和程序等，对研究对象采取一定的干预措施，并观察、记录研究对象的反应，以获得研究所希望结果的过程。

（1）实验准备：按照实验方案做好相应的准备，包括文献复习和理论准备、仪器设备准备、材料准备（动物、药品试剂、实验记录本）以及人员准备等。

（2）预实验：在正式实验之前，一般要先进行预实验，目的是为正式实验确定可行的实验方法和步骤。

（3）正式实验：在预实验的基础上实施实验研究计划的过程，是完成研究性实验，获取研究结果的主体内容。

（4）实验数据记录：在实验过程中严格按要求详实地记录实验数据。

（五）实验结果处理与分析

首先将原始数据或资料整理核实，计算出各组数据的均值、标准差或百分率等，并制定统计表或统计图。其次，做相应的统计学显著性检验或计算某些特征参数等。

（六）研究报告或论文撰写

研究性实验经过实验设计、实验实施、数据处理，以及通过分析与综合、归纳与演绎等思维过程，使假说和研究结果按照逻辑规律结合起来，完成具体论证过程，使假说成为结论，最终撰写研究报告或论文，并由教师评阅和评价。

二、运动生物化学研究性实验的基本要求

运动生物化学研究性实验是在教师组织、指导下由学生独立开展实验的实验教学形式。研究性实验的各环节都是由学生独立完成的，实验研究是否能够顺利开展，与学生的主观能动性密切相关。因此，在运动生物化学研究性实验过程中要求学生做到：

（1）转变“角色”和“学习方法”。首先要求学生从“学生”角色转变为“研究者”角色，其次要从“继承”“接受”式的学习转变为“研究”“探究”式的学习。

（2）发挥学习主动性。学习主动性是开展研究性实验的基础，研究性实验中教师只是学生实验的组织者、指导者、合作者和服务者，实验的开展需要学生主动查阅相关文献资料，修改实验方案，独立调试和使用仪器，经过反复测试与分析，如果学生在研究性实验中不主动去做，实验就无法开展、进行，就谈不上学生进行研究性实验。

（3）提高思维和想象力。如何更好地开展运动生物化学研究性实验并解决实验中的问题？最有效的方法就是在实验中运用已学的知识、原理分析解决问题时，要开动头脑，勤于思维、想象，并通过综合分析，才能概括解析实验结果，总结实验结论，从而解决实践问题。因此，在研究性实验中，要求学生要勤于思考，善于思维，并发挥个人的想象力，才有利于在研究性实验中发现、提出问题并解决问题。

(4) 规范实验操作技能。规范与熟练的实验操作技能是研究性实验开展的保证。学生应重视实验仪器设备操作能力培养，强化实验技能操作训练，重视操作思维的指导，同时还要建立合理的操作能力，包括操作的迅速性、准确性、协调性和灵活性。

总之，运动生物化学研究性实验是一个涉及多个实验环节的过程，要使实验能够顺利进行并取得预期结果，必须要求学生在教师的组织和指导下，严格按照研究性实验的基本程序和要求开展实验研究工作。

第二节 运动生物化学研究性实验的选题

选题即确定所要研究的课题，选题阶段既是最重要的阶段，也是最难的一环。第一，它决定研究性实验是否具有科学性和价值，决定实验能否顺利开展，并最终成为取得研究性实验成功的关键。第二，它决定研究的领域和具体内容。运动生物化学的研究领域有运动训练监控、运动负荷评定、身体机能评定、运动性疲劳、分子生物学、自由基代谢、运动健康效应、高原训练、运动营养等，学生选题时要先确定所选研究课题是属于哪个研究领域，也可从交叉学科研究领域进行选题，然后再具体确定研究的内容。在选题过程中应遵循以下基本原则，并掌握选题的方法和途径。

一、选题的基本原则

研究性实验选题时应遵循创新性、实用性、科学性、可行性和兴趣性等原则。

(一) 创新性原则

选题要有创新性，或提出新规律、新见解、新技术、新方法，或对原有的规律、技术、方法进行修改、补充。创新是研究性实验的生命线，缺乏创新性，将失去研究立题的价值。没有新意或重复前人研究实验是毫无价值的。

(二) 实用性原则

选题应明确、具体地提出要解决的问题，必须具有明确的理论和/或实践意义，应尽量结合自己掌握的基础理论知识和实践了解，选择运动生物化学研究领域中有重要意义的，或在运动训练和运动健身实践中迫切需要解决的关键问题。

(三) 科学性原则

选题应有充分的科学依据，也必须符合科学的基本原则，有公认而准确的科学理论或可靠、充分的科学事实作为立题的基础，具有客观性、真实性、可重复性、可比性。

（四）可行性原则

选题必须考虑自己具有的理论水平、技术能力、实验研究条件（实验场地、仪器设备、试剂、文献资料、经费来源）等情况，还要考虑人力情况，是一个人独立完成还是几个人组成研究小组，在满足课题研究需要的条件下，能否按期完成研究工作。如果盲目地求大、求全、求新，最终只能纸上谈兵，无法实施。因此，学生在选题时尽可能从学校实验室现有的实验条件出发，选择难度适宜、研究内容合适的题目进行研究性实验。

（五）兴趣性原则

研究兴趣的稳定性和持久性，决定着研究课题价值的大小，决定着研究问题的深度和是否能取得突破。因此，教师在指导学生选择研究性实验课题时，要发掘和鼓励学生做有兴趣的研究性实验课题。学生如果没有兴趣就缺乏主动性，只有选定自己感兴趣的研究课题，才能产生强烈的探求欲望和研究激情，才能发挥研究的主动性和创造性，才能在实验研究过程中自觉主动地开展各项实验研究工作，并使创造性思维发挥到最佳状态，从而使研究性实验能够按计划如期完成。

二、研究性实验选题的方法

运动生物化学研究性实验选题就是凝练问题、提出问题的过程。选题可以来自运动训练实践中发现或遇到的问题，也可以来自于运动生物化学理论知识的学习，不管是哪种来源，确定研究课题前都必须搜集相关研究课题的文献资料及实践资料并进行分析研究，了解前人及别人对相关课题已做的工作、取得的成果和尚未解决的问题。只有在充分了解当前该领域研究进展并进行综合分析的基础上，从现实条件出发，才能选择出有科学研究价值的实验研究课题。

（一）从学科最新发展中选题

在进行运动生物化学研究性实验之前，应该对运动生物化学学科理论知识和实践应用有一定的掌握，在此基础上可循着运动生物化学学科当前的最新发现、思路、观点、概念和研究方向提出新的课题。比如近年来陆续发现的细胞因子（如白介素、胰岛素样生长因子、肝细胞生长因子、肿瘤坏死因子、内脏脂肪素等），它们在运动中对于机体物质代谢的调节作用及其与身体机能、健康的关系如何，还有如衰老性骨骼肌减少症、糖尿病性骨质疏松等新概念的提出，运动干预对预防和治疗这些疾病的生化效果又是如何，都是我们进行运动生物化学研究性实验的首要选题方向。

（二）从学科知识和文献的积累中选题

可根据自己掌握的本学科知识和研究兴趣，查阅近年来本学科某个研究领域国内外的研究文献，从中吸取精华，获得启发，寻找研究存在的问题或空白。这类选题具有先进性和生命力，有可能在前人或他人研究的基础上提出新观点、新论点和新方法。如对高原训练与血乳酸变化相关文献的查阅和分析，发现以往的文献对于高原低氧下不同强度运动后血乳酸峰值出现时间和消除速率的研究不多，并且结果不一致，于是可以选择“高原训练不同强度运动后血乳酸峰值与消除”作为研究性实验的课题。

（三）从运动实践遇到的问题中选题

外部现象的差异往往是事物内部矛盾的表现，及时抓住日常运动实践中发现的问题或偶然遇到的问题，经过不断认真分析比较，就可能产生重要的原始意念。有了原始意念，就有可能凝练成为研究性实验课题。这就要求学生在日常运动训练和健身指导中细心的观察和反复的思考。

（四）从大学生创新性实验课题申报指南中选题

为了鼓励、支持大学生进行科研活动，培养大学生动手和创新能力，目前，国家教育部、各省教育部门和学校每年都开展大学生创新性实验课题立项活动，其公布的《课题申请指南》是运动生物化学研究性实验选题的重要来源。

（五）从学科交叉研究中选题

当前，体育科学学科发展迅猛，对于促进运动训练和运动健身，提高运动成绩和健康促进发挥了重大的作用，这应归结于生物学、生理学、医学、工程技术等学科最新理论、技术在体育科学中的渗透与应用，因此，运动生物化学研究性实验选题从学科交叉、渗透中选题是取得研究成功的一条捷径。现代科学更加注重学科间相互渗透、交叉的研究。学生可对已学习和了解的不同学科（课程）进行比较分析，找出相互交叉、渗透的领域，从而发现可供选题的研究领域。

（六）在教师已有课题延伸中选题

目前，很多教师都有自己相对稳定的研究领域和课题，学生可在教师指导下，参与到教师的研究课题中，并与教师共同探讨延伸出新的研究课题作为研究性实验的题目，这样既有利于教师研究课题的连续性，又可培养学生对新研究领域的开拓能力和创新能力。

三、确定研究题目与建立假说

运动生物化学研究性实验经选题后提出问题，找出所要探索的研究性实验课题的关键所在，进而对实验研究课题提出假说，提出实验预期结果，并确定研究方法和实验题目。

（一）提出假说

假说是对某一领域提出新问题，并运用已有的知识，借助分析和综合、归纳和演绎等逻辑思维方法，对这个问题提出未证实或未完全证实的答案和解释。在运动生物化学研究性实验选题中，提出了问题，还不是研究的题目，只有通过对所提问题、对象以及各种变量之间相互关系的进一步研究，变成完整的理论认识，形成假说，才能确立题目。假说的提出必须有思路、有学术思想和研究特色。学生在确定实验选题后，要明确研究目的，按照自身的知识能力见解，创新思维，大胆假设。因此，运动生物化学研究性实验的整个过程简言之，就是提出假说和验证假说的过程。

假说建立之后，必须确定实验方法，通过实验来检验假说能否成立。可围绕假说选择切实可行的科学研究手段，包括选择处理因素、受试者和效应指标等。应用已掌握的运动生物化学研究技术和方法或到图书馆、互联网查阅有关生化实验技术和方法，从而对实验的技术和方法、实验步骤、所需的器材及药品试剂等有全面的准备。运动生物化学的研究方法很多，按实验对象可分为人体实验和动物实验；按实验场所可分为实验室实验和运动现场实验；按研究时间可以分为横向研究和纵向研究；按实验设计则可分为定量、定性、模拟和对照研究等。

（二）确定研究题目

在实验课题的假说已经确立和实验方法已经确定之后，就可以确定明确的研究题目。研究题目是依据研究目的、通过对研究对象的主客观条件进行分析而确定的研究问题。研究题目要体现具体的研究目的以及实验研究指向的特定对象和内容范畴，也即是说研究题目确定应体现研究目的、施加（干预）因素、受试对象和实验效应之间的关系，同时还要求用词准确、科学、精练。例如题目“运动结合芦荟干预对糖尿病大鼠血清 NO、NOS 的影响”，从这个题目可以看出，该课题的研究目的是研究运动和芦荟干预对糖尿病的效应，施加（干预）因素就是“运动和芦荟”，受试对象就是“糖尿病大鼠”，实验效应指标是“血清 NO、NOS”。当然，有时确定的题目中三个组成因素不一定要全部直接体现出来，寓于其中也是可以的，如“血乳酸与运动负荷评定”。

第三节　运动生物化学研究性实验方案的设计

实验设计是研究“问题”的继续和扩展，是实验研究计划和方案制订的过程。运动生物化学研究性实验设计必须明确研究目的并结合专业和统计学要求，运用有关的科学知识、原理，对实验中的材料、手段、方法、步骤等实验方案作出完整周密安排的过程。实验设计是学生进行实验研究的具体实施方案和框架。严谨的实验设计不仅是实验过程的依据和处理结果的一个先决条件，也是使实验研究获得预期结果的一个重要保证。实验设计的意义在于能用比较经济的人力、物力和时间，获得可靠的结果，是提高实验研究质量的保证。

一、实验设计的基本要素

实验设计的基本要素包括实验对象、处理因素和实验效应。如何正确选择确定三大基本要素是运动生物化学研究性实验设计的关键问题。

（一）实验对象

实验对象是实验研究中要观察的对象，也是施加某种因素的对象，又是反映实验效应的载体。运动生物化学研究性实验对象可以是人体，也可以是动物。人体对象包括运动员人群和非运动员人群，根据研究需要可以选择健康的、亚健康的或是某些慢性病患者。动物对象一般选择小白鼠或大白鼠。那么，实验中实验对象该有多少其研究结果才具有代表性呢？即实验对象的样本含量怎样确定。实验对象样本含量的估算是运动生物化学研究性实验设计中的一个重要问题。在估计样本含量时，既不要片面追求增大观察例数和样本数量，也不能忽视样本含量的重要性，使样本含量太少。样本量太大可能造成实验中人力、物力和时间的浪费，太少可能使检验效能偏低，导致总体中本来存在的差异未能检验出来，出现了非真实的阴性结果，使实验结果失去真实性。运动生物化学研究性实验设计中样本量的确定可根据研究性质并借助公式和工具表进行估算（可参阅有关研究方法或统计学书籍）。

（二）处理因素

处理因素是指根据研究目的施加于受试对象的特定实验措施，这种处理因素可以是人为的因素，也可以是自然存在的因素。因此，在运动生物化学研究性实验中，要注意抓住实验研究中的主要因素，找出非处理因素，同时，处理因素对于实验对象必须是一致的。如“雾湿天气下运动对身体机能的影响”这个研究题目，“雾湿天气”和“运动”都是施加因素，同时“雾湿天气”是自然因素，而“运动”则是人为施加因素。

（三）实验效应

实验效应主要指处理因素作用于实验对象的反应或效果。这种效应将通过实验中观察指标显示出来。选择效应指标要明确每个指标的原理和意义，效应指标应具备客观性强、灵敏度高和精确性好等特点。如血乳酸、血清肌酸激酶、尿蛋白等指标均可作为评价运动强度的效应指标。观测指标最好选用易于量化即经过仪器测量和检验而获得的指标，它比定性或询问以及受试者主观感觉指标要更为客观可靠。当然，选用观测指标还要考虑受试者的接受程度和实验室条件及操作能力。选定的指标灵敏度高，可使处理因素的效应更好地显示出来。指标的精确性包括准确度和精密度两层意思。准确度是观察值与真值的接近程度，主要受系统误差的影响。精密度是在重复观察时观察值与其平均值的接近程度，其差值属随机误差。

二、实验设计的基本原则

运动生物化学研究性实验设计除了考虑三大要素外，还要遵循对照性、重复性和随机性等基本原则，这些原则是避免和减少实验误差、取得实验可靠结论所必须的。

（一）对照性原则

为避免非实验因素造成的干扰，设立对照以消除无关因素。从实验组与对照组两组效应指标的数据差别中，发现实验因素的本质所在。对照有多种形式，可根据实验研究的目的和内容加以选择。

(1) 空白对照：亦称正常对照，对照组不加任何处理因素。如观察饮用碱性饮料的作用时，实验组饮用碱性饮料，对照组饮用蒸馏水。

(2) 自身对照：对照与实验在同一受试者进行。例如进行“不同强度健美操运动对血清某些自由基指标的影响”课题研究时，便可采用自身对比，实验研究时可先观察某一强度健美操运动自由基指标，然后再与另一强度健美操运动自由基指标相比。再如在运动员训练生化监控中，运动员在不同训练阶段生化指标的纵向对比，都属于自身对照范畴。

(3) 组间对照：不专门设立对照组，而是几个实验组之间相互对照。例如观察几种浓度碱性饮料对消除乳酸的作用，对比饮用这几种浓度碱性饮料后血乳酸降低的情况，即为组间对照。

(4) 标准对照：不设立对照组，而以实验结果与标准值或正常参考值对比。如对受试者进行一次生化指标基础值测试，评价时一般均与该指标的正常参考值进行对比，属于典型的标准对照。

（二）重复性原则

重复是指可靠的实验应能在相同条件下重复出来，这就要求实验中各处理组及对照组要有一定的例数。重复数应适当，过少固然不行，过多也没必要。实验例数与许多因素有关。一般而言如果研究对象生物差异较小，处理因素的强度较大，实验技术（仪器、操作）较先进，组间例数相同和采用拉丁方设计或正交设计等情况例数可以较少；反之则要求较多例数。

（三）随机性原则

运动生物化学研究性实验除了研究运动训练监控外，其他实验研究设计中应贯彻随机性原则，在纳入和排除标准确定之后，应使其在一定范围内的每一对象均有同等机会被选入样本，并随机地分配到实验组和对照组，以减少偏性，提高组间的均衡性，同时也是统计分析和推断的前提。随机化可采用随机数字表或随机排列表进行分配，也可采用抽签或抛币的方法进行。

三、运动生物化学研究中常用的实验设计方法

实验设计方法是指实验设计的随机分组方法，运动生物化学研究中的实验设计方法有很多种类型，但每一种设计都有其自身的特点和用途，学生应根据实验研究具体情况作出选择。各种实验设计的方法和特点见表 5–1。

表 5–1　运动生物化学研究中常用的实验设计方法

设计名称	设计方法	使用的统计分析法
完全随机设计	将受试对象按随机化的方法分配到各个处理组，观察实验效应，各个处理组的样本数可以相等，也可以不相等，但相等时效率较高。本设计优点是简单易行，缺点是只能分析一个因素，效率低	可用单因素方差分析
配对设计	将受试对象按一定条件配成对，随机分配每一对中的两个受试对象到不同处理组，配对的因素是影响实验效应的主要处理因素，如性别、年龄，体重等	可同配对 t 检验和秩和检验
配伍组设计	是配对设计的扩大。将条件相近的受试对象配成一组，每组受试对象数取等于处理组的个数，然后将每个配伍组中的受试对象按随机的方法分到各对比组中去，给予不同处理	可用双因素方差分析
交叉设计	交叉设计是一种特殊自身对照设计。首先将条件相近的观察对象配对，再用随机分配的方法决定其中之一先用处理方式 A，再用 B，另一研究对象则先用 B 再用 A。两种处理方式在研究过程中交叉进行，使 A、B 两种处理方式先后试验的机会均等	可用方差分析和秩和检验
析因设计	试验研究常设计两个或多个处理因素，这些处理因素间可能存在交叉作用，即当一种因素的质和量发生改变时，使其他因素的实验效应强度发生变化。析因设计是将两个或多个因素的各个水平进行排列组合，交叉分组进行试验，可用于分析各因素间的交互作用，比较各因素不同水平的平均效应和因素间不同水平组合下的平均效应	方差分析
正交设计	当实验设计的因素在三个或三个以上，且因素间存在交互作用时，可用正交试验设计，其方法是把选定的因素与水平代入一套规格化的正交表，并按照正交表的要求和规格进行试验的安排，正交设计是一种高效、快速的多因素实验设计方法	方差分析
拉丁方设计	当实验设计到三个因素，各因素间无交互作用且水平数相等，可用拉丁方设计。拉丁方设计是将三个因素按水平数 r 排列成一个 r×r 随机方阵，然后将受试对象按拉丁方阵型分配到各个处理组中去	方差分析

（续表）

设计名称	设计方法	使用的统计分析法
序贯设计	事先不规定研究对象的例数，也不规定做多少次重复实验，每进行一次都由上一次的的结果确定，一旦可以获得结论，实验就可以停止	方差分析

（引自：李建军，1996）

一般情况下，当处理因素只有一个时，可用随机设计的方法；当受试对象按一定条件配成对或配成伍时，可用配对设计或配伍设计；当处理因素大于2个，且因素间存在交互作用时，可用析因设计；当处理因素为3个，且各因素间无交互作用且水平数相等时，可用拉丁方设计；当实验因素较多时（大于或等于3个），且各因素间存在交互作用，水平数相等或不等时，可用正交设计。

四、运动生物化学研究性实验方案设计的内容

学习了实验选题、实验设计基本要素、原则以及方法之后，便可以着手设计一份完整的运动生物化学研究性实验方案，运动生物化学实验方案至少应包括以下内容。

（一）实验题目

实验题目是实验设计的出发点和归结点，也是实验内容的集中体现，题目应简明扼要，以最恰当、最简明的词语反映研究内容的逻辑组合，一般中文题目，以不超过20个汉字为宜，当然也不能因一味追求字数少而影响题目对内容的恰当反映。在遇到两者确有矛盾时，宁可多用几个字也要力求表达明确。若简短题名不足以显示论文内容或反映出属于系列研究的性质，则可利用正、副标题的方法解决，以加副标题的形式来补充说明特定的实验材料、方法及内容等信息，使题目既充实准确而又不流于笼统和一般化。如“模拟高原训练对大鼠骨骼肌及肝糖原的影响”“运动及芦荟对糖尿病大鼠肝脏抗氧化酶活性的影响”“广州体院游泳队参加省第六届大运会集训期生化指标的监控”等。

（二）实验目的及意义

要求说明为什么要进行本实验（目的），设计本实验的理论根据和实验依据（依据），与本课题实验研究相关的国内外研究进展情况及存在问题，本实验拟解决哪些问题，本实验的特点或创新点以及进行本实验的意义等。

（三）实验研究主要内容与技术路线

介绍实验的主要课题或内容、观察指标及技术路线。

（四）材料与方法

包括实验对象、研究方法、实验仪器与试剂等，这一部分内容力求详细、清楚。

1. 实验对象

详细写明实验对象的来源、选择方法、标准，对照及分组情况。

2. 研究方法

应详细写明实验的步骤过程，包括处理因素、条件控制等，如运动方式、强度、时间安排，或某种营养物质或药物的给药途径及剂量，样品采集及其处理，观察指标测试方法和采用的数理统计方法等。

3. 实验仪器与试剂

具体列出实验中所需仪器设备的名称、型号或规格、厂家及其数量，以及观察指标测试所需试剂或试剂盒名称、厂家及其数量，试剂应注明其级别，实验用水也应注明是蒸馏水、双蒸水还是无离子水等。

（五）实验进度

一般以周或月作为时间单位，根据课程开设持续时间可以 3～6 个月为一个实验研究周期，根据实验进展所需时间具体列出研究进度。

（六）经费预算

详细列出课题的各项目预算，包括文献资料复印、上网信息费，购买实验动物、试剂、耗材等。

（七）可行性分析

主要从研究基础、实验条件和研究人员技术力量等方面进行分析。

（八）实验人员

如果是学生个人进行的实验，则写做实验学生的名字；如果是几个学生组成的课题组，则应说明哪个学生是负责人，其他学生则为研究小组成员。

五、运动生物化学研究性实验设计示例

下面以“湿热环境下运动血清某些自由基变化的研究”为题介绍研究性实验设计的内容。

（一）实验题目

湿热环境下运动血清某些自由基变化的研究。

（二）实验目的及意义

在后北京奥运时代构建和谐社会的大背景下，全民健身在未来中国体育发展中占据越来越重要的位置。未来全民健身活动离不开科学指导。运动处方是科学锻炼的依据，目前许多专家、学者通过大量的实验来论证和制定不同人群体育锻炼的运动处方，但都往往忽略了气象、气候环境因素对健身的影响。健身活动主要在户外进行，与外界气象、气候环境条件始终是紧密联系的。气象、气候环境条件的变化，身体机能也发生相应的变化，因此，尽管在不同气象、气候环境下进行相同负荷运动时产生的生理负荷也有所不同的。为此，运动处方制定必须与外界气象、气候环境条件保持动态联系，在健身活动中根据气象、气候环境条件变化安排适当的锻炼密度和负荷量是至关重要的，特别是对气象、气候条件敏感的人群更应注意，这样做既能收到健身效果，促进健康，又不致因运动负荷安排不当而导致运动伤害或（和）机体功能的紊乱。血清自由基水平可以反映机体抗氧化能力，适宜运动负荷可以提高机体抗氧化能力，促进健康水平；但是，在湿热环境下运动是否由于机体散热受阻导致体温升高而影响抗氧化能力，也即是说，湿热环境下安排适宜运动强度对于促进机体健康至关重要。我国华南地区和东南沿海地区属热带地区，长夏暖冬，夏季炎热多湿，太阳辐射强，平均气温 28℃，极端气温 38℃～41℃，相对湿度可达 85%～98%，是典型湿热气候，全年有一半时间以上属于这种气候。因此，在这些地区进行高温高湿环境下健身运动身体机能及运动处方研究对于推进全民健身运动、促进健康有着重要理论价值和实践指导意义。本课题以华南地区典型湿热气候环境为背景研究不同负荷运动下血清某些自由基的变化规律，并探讨与健身强度的关系，提出湿热环境下适宜健身强度，为科学地制定运动处方提供理论依据和实践指导。

（三）实验研究主要内容与技术路线

1. 实验研究主要内容

本研究以健康人群为研究对象，拟湿热气候环境下通过不同负荷运动模式，观察核心体温升高与血清超氧化物歧化酶（SOD）、活性氧（ROS）、丙二醛（MDA）、过氧化氢酶（CAT）等指标的变化规律，重点探讨湿热气候环境下不同负荷运动方式中心体温升高与机体抗氧化能力变化的相关性及其适应性，提出湿热气候环境下适宜的运动负荷，最终建立湿热气候环境下健身指导方案。

2. 实验研究技术路线

实验研究技术路线见图 5–2。

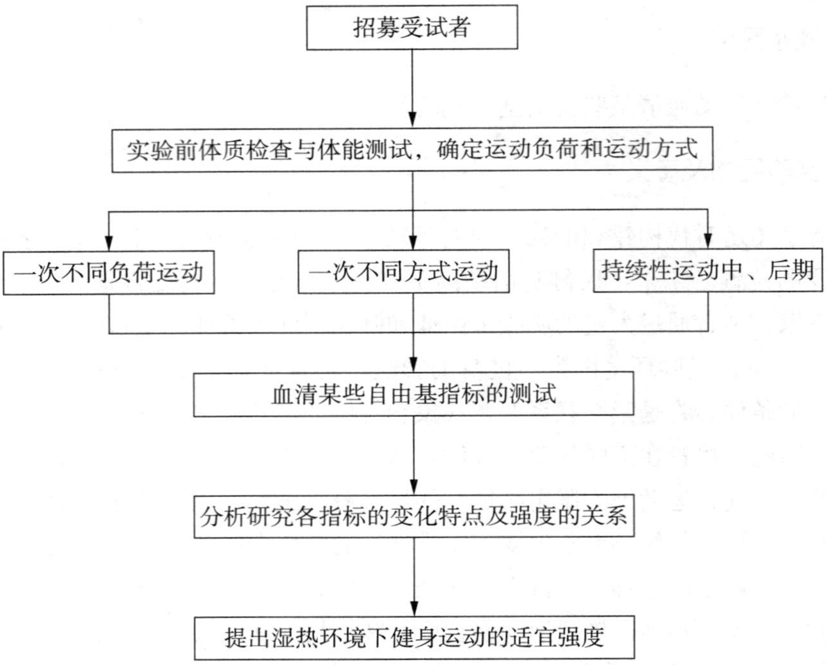

图 5-2　实验研究技术路线

（四）材料与方法

1. 实验对象

招募没有运动禁忌症的健康受试者 48 人，随机分为 4 组，分别为安静对照组、湿热环境运动 1 组、湿热环境运动 2 组和湿热环境运动 3 组，每组 12 人。

2. 研究方法

所有受试者在实验前均进行体适能、生理功能、应激激素和免疫功能相关指标测试，以最大摄氧量测试确定对应心率，随后根据健身原理设计 3 个运动组在湿热气候环境下的运动方案，负荷具体以 70%$\dot{V}O_2max$基准确定大、中、小 3 种运动强度，然后在湿热气候环境下进行一次 30min 跑步运动后测试相关指标；再分别以同等强度进行 3 种不同间歇方式（①运动 5min，间歇休息 3min；②运动 10min，间歇休息 5min；③运动 15min，间歇休息 5min）跑步运动后测试相关指标；以上实验后，运动组分别以各自负荷强度进行持续 8 周跑步运动（以 POLAR 心率表控制强度），每周锻炼 3 天，每天每次 30min，在运动 4 周末及 8 周末分别进行相关指标测试。

3. 指标测试仪器与方法

身体核心体温采用电子体温计测量；超氧化物歧化酶、活性氧、丙二醛、过氧化氢酶等自由基指标分别采用羟胺法、DCFH-DA 法、硫代巴比妥酸法、改良比色法，测试仪器为 721 分光光度计、F93 型荧光光度计。

（五）实验进度

××××年 1 月 1～15 日：收集资料，完善实验方案。
××××年 1 月 16～31 日：招募受试者，进行实验准备和预实验。
××××年 2 月 1～3 月 31 日：正式实验。
××××年 4 月 1～20 日：实验结果处理统计分析，撰写论文。

（六）经费预算（略）

（七）可行性分析

(1) 研究者已系统学习运动生物化学理论和熟练掌握运动生物化学实验的基本操作技能，具备独立进行研究性实验的能力。

(2) 本课题依托××大学运动生物化学实验室，且该实验室具有一间运动环境实验室，能满足本实验生化指标测试的仪器和进行湿热环境研究的条件。

（八）实验研究人员（略）

第四节　运动生物化学研究性实验的实施

运动生物化学研究性实验设计方案一旦经开题讨论通过，即可进行实验，叫实验的实施。实验实施过程一般包括实验准备、预实验、正式实验、实验数据处理分析和得出结论。为确保实验方案能严格得到实施以及详实记录测试实验数据和研究结果，这就要求实验者在实验实施中要恪守实事求是的原则。

一、实验准备

实验准备是指实验前对相关仪器设备进行调试，玻璃仪器清洗、烘干以及试剂的配制与剂量的初步选定、实验方法与指标的确定和辅助用品准备的过程，当然包括实验对象征集和落实。在人体实验对象的征集中，要将实验过程详细告知他们，自愿参加实验对象填写知情同意书。实验组织者要对实验对象进行医学健康检查以确保研究对象在身体良好的状态下进行实验。

二、预实验

预实验是实验设计完成后，依据实验设计进行预备实验的过程。它是正式实验前的重要步骤，是完善实验设计和确保实验成功必不可少的重要环节。

（一）基本要求

预实验时学生要认真按照实验设计方案进行，实验对象数量可稍少于正式实验，实验方法和指标应选择主要部分来进行，实验过程中应认真操作、记录，并应及时对所获资料进行认真整理、统计和分析，以便对原实验设计进行补充、修订。但在预备实验过程中切忌随意修改方法步骤，即使在实验中发现有不妥之处也要等预备实验结束后再进行修改，否则会打乱实验程序，使预备实验失去原有意义。因此，通过预实验可帮助学生进一步熟悉实验技术，并确定正式研究对象的种类和例数，筛选或改进实验方法和指标，调整处理因素的强度或确定用药剂量（如糖尿病大鼠模型中使用链脲佐菌素的剂量）等。

（二）生化指标可靠性检验

在实验研究中，生化指标测试结果的可靠性与客观性往往受到实验者的操作能力、实验仪器的精确度，样品的处理、测试试剂，甚至温度、湿度等的影响。因此，检验生化指标测试的可靠性和客观性也是预实验的一项内容，通常包括重复实验和回收实验。

1. 重复实验

重复实验是指实验者将所测的指标反复多次测试，看其测试结果的一致性程度。测试常应进行 3 次或 3 次以上，3 次的结果应基本一致，否则，应按以上的影响因素进行检查，直到测试结果基本一致为止。采用仪器法测试生化指标也要注意重复测试，如用乳酸分析仪测试生化指标时，应用标准浓度反复几次校对，待结果基本一致时，方能进行正式测试。

重复实验后应计算其重复率，即两次实验结果相除再乘以 100%。如果两次实验结果一致，即重复率应为 100%。

2. 回收实验

回收实验是指在已测定的样品中加入已知含量的溶液，再次测定其结果是否为两者之和的实验。回收实验主要是确定某一方法的准确性。由于生化指标一般是测定体液成分，体液中含有被测定的物质，但无法知道其真值，这时就可用测定回收率的方法来衡量。即取一定份数的血清样品（或尿液样品），每份样品再分成两部分，其中一部分另外加入已知量的被测物质，然后用所研究的测定方法同时对两者进行测定，最后从回收率进行判断。若回收率在 90%以上，说明其准确性是很高的。回收率的计算公式如下：

$$\text{回收率}=\frac{\text{加入已知量被测物质样品的测定结果}-\text{样品的测定结果}}{\text{加入被测物质的量}}\times 100\%$$

如为了观察测试血乳酸的准确率，通常加入定量血乳酸进行回收率实验，如取 5 份样品，每份分成两部分，其中一部分加入 4mmol / L 标定的乳酸，结果如表 5-2 所示。

表 5-2　血乳酸浓度测试回收实验结果及回收率

样品号	样品测定结果 (mmol/L)	加入 4mmol/L 乳酸后测定结果（mmol/L）	回收率 (%)
1	12.31	16.34	100.75
2	13.49	17.51	100.50
3	15.81	19.73	98.00
4	10.33	14.30	99.25
5	14.15	18.17	100.50

（引自：林文弢，2001）

三、正式实验

正式实验是在实验准备和预实验的基础上正式进行实验的阶段，是研究性实验方案实施的主要过程，学生在进行正式实验时应严格遵守以下程序和要求，以确保正式实验的顺利开展和取得预期结果。

（一）实验总体要求

正式实验的开展必须依照经预实验修订的实验方案严格执行，依次确定落实实验对象及分组，然后严格控制实验处理因素和实验时间。实验过程中实验对象效应指标变化是实验研究结果和得出结论的依据，因此，在实验过程中应严格执行实验数据记录制度，依据预先制订的各种表格每天如实、及时、准确、完整地记录实验环境条件如温度、湿度，受试者身体变化及饮食和处理因素如运动强度、量度、运动时间及给药剂量等，防止漏记和随意涂改。记录完毕后，记录人应在记录表格上签上姓名和时间，并妥善保存好实验原始记录。对于实验中出现异常情况，应及时与同组同学进行认真讨论以寻求解决方法或提交教师解决。此外，还要定期（如每周）对实验实施情况进行阶段性总结，特别是对于实验异常现象的处理及其产生原因、影响因素进行分析。另外，对于实验过程中或实验结束后采集的样品应及时进行处理和测试，如未能及时测试，须严格按照样品相应处理方法进行处理，贴上标签并做好记录后，储存于适宜温度的冰箱中待测。

（二）实验记录要求

实验过程中要重视实验原始资料的记录，记录前应预先拟定记录方式和内容。记录的方式有文字、数字、表格、图形、照片、录像及影片等。实验原始资料记录应及时、完整、精确和整洁。严禁撕页或涂改，切不能用整理后的记录代替原始记录，同时要保持记录的原始性、真实性。通常实验记录的课题和内容有：

1. 实验对象

如人体实验应记录人数、性别、分组及其身体基本情况（年龄、身高、体重和相关体能、健康指标)；如果是动物实验则应记录种类、品系、编号、体重、性别、健康状况、饲料等。

2. 日常记录

如果是人体实验应包括体重、晨脉、主观疲劳感觉、每餐饮食成分及数量，运动负荷强度和量度、运动方式及时间等；如果是动物实验应包括体重、饮食量（含饮水量）、运动训练情况及其状态等。

3. 实验方法及步骤

实验造模方法或处理因素、要求及步骤，如给药剂量、给药时间、给药间隔，或运动负荷强度和量度、运动方式及时间等。

4. 测试课题记录

包括测试课题名称、测试方法，实验药物或试剂名称、规格，主要仪器（名称、生产厂、型号、规格）和测试过程步骤、实验现象。

5. 实验条件

实验时间、室温、动物饲养环境（种名、合格证号）、恒温条件等。

四、实验数据处理分析与得出结论

实验结束后，将实验原始数据或资料整理核实，通过统计软件（如 Excel、SPSS 等）计算出各组数据的均值和标准差，并进行相应的统计学显著性检验或计算某些特征参数等。注意在统计时不能任意将实验数据资料取舍，在分析和判断实验结果时，也不能有研究者的偏见，必须实事求是，不能人为地强求实验结果符合自己的假说，而是应该根据实验结果去修正假说，使假说上升为理论。

实验研究经过实验设计、实验与观察、数据处理后，得出实验结果，并从实验结果中概括或归纳提出研究结论，结论内容要求严谨、精炼、准确，要回答原先建立的假说是否正确，并对实验中发现的现象或问题作出理论解释。最后，在此基础上，就可以撰写研究报告或论文。

思考题

(1) 试述运动生物化学研究性实验的基本程序。

(2) 研究课题选题应遵循哪些基本原则？

(3) 运动生物化学研究性实验题目确定有何要求？

(4) 实验设计应包括哪些基本要素？

(5) 实验设计应遵循哪些原则？运动生物化学研究性实验中常用的有哪些实验设计方法？

(6) 结合自己兴趣，设计一项运动生物化学研究性实验方案。

(7) 根据运动生物化学某一研究领域的研究新动向，设计一项研究性实验方案。

(8) 运动生物化学研究性实验正式实施过程中要注意哪些问题?

参考文献

[1] 体育科学研究方法编写组. 体育科学研究方法 [M]. 北京：高等教育出版社，1999，6.

[2] 林文弢. 运动训练生化分析 [M]. 台北：中国文化大学出版部，2001，2.

[3] 李建军. 临床康复医学研究的选题和实验设计方法 [J]. 中国康复理论与实践，1996，2 (3)：124-128.

[4] 钟秉枢，蒋家珍. 体育科学研究选题的误区 (二) [J]. 北京体育大学学报，2006，29 (12)：1590-1591.

[5] http：//jpkc.gipe.edu.cn/sh/index.asp

[6] http：//shsy.gipe.edu.cn/

第六章 运动生物化学研究性论文的撰写

运动生物化学研究性论文是对运动生物化学领域中的研究性实验成果的科学记录，是公布研究成果、交流研究信息的主要形式，属于学术论文的范畴。根据国际科学界的共识，任何一项研究成果的确立，都必须以在公开学术刊物发表为依据。因此，将运动生物化学研究性实验成果撰写成论文，投往专业学术期刊发表，即确定了研究成果的优先权。学术论文的价值主要取决于研究成果的质量与水平的高低，但高水平的研究成果材料，并不一定成为高质量的学术论文。论文质量的高低与论文作者本人的科研能力和学术水平有关。因此，如何将实验结果撰写成文的工作非常重要，它是成为一名好的体育科技人才所不可或缺的基本条件。而学术论文作为一种承载学术研究成果的特殊文体具有一定的基本写作格式，同时还需符合科技论文撰写和编排格式的规定。本章以《中华人民共和国国家标准（GB7718–87）—科学技术论文、学位论文和学术论文的编写格式》为参照，介绍运动生物化学研究性论文的撰写要求、内容规定及其技巧。

第一节 运动生物化学研究性论文的撰写要求

运动生物化学领域的研究性实验课题通常在实验工作完成后，可将全部实验研究成果或某一部分结果写成论文。因此，一个课题可以撰写成一篇或数篇论文，但论文的内涵与延伸不能超越课题的内涵与外延。

一、论文内容要求

同其他科研论文一样，运动生物化学研究性论文的撰写应按科研论文标准的格式撰写，并在内容上要求达到创新性、科学性、学术性、可读性和应用性。

（一）创新性

创新性是学术论文的灵魂，是论文的亮点和根本的价值所在。科学研究作为处理已有信息，获取全新信息的探索性、创造性活动，其目的在于解决、创立和提出前人没有研究和解决的问题。因此，论文价值大小的重要评价标志就在于有无新理论、新观点、新技术和新方法。而一篇科研论文要真正做到有创新，就必须在选题阶段做充分的文献检索工作，了解国内外在该领域的研究现状与动态，从中找出切入点。但强调创新，并非要求论文涉及的所有内容都是新的，也不可能要求每一篇运动生物化学研究性论文对体育科学发展都有所推动。对于本科学生来说能应用学过的运动生物化学理论知识解决运动实践中的一些具体问题，即使是获得一个小小的成果或发现都是创新性的具体体现。但如果是重复他人的研究工作，尽管确实是作者自己"研究"所得的"成果"，也不属于创新之列。

论文的创新程度是相对于已有的知识而言的。对于研究水平不是很高的学生来说，要拿出一个有价值、有意义的新学术见解并非易事。如果能够使用别人没有用过的材料或采用新的研究方法，从另一个角度对已有的理论观点加以重新阐释，并在运动实践中引进、消化或移植国内外已有的先进研究技术，或应用已有的生化理论来解决运动训练和健身锻炼中的实际问题，这个过程本身就是一种创新过程。

（二）科学性

科学性是一篇论文应具备的基本条件。如果说创新性是研究性论文的生命，那么，科学性就是创新性的前提。在保证论文科学性前提下的创新，才是有意义的创新。

论文的科学性在于正确揭示研究对象的本质和规律，具体包括论点正确、论据必要且充分、论证严密、推理符合逻辑、数据可靠、处理合理、计算精确、实验可重复、结论客观等，总之研究内容的科学性及其准确表达，是学术论文的生命力所在。如果失去了科学性，不论其观点多么新颖，材料多么丰富，文笔多么流畅，也没有任何意义。如果主观臆断，甚至采取无中生有、歪曲事实的办法来增加论文的"含金量"，更是对科研宗旨的亵渎。

（三）学术性

学术性是指论文应具有一定的学术理论高度，形成一定的科学见解，提出并解决一些有科学价值的问题。从事运动科学研究，要善于将实践上升为理论，不能仅满足于解决了某一实际问题或提供了某一具体方法，要进行深入的理性思考，对创新点要从理论上给予总结、提高和升华，对一些共性的东西，剖析其深层次的理论意义和对实践的指导意义，才能写出既具有创新性又有学术价值的研究性论文。

研究性论文的学术性，首先体现于论述的严谨。一篇研究性论文，应当自成一个完整的理论认识系统。从提出问题到解决问题，从论述的展开到观点的明确，都要围绕着一个中心，要环环紧扣。论文的所有内容，都应纳入一个缜密的推理过程之中。同时，论文的学术性还体现于内容深度上。学术论文所反映的不是一般的现象和过程，也不是浅显的经验法则，而是对事物的本质和规律的深刻认识，只有上升到一定理论高度的观点和认识，才能成为论文的内容核心。

（四）可读性

撰写论文是为了交流、传播、储存新的科技信息，利于他人应用，因此，必须按规范格式撰写，并具有良好的可读性，使读者能通顺流畅地阅读，在短时间内毫不费力地获得最多的知识和信息。在文字表达上，要遵循思维、认识和语言的规律，做到语言准确、简明、通顺，层次分明，条理清楚，论述严谨。在研究技术表达方面，如名词术语、数字、符号的使用，图表设计，计量单位使用，文献著录等都应符合规范化的要求。

(五) 应用性

运动生物化学是一门实践性很强的应用性学科。除少数纯理论研究的论文之外，绝大多数研究性论文对运动实践都应该有直接的参考价值和指导意义，使读者读之有用，用之有效，从而产生良好的科研效应和社会效益。

二、论文结构要求

运动生物化学研究性论文应根据学术论文编写格式的国家标准和相关学术期刊的征稿要求来撰写。一般由前置部分和主体部分构成。前置部分包括题名、作者姓名及单位、摘要、关键词。主体部分包括引言、正文、结论、致谢、参考文献，其中正文是论文的核心内容，包括材料和方法、结果和讨论。因此，要写出好的论文，首先必须了解论文各结构要素的基本特点，掌握如何通过这些基本要素来反映论文的主题、内容、理论基础、研究对象特征、技术方法、主要结果和论文内容的普遍性、创新点、理论意义和实用价值，才能充分体现论文的内容特征和价值。

在撰写论文之前，应该考虑如何开始动笔，如何进行写作和如何完成整篇论文的撰写，使论文各个部分有机衔接成一个整体。论文的整体结构可通过多个层次的标题安排来展现，大标题通常表达主要观点和结构的主体，中标题或小标题则分别表达次要观点和结构的次要部分。

第二节　论文前置部分的撰写

论文前置部分是整篇论文之首，它高度概括了论文的主旨和内容。读者通过阅读论文的前置部分即可了解该篇论文的研究内容、结果和结论，因此，论文的前置部分是引领读者是否进一步阅读全文的门户。一般来说，规范的研究性论文前置部分应包括论文题目、作者署名、摘要和关键词。

一、论文题目拟定

论文题目或称标题是论文信息的集中点，也是论文的标签。因此，应重视对题目的提炼，要用最精炼而准确的文字对论文主题和主要内容进行概括表述。

(一) 论文题目拟定的要求

论文题目是体现一篇论文研究内容与水平的首要信息，因此，有人曾用“论文标题是文章的一半”来描述题目的重要性。在拟定论文题目时一方面应体现研究各要素及其关系，另一方面还要求遣词准确、精练、科学、醒目。

1. 准确

论文题目要能准确表达论文内容，恰如其分地反映所研究的范围和深度。因此，拟定论文题目时首先要求题目与研究内容要相互匹配、紧扣，即题要扣文，文要扣题。

2. 精练

论文题目应力求简洁精练，但不能使用代号或公式，也尽可能不用简称、缩写词。一般要求论文题目字数尽量少，不过不能单纯追求字数少而影响题目对内容的恰当反映，当遇到两者矛盾时，为表达明确可多用几个字。此外，题目还要求有一定的自明性。

3. 科学

题目拟定时要求体现研究目的、施加（干预）因素、受试对象和实验效应之间的科学逻辑关系，如《补肾壮脾中药复方对运动员身体机能的影响》一文，是采用了随机、对照的研究设计，具有较大的学术意义。但题目未反映设计科学、论证可靠的研究精华，显得有些平淡。若将其改为“补肾壮脾中药复方对运动员身体机能影响的随机对照研究”，则提高了该篇论文的科学性与可信性。

4. 醒目

论文题目所用词及其所表现的内容要有吸引力，能鲜明、准确地反映论文的主题特色，充分体现论文的学术性和创造性，使读者一看到标题就产生浓厚的阅读兴趣。

（二）论文题目的拟定方法

论文题目的拟定要求用高度概括的语言尽可能表达研究内容，题目文字构成应包括研究目的、施加（干预）因素、研究对象和实验效应之间的关系。拟题时可采用要素组合法加以提炼，可以研究目的和实验对象为主，也可以是方法、结果或论点为主，按论文的特定内容进行取舍，加以组合，形成题名，但要以题目和内容相符合为原则。题目的用词十分重要，一般不用主、谓、宾齐全的完整句子，而是用以名词性词组做中心语的偏正词组，切忌写成标语口号似的“题名”，同时也要避免使用笼统、空洞、模棱两可、夸张、华而不实的词语。如论文题目《不同运动强度对糖尿病大鼠血清骨代谢生化指标的影响》，这个题目文字简洁、确切、扼要，从题目文字表述上就基本可以明确论文的研究目的、对象、干预方法和效应指标等信息。

二、作者署名

作者署名是研究性论文的必要组成部分，置于论文题目下方，是作为拥有著作权的声明，表示文责自负的承诺，也是沟通读者和作者的桥梁，此外也便于进行文献检索、查阅。根据国际学术杂志编辑委员会的规定，署名的论文作者应该参与研究的选题、设计、实验实施以及实验数据处理和分析，同时也参与论文撰写或修改论文中重要和关键内容，并最终同意发表论文。署名时一般按对论文的贡献大小以真实姓名排序，同时列出作者的工作单位、地址、邮政编码等，或依照投稿杂志的投稿须知和作者指南，提供作者相关信息，如职称、主要研究方向等。名字和单位依次列于论文题目下面一、二行的居中位置，如有多位作者，作者之间可空 1 个字符或以逗号分隔；如作者来自不同单位，则可在作者右上角以阿拉伯数字按序号表示，然后在作者下一行按序号依次列出单位名称。如《不同运动强度对糖尿病大鼠血清骨代谢生化指标的影响》一文的作者及单位如下：

翁锡全　徐国琴　林文弢　王仁纲

广州体育学院运动生物化学重点实验室（广东广州　510075）

再如《补充共轭亚油酸与运动对高脂饮食大鼠血脂和脂代谢相关指标的影响》的一文作者署名及其单位如下：

李丽艳[1, 2]　周明华[2]　路新国[1]

1 扬州大学（江苏扬州 225009）

2 洛阳师范学院（河南洛阳 471009）

三、摘要的撰写

摘要是研究性论文的重要组成部分，根据 GB6447–86 的定义：“摘要是以提供文献内容梗概为目的，不加评论和补充解释，简明、确切地记述文献重要内容的短文”。可见摘要集中了论文中的重要信息点，具有独立性和自明性，可以独立使用和引用。而且由于其条理清晰，方法明确，结果突出，不仅便于阅读，让读者在最短的时间内掌握重要及有价值的信息，同时也使读者通过摘要可以更快捷、更便利地检索文献，并帮助其决定是否继续阅读全文。

根据研究性论文摘要的内容或结构特点，大致可以分为提示性摘要、资料性摘要和结构式摘要等 3 种类型，运动生物化学研究性论文通常采用结构式摘要。论文摘要实质上是整篇论文的浓缩，一般包括目的、方法、结果和结论等 4 个部分。目的是指研究、研制、调查的前提、目的和任务所涉及的主题范围；方法是指论文的主要实验研究过程及所采用的主要技术手段或方法，还包括主要设备及仪器仪表等，对新技术手段则应清楚地描述其基本原理、应用范围及所达到的精度和误差等；结果是指实验研究的结果、数据以及被确定的关系等，结果应力求简明而富有报道性；结论则是阐明结果蕴含的意义，特别是要阐明这种意义是怎样与研究目的相联系的。公开发行的学报，其论文应附有中英文摘要。中文摘要字数为 200 ~ 300 字，英文摘要约为 250 实词。

摘要的写作应注意突出或强调论文的创新内容或观点，排除在本专业领域内已成常识性或科普性的内容，不得简单地重复题目中已有的信息；不要使用图、表或结构式以及缩略语、简称、代号，如果确有必要，在摘要中首次出现时必须加以说明。文字应简明、精炼，语义确切，结构严谨，不分段落，应用第三人称写法。如《不同运动强度对糖尿病大鼠血清骨代谢生化指标的影响》一文的摘要如下：

目的：探讨不同运动强度对糖尿病大鼠血清骨代谢生化指标的影响。方法：以87只雄性SD大鼠为研究对象，通过6周高脂高糖膳食并注射链脲佐菌素建立糖尿病模型后，随机取43只分为糖尿病安静对照组，糖尿病运动1组、2组和3组。运动组每天运动1h，每周5天，运动强度分别为10m/min、15m/min、20m/min。实验6周后检测血糖、糖化血清蛋白与胰岛素等糖代谢相关指标以及血清骨代谢生化指标如骨钙素、碱性磷酸酶、钙和磷。结果：与糖尿病安静组相比，各糖尿病运动组空腹血糖、糖化血清蛋白和胰岛素抵抗指数降低，其中以糖尿病运动1组和运动2组的下降具有统计学意义（$P<0.05$，$P<0.01$），而胰岛素水平升高，其中以糖尿病运动3组具有统计学意义（$P>0.05$）；同时，糖尿病运动1组和运动2组血清骨钙素水平显著升高（$P<0.01$），而血清碱性磷酸酶、钙未见显著性变化（$P>0.05$），糖尿病运动2组和3组血磷显著升高（$P<0.05$）。结论：低、中强度运动可较好控制糖尿病大鼠血糖水平及提高血清骨钙素水平，从而改善糖尿病骨代谢状况，有利于防治糖尿病性骨质疏松。

四、关键词的选取

关键词是为了满足文献标引或检索工作的需要而从论文中选取出的词或词组。国际标准和我国标准GB/T3179–92规定，现代科技期刊都应在学术论文的摘要后标引3~8个关键词。

关键词必须能反映论文的主题，使读者从中可判断论文的主题、研究方向、方法等。关键词包括主题词和自由词两类。主题词是专门为文献的标引或检索而从自然语言的主要词汇中挑选出来的，并加以规范化了的词或词组；自由词则是未规范的即还未收入主题词表中的词或词组，如新学科、新技术中的重要术语和地区、人物、文献等。选择关键词时，一般从论文的标题、摘要和全文内容中选取能揭示论文核心内容的词语，以从标题中选择最常用，并且尽量做到选取的关键词与主题词表收录的词或词组相符。关键词以名词或名词短语居多，如果使用缩略词，则应为公认和普遍使用的缩略语，否则应写出全称，其后用括号标出其缩略语形式。关键词之间可加分号分隔。为了国际交流，还应标注与中文对应的英文关键词，除专有名词的字首外，余均小写，并以逗号分隔。如《不同运动强度对糖尿病大鼠血清骨代谢生化指标的影响》一文的关键词如下：

关键词　运动强度；糖尿病；大鼠；骨代谢生化标志物

Key words　exercise intensity，diabetes mellitus，rats，bone metabolism

第三节　论文主体部分的撰写

论文主体部分是论文的核心内容，是反映作者进行研究性实验的目的或背景、实验对象、方法以及研究成果。一般包括前言、材料与方法、结果、讨论、结论、致谢、参考文献等。撰写时要求内容真实、论述条理分明，逻辑严谨，能客观体现研究课题的目的意义、依据及研究的内容。

一、前言的撰写

前言，又称引言或导言，是指论文开端的一段简介性短文，其目的是为论文的写作立题，引出下文，具有提纲挈领、引导读者阅读论文的作用。作者应重视引言的写作，简练而精彩的引言能起到抛砖引玉的作用，让读者对论文产生良好的初始印象，产生阅读的兴趣。

（一）前言撰写的内容

前言作为论文的开头，应以简短的篇幅介绍论文的写作背景和目的，相关领域内前人所做的工作和研究的概况，说明本研究与前人工作的关系，目前的研究热点、存在的问题及作者的研究意义，以便读者了解该文的概貌，起到导读的作用。前言的撰写通常包括以下内容。

1. 研究背景

包括问题的提出，相关研究工作的历史背景以及取得研究成果，目前研究的热点和存在的问题等。

2. 研究目的

要明确、具体地提出研究的问题和范围，表明研究目的，这是在概述和评价前人研究成果与实践发展的基础上，顺理成章地提出研究的问题和范围。

3. 研究意义

概括本研究预期的结果及其地位、作用，说明其理论意义和运动实践意义，强调研究的价值和理由。

（二）前言的写作要求

前言的写作要求言简意赅，生动而有吸引力，引出论文的主题，对整个文章中起画龙点睛的作用，具体要求如下：

1. 开门见山，紧扣主题

直接介绍本研究课题的意义，一开始就要让读者接触到论文的中心，了解文章的基本内容是什么，应避免大篇幅地讲述历史渊源和立题研究过程。

2. 言简意赅，突出重点

在前言中提示本文的工作和观点时，意思应明确，语言应简练。同行熟知及一般教科书中已有的知识则不必赘述，如确有必要提及他人的研究成果和基本原理时，可以参考引文方式标出文献即可。而对于学科的新概念，则应作适当的介绍。

3. 尊重科学，实事求是

在论述研究意义时，应注意分寸，不能蓄意贬低前人，作者如没有在国家认可的科技查新机构进行全面的查新，在前言中尽可能避免出现“填补了国内外空白”“首次发现”等夸大之词，全新的或前人尚无涉及的研究领域，可用类似“该方面的研究目前尚无文献报道”来表述，不要用“该方面的研究目前人们还不够重视”这种主观判断的语言来表述。同时也要注意避免客套话，如“才疏学浅”“水平有限”“恳请指求”“抛砖引玉”等之类的语言。

4. 前后呼应，避免雷同

引言一般应与结论相呼应，在引言中提出的问题在结论中应有解答，但应避免引言与结论雷同，同时，还应避免将结论纳入引言。

5. 文字简短，符合规范

前言的字数一般以 200 ~ 500 字为宜。引言一般不列标题，最好不分段论述，不要插图、列表，不进行公式的推导与证明，不使用非通用的符号、术语或缩略词，英文缩写首次出现时应给出中文全称和英文全拼。

如《不同运动强度对糖尿病大鼠血清骨代谢生化指标的影响》一文的前言如下：

随着现代社会生活水平提高和生活方式的改变，全世界范围内糖尿病的发病率呈逐年增加趋势，糖尿病的急慢性并发症严重危害患者健康，糖尿病性骨质疏松（diabetic osteoporosis，DO）就是其中之一。自 1948 年 Albright 首次报告因长期血糖控制不佳的糖尿病患者易发生骨质疏松症以来，临床发现 1 型和 2 型糖尿病都可能并发骨质疏松，并且糖尿病性骨质疏松在糖尿病的各种并发症中的发病率及其致骨折和致残性较高，因此，科研人员在糖尿病骨代谢方面进行了大量的研究，并在研究糖尿病引发骨质疏松的机制及临床监测诊断与药物治疗方面取得了较大进展，然而目前尚未见到运动对糖尿病骨代谢影响的研究报道。本研究通过高脂高糖膳食并注射链脲佐菌素（streptozotocin，STZ），建立 2 型糖尿病大鼠模型，观察 6 周不同强度跑台运动对糖尿病大鼠血糖、糖化血清蛋白、胰岛素与血清骨代谢生化指标骨钙素、碱性磷酸酶、钙和磷的变化，探讨运动对糖尿病骨代谢的影响。

点评：作者在首句介绍了本研究的意义后，着重介绍该课题在国内外的研究进展情况，主要采用逐一简介加标注参考文献的方法使文字上很简洁，然后点明本研究与前人的不同点和推进，以“目前尚未见到运动对糖尿病骨代谢影响的研究报道”来表示该文内容的新颖性，为表述创新性作铺垫。

（三）前言写作中应注意的问题

前言虽然很重要，却是作者不易写好而又容易忽视的部分。在前言写作中经常会出现各种混乱写法和结构缺陷，一般作者在前言写作中常常出现以下方面的问题，应注意避免。

1. 过于简单

前言只用三言两语来说明研究目的，缺乏背景材料、目前现状或存在的问题，未达到导读的作用。

2. 冗长繁杂

前言撰写如同一篇文献综述，过多地引证国内外文献进展，或过多地回顾历史，或详细地交代某一研究领域的来龙去脉，或重复一些众所周知的道理。

3. 不符主题

前言内容未贴紧文章主题，而是将研究中的一些非主要内容或主题无关的内容出现在前言中。

4. 使用缩写

前言中使用不通用的缩略语或英文缩写，这使读者不知其解，产生困惑。

5. 自吹自擂

有些作者过分高估课题的研究意义和价值，作了不切实际的自我评价，如出现“国内外未见报道”“首次发现”“未见报道”“首次报道”“达到国际先进水平”和“填补国内空白”“首例”等自我评语。

6. 结论置前

文章结论出现在前言中。

二、材料与方法的撰写

材料是表现研究主题的实物依据，方法是指完成研究主题的手段，材料与方法是运动生化研究性论文科学性的基础。该标题因研究类型不同而略有差别，在有些研究性论文中称为“对象与方法”或“资料来源与方法”，主要回答论文的研究结果是怎样获得的，其过程如何，让读者了解本研究的可靠性，明白作者是用什么方法来验证科学假说，同时，也为他人验证或重复此项研究提供资料。

（一）材料与方法的撰写要求

材料与方法一般采用第三人称来进行撰写，写好这部分内容的关键是要把握“重现性”和“简洁性”。所谓重现性是指对实验方法和过程的描述要完整具体，读者按照文章介绍的方法步骤去做实验，能够重现实验结果，当然，涉及到保密和专利内容就可以不写进去。简洁性则是要求这部分内容要简洁，不能占太大篇幅，一般约 1500 字。因此，一些常用或通用的实验方法和步骤可不展开介绍，如有现成的试验标准只需说明按某某标准去做，对实验结果不产生影响的因素或器具可不提。

（二）材料与方法的撰写内容

材料与方法的撰写内容主要包括实验对象、实验方法与步骤、所用的材料和仪器及其相关条件、统计分析方法等。

1. 实验对象

当实验对象为人体时应写清楚以下内容。首先是入选实验对象的样本数、来源、纳入条件，其主要目的是除了估计抽样误差外，还能帮助读者了解论文结论的适用范围，另外，如实验期间有实验对象无法继续进行实验的，应注明人数，并说明原因。其次是实验对象的一般特征，如年龄、性别、运动负荷水平及其他身体体能特征指标。再者是实验对象的分组方法，包括是否随机分配，采用何种随机分配方法，是简单随机化，还是区组随机化或分层随机化，切不可简单地写“随机分组”了事，而应有分组情况描述及基线资料分析。第四是参与者要有自愿原则、知情原则、伦理委员会通过原则，应用符合国际或国内的相关法律或条例，此项内容可以参考文献注明或附件说明。

如果实验对象是动物时，撰写时应说明动物名称、种系、品系、数量、来源、性别、年龄、身长、体重、健康状况、分组标准，喂养条件及级别等，分组标准和方法、干预方法、观察、记录的手段、样品采集与制备方法及注意事项。

2. 材料

应列出所用材料的详细信息，包括：

（1）实验仪器或设备名称、生产厂家、型号、性能参数、操作方法等，如对仪器有改进或专门为研究制造的仪器应细致地描述或提供对改进的图解。

（2）实验试剂、药物的名称、成分、规格、纯度、来源、出厂时间、批号、浓度、剂量、配制方法、给药方法、途径、用药总量。

（3）如在运动生化营养研究中涉及到中药，则应给出中药来源和制剂类型。如中药组方应明确各个单味药的比例含量及制备过程，如单味中药应给出其主要成分的化学结构式。

3. 实验方法

研究性论文的实验方法一定要撰写清楚，目的在于使别人能够重复操作。如果是采用前人的，只需注明出处；如果是改进前人的，则要交待改进之处；如果是自己提出的，则应详细说明，必要时可用示意图、方框图或照片图等配合表述。具体要求如下：

（1）对实验动物造模，应将处理因素、步骤以及建模标准具体描述。如在运动生化研究中经常用到糖尿病大鼠模型，该模型的建立有多种方法，论文中的研究是采用一次性注射链脲佐菌素还是多次注射或是高脂高糖膳食复合注射链脲佐菌素，给药剂量、方式如何、模型成功评定依据等等都必须详细列明。

（2）较复杂的分组、实验程序可用实验流程表显示。

（3）对较成熟的方法（尤其是标准实验程序）应在描述主要步骤后，尽量引入相应文献以说明以往研究曾用过这种方法，适当精炼文章中对所用检测方法的文字叙述。

（4）凡是涉及到非作者独创的、已有研究者用过的实验方法均应尽量引用文献，以示对既往该实验方法创建者的尊重，同时体现文章的科学性。

4. 统计学分析

说明统计软件名称及版本、分析者及统计学方法。

三、结果的撰写

结果是一篇论文的核心部分，其内容是将研究所得的资料和数据用文字和图、表等形式表达出来。它既是作者对自己原先设计的目的或所提出问题的直接回答，也是下文逻辑推理、深入讨论的依据。它可自成体系，读者不必参考论文其他部分，也能了解作者的研究成果。因此，结果部分实际上反映了论文的水平和价值，写好结果部分十分重要。结果的撰写要求如下。

（1）对结果的叙述要按照其逻辑顺序进行，使之既符合实验过程的逻辑顺序，又符合实验结果的推导过程，可分段、分节，可加小标题，在每一个段落中应遵循从最重要的结果到最不重要结果的叙述顺序。

（2）对实验或观察结果的表达要高度概括和提炼，不能简单地将实验的原始数据或观察事实堆积到论文中，要重点突出有科学意义和具代表性的经过统计学处理的数据，对结果解释要客观，不要外加作者的评价、分析和推理。

（3）对实验结果的叙述要客观真实，不可将不符合主观设想的数据或其他结果随意删除，也不可略述。

（4）数据表达可采用文字与表格（三线表）或图示（曲线图、直方图等）相结合的形式，但同一组数据不能同时用表格和图形两种形式重复表达。文字部分只是用来描述图表资料的重要特性或趋势，切忌在文字中简单地重复图表中的数据，而忽略叙述其趋势、意义以及相关推论。

（5）对有些原始数据要作适当解释，以帮助读者理解作者此次研究结果的意义或重要性。

（6）文字表达应准确、简洁、清楚。避免使用冗长的词汇或句子来介绍或解释图表。此外，不要把图表的序号作为段落的主题句，在用文句叙述图表所揭示的结论后以括号标示出图表的序号。

（7）确保数据在通篇文章中的准确性和一致性。注意度量单位与有效数字，采用国际单位制，如果测试指标结果不是国际单位，应注意换算，同时，同一组实验数据应使用相同的有效数字。

（8）根据在文章中出现的顺序对图表统一连续编号，并赋予每一个图表简短扼要的标题，将表题置于表的上方、图题置于图的下方、图例置于图幅中，或单独列出图表题名。

四、讨论的撰写

讨论是论文的精华部分，也是全文中最难写和唯一可以由作者自由发挥的部分。对这一部分的撰写，要求作者要有丰厚的知识背景，对本领域的研究历史及进展非常熟悉，并对本研究领域的发展有一定的预见性。写得好的讨论可以使整篇论文富有吸引力，给读者以深刻的启发和引导。

（一）讨论的内容要求

讨论的重点是对研究结果的解释和推断，并说明作者是否支持或反对某种观点、是否提出了新的问题或观点等，主要包括以下方面的内容。

(1) 回顾研究的主要目的或假设，评估自己结果的正确性、可靠性，所得到的结果是否符合预期，与他人结果比较异同，并解释其原因。

(2) 对实验研究所得的数据或现象进行理论分析和解释。

(3) 对结果提出说明、解释或猜测，并据此得出相应的结论或推论。

(4) 指出研究的限制以及这些限制对研究结果的影响，并建议进一步的研究题目或方向。

(5) 指出实验结果的理论意义（支持或反驳相关领域中现有的理论、对现有理论的修正）及对运动训练和健身锻炼实践的指导作用和应用价值。

（二）讨论的写作要求

撰写讨论时要避免含蓄，尽量做到直接、明确，以便读者了解论文为什么值得重视。具体要求如下：

(1) 对结果的解释要重点突出，简洁、清楚。为有效地回答研究问题，可适当简要地回顾研究目的并概括主要结果，但不能简单地罗列结果，因为这种结果的概括是为讨论作铺垫的。

(2) 推论要符合逻辑，避免实验数据不足以支持所提出的观点和结论。根据结果进行推理时要适度，论证时一定要注意结论和推论的逻辑性。在探讨实验结果或观察事实的相互关系和科学意义时，无须得出试图去解释一切的大结论。

(3) 观点的表述要清楚、明确。尽可能清楚地指出作者的观点或结论，并解释其支持还是反对前人的工作。结束讨论时，避免使用诸如“还需要作进一步研究”之类苍白无力的句子。

(4) 对结果科学意义和实际应用效果的表达要实事求是，适当留有余地。避免使用“首次”等类似的优先权声明。在讨论中应选择适当的词汇来区分推测与事实。例如，可选用“证明”“证实”等表示作者坚信观点的真实性；选用“表明”“发现”等表示作者对问题的答案有某些不确定性；选用“提示”“说明”等表示推测；或者选用“可能”“将”“应该”“会”等来表示论点的确定性程度。

（5）讨论部分内容常需要引用大量的参考文献，一般不整段引用文献，应引用其观点或结论等，并按照所投期刊要求标注参考文献的格式进行标注。如果必须引用已发表过的参考文献中的原话时，最好用引号将原文显示出来并指明参考文献出处。

五、结论的撰写

结论又称结束语、结语，是作者对整篇论文的主要发现和研究成果的概括总结，其目的是要让读者对全文的重点有一个深刻的印象。

（一）结论的撰写内容

结论不是研究结果的简单重复，而是对研究结果更深入一步的认识，是从正文部分的全部内容出发，并涉及引言的部分内容，经过判断、归纳、推理等过程，将研究结果升华成新的总观点。其内容要点如下：

（1）本研究结果说明了什么问题，揭示出什么规律，解决了什么理论或实际问题。

（2）对前人有关本问题的看法作了哪些检验，哪些与本研究结果一致，哪些不一致，作者做了哪些修正、补充、发展或否定。

（3）本研究的不足之处或遗留问题。如存在本论文尚难以解释或解决的问题，也可提出进一步研究本课题的建议。

对于某一篇论文的“结论”，一般来说，上述要点（1）是必需的，而（2）和（3）视论文的具体内容而定，可以有也可以没有。

（二）结论的撰写要求

结论本身具有条理性、明确性，能客观地反映论文或研究成果的价值，同摘要一样，可为读者和二次文献作者提供依据。应注意的是，撰写结论时不能涉及前文不曾提出的新事实，也不能在结论中重复论文中其他部分的句子，或者叙述其他不重要或与自己研究没有密切联系的内容，以故意多写结论。此外，如果论文得不出结论，也不要勉强写，可对实验结果进行一番深入讨论。具体要求如下：

（1）结论是论文最终的、总体性的总结，对论文创新内容的概括应当准确、完整，不要漏掉一条有价值的结论，但也不能凭空杜撰。另外，措词要严谨，语句要清楚，不能模棱两可，含糊其词，一般不用“大概”“也许”“可能是”这类词语，以免使人有似是而非的感觉，从而怀疑论文的真正价值。

（2）结论有相对的独立性，专业读者和情报人员可以只看摘要和（或）结论就能大致了解论文反映的成果和成果的价值，所以结论段应提供明确、具体的定性和定量的信息。对要点要具体表述，不能用抽象和笼统的语言，并尽量做到行文简短、简练。

（3）研究成果或论文的真正价值是通过具体“结论”来体现的，所以不宜用如“本研究具有国际先进水平”“本研究结果属国内首创”“本研究结果填补了国内空白”一类语句来作自我评价。

(4)“建议”部分可以单独用一个标题，也可以包括在结论段，如作为结论的最末一条。如果没有建议，也不要勉强杜撰。

六、致谢的撰写

运动生物化学研究性实验除了学生个人或研究小组的独立或协作实验外，还需要其他人员特别是实验人员的协助及指导。所以，在完成一篇论文时，应对在研究性实验过程中给予帮助和支持人员表示谢意。

七、参考文献的引用

参考文献是指在某一篇论文中，作者主要参考的文献，以及援引已知事实时，标记出来，构成其来源或出处的文献。通过参考文献，可以从一个侧面反映论文的创新性、科学性和继承性，说明命题范围内前人的工作成果和背景，同时也便于同行了解该研究领域的动态以及查找与此研究方向相关的文献。

(一) 参考文献的引用原则

参考文献能为作者的论点提供有力的论据，同时还可精练文字，节约篇幅。但如何选用文献则对充分发挥论文参考文献的作用显得至关重要，在论文撰写中引用参考文献要遵循以下基本原则。

(1) 最新。一般应以近年来国内、外期刊论文为主，一般不引用较久远的文献。

(2) 精选。被列入的参考文献只限于著者亲自阅读过和论文中引用过，而且正式发表的出版物，或其他有关档案资料，包括专利等文献。私人通信、内部讲义及未发表的著作，一般不宜作为参考文献著录，但可用脚注或文内注的方式，以说明引用依据。

(3) 规范。采用标准化著录格式，严格执行参考文献著录规则的国际标准及国家标准 GB7714-87《文后参考文献著录规则》。所引用文献必须由作者亲自核对原文内容和年、卷、期、起、止页、格式与标点符号等，并严格按所投期刊稿约要求的格式标引。

(二) 文内参考文献的标注格式

对论文中参考文献的著录格式，因期刊不同而异。因此，作者应根据所投刊物的要求，按照规定的格式进行标注。目前期刊中常用的参考文献著录格式为“顺序编码”制，即按引用文献先后顺序编号的标注体系。在论文正文中引用文献的著者姓名或成果叙述文字的右上角，用方括号依正文中参考文献出现的先后顺序标注阿拉伯数字。在文后参考文献表中著录时，按此序号顺序列出。引用同一著者的多篇文献或引用多位著者的文献时，只须将各篇的顺序号相互间用逗号分开，全部序号均置于方括号内。如遇连续号，可用“—”符号连接，略去中间序号。如“不同运动强度对糖尿病大鼠血清骨代谢生化指标的影响”一文前言中：科研人员在糖尿病骨代谢方面进行了大量的研究[3-6]，并在研究糖尿病引发骨质疏松的机制及临床监测诊断与药物治疗方面取得了较大进展[7, 8]。

(三) 文后参考文献表的书写格式

采用顺序编码制时，在文后参考文献表中，各条文献按在论文中的文献序号顺序排列，项目应完整，内容应准确，各个项目的次序和著录符号应符合规定，按照中华人民共和国 GB7714-2005《文后参考文献著录规则》的规定进行编写。

1. 文后参考文献表的著录内容

按文章引用的顺序号排列参考文献，不分语种，需著录的内容如下：

(1) 参考文献的序号。

(2) 主要责任者，指对文献的知识内容负主要责任的个人或团体，多个责任者之间以“,”分隔，责任者超过 3 人时，只著录前 3 个责任者，其后加“等”字（英文用 et al）。

(3) 文献名及版本（初版省略），包括书名、论文题名、专利题名、析出题名等。文献名不加书名号“《 》”。

(4) 文献类型及载体类型标识，根据 GB 3469—83 规定，以英文大写字母方式标识各种参考文献类型：如专著 [M]，论文集 [C]，报纸文章 [N]，期刊文章 [J]，学位论文 [D]，报名 [R]，标准 [S]，专利 [P]。纸质载体的文献不必注明其载体类型，但电子类型文献需注明其载体类型，基本格式为 [文献类型标识/载体类型标识]，如：[DB / OL] —联机网上数据库；磁带数据库 [DB / MT] —； [M / CD] —光盘图书；[CP / DK] —磁盘软件； [J / OL] —网上期刊； [EB / OL] —网上电子公告。

(5) 出版事项（出版地、出版者、出版年、卷期号等）。

(6) 文献出处或电子文献可获得地址。

(7) 参考文献起止页码。

2. 文后参考文献表排写格式

参考文献的序号左顶格，以数字加方括号表示，如 [1]， [2]，…，每一参考文献条目最后均以“.”结束。各类参考文献条目的编排格式及示例如下：

(1) 专著（图书著录格式）

[序号] 主要责任者. 书名 [M] . 出版地：出版者，出版年：起止页码.

示例： [1] 谢敏豪，林文弢，冯炜权. 运动生物化学 [M]. 北京：人民体育出版社，2008. 143-148.

(2) 连续出版物（期刊著录格式）

[序号] 主要责任者. 论文名 [J]. 期刊名，出版年份，卷号（期号）：起止页码. 示止页码.

示例： [2] 翁锡全，徐国琴，林文弢，等. 不同运动强度对糖尿病大鼠血清骨代谢生化指标的影响 [J]. 中国运动医学杂志，2009，28 (5)：522-525.

(3) 析出文献

［序号］析出文献主要责任者. 析出文献题名［G］（或［C］）//原文献主要责任者（任选）. 原文献题名. 出版地：出版年. 析出文献起止页码.

示例：［3］翁锡全. 运动环境与身体机能关系的分析［G］//冯炜权，谢敏豪，王香生，等. 运动生物化学研究进展. 北京：北京体育大学出版社，2006.568–583.

(4) 专利文献

［序号］专利所有者. 专利题名［P］. 专利国别：专利号，发布日期.

示例：［4］陈佩杰. 生理状态下外周白中白细胞介–2 基因表达的荧光定量 PCR 检测［P］. 中国：Z1200310109561.7，2006.11.22.

(5) 电子文献

［序号］主要责任者. 电子文献题名［文献类型/载体类型］. 发表或更新日期/引用日期（任选）. 电子文献的出版或可获得地址.

示例：［5］张超，董海英，董宇启. 应用双氯芬酸钠后骨质疏松性骨折大鼠的肝肾变化［J/OL］. 2009–12–19. http：//www.crter.org/html/2009_12_19/2_2371_2009_12_19_86756.html.

(6) 论文集

［序号］主要责任者. 文献题名［C］//主编. 论文集名. 出版地：出版者，出版年：起止页码.

示例：［6］孙品一. 高校学报编辑工作现代化特征［C］. 中国高等学校自然科学学报研究会. 科技编辑学论文集（2）. 北京：北京师范大学出版社，1998：10–22.

(7) 国际、国家标准

［序号］标准代号，标准名称［S］. 出版地：出版者，出版年.

示例：［7］GB7714–2005，《文后参考文献著录规则》［S］. 北京：中国标准出版社，2005.

撰写论文是一项艰巨的工作，也是一门难以完全掌握的技能。许多作者在撰写论文多年以后，仍然觉得要写好一篇论文，要让论文被不同专业和文化背景的读者读懂，并不是一件容易的事。但论文的撰写技能是可以提高的，不过没有捷径可走，唯一的方法就是多写、多练。作为学生，要写好运动生物化学研究性论文，只有在参加研究性实验基础上，根据研究性论文撰写的基本要求，多练笔，才能不断提高自身的论文写作能力和水平。

思考题

(1) 运动生物化学研究性论文撰写有哪些方面的内容要求？

(2) 简述运动生物化学研究性论文的撰写格式。

(3) 论文题目的拟定有哪些要求？

(4) 研究性论文的结构式摘要一般包括哪几部分？

(5) 简述研究性论文前言撰写的要求、内容及注意问题。
(6) 简述研究性论文材料与方法撰写的总体要求及包括内容。
(7) 简述研究性论文中对结果的撰写要求。
(8) 简述研究性论文中讨论部分的内容及写作要求。
(9) 简述研究性论文中结论部分的撰写内容及写作要求。
(10) 参考文献的引用原则有哪些？说明文内参考文献的标注格式。

参考文献

[1] 谭丙煜. GB/T7713- 87 科学技术报告学位论文和学术论文的编写格式宣传贯彻手册 [S]. 北京：中国标准出版社，1990.
[2] 谭丙煜，朱诚. GB/T3179- 92 科学技术期刊编排格式宣传贯彻资料 [S]. 北京：中国标准出版社，1994.
[3] 中国高等学校自然科学学报研究会. 中国高等学校自然科学学报编排规范 [M]. 北京：北京工业大学出版社，1993：6–23.
[4] 屈燕，朱进彬. 科技论文的写作规范 [J]. 卫生软科学. 2009，23（2）：234–237.
[5] 田郁玫. 体育科技论文写作的规范化探析 [J]. 冰雪运动. 2006，5：89–93.
[6] GB7714–2005，《文后参考文献著录规则》 [S]. 北京：中国标准出版社，2005.
[7] 何兴华，李光明，冯胜刚. 应规范医学学术论文主体部分中“讨论”与“结论”的撰写要求 [J]. 西部医学，2008，20（4）：892–893.
[8] 关开澄. 编辑视角：科技论文的写作与投稿 [J]. 大庆石油学院学报，2006，30（3）：135–138.
[9] 翁锡全，徐国琴，林文弢，等. 不同运动强度对糖尿病大鼠血清骨代谢生化指标的影响 [J]. 中国运动医学杂志，2009，28（5）：522–525.
[10] 李丽艳，周明华，路新国. 补充共轭亚油酸与运动对高脂饮食大鼠血脂和脂代谢相关指标的影响 [J]. 中国运动医学杂志，2008，27（6）：744–747.

附录一　运动生物化学实验报告格式

实验名称：

班级：　　姓名：　　合作者：　　实验时间：　年　月　日　第　节

实验目的：
实验原理：
实验材料与仪器：
受试对象　姓名：　年龄：　性别：　专项：　运动水平：
实验简要过程：
实验结果记录与计算：
分析与讨论：
评语： 教师签名：　年　月　日

附录二　人体常用生化指标正常参考值及单位换算系数

下表列出了人体的生化指标参考值及单位换算系数，供应用时查阅。

表中标样符号的含义：B=全血（静脉），S=血清，P=血浆，U=尿液。

一般的生化检验参考值

标样	项目	法定单位值	系数	旧制单位值
蛋白质类				
B	血红蛋白（男）	120~160g/L	10	12.0~16.0g/dl
	血红蛋白（女）	110~150g/L	10	11.0~15.0g/dl
S	总蛋白	60~82g/L	10	6.0~8.2g/dl
S	白蛋白	35~52g/L	10	3.5~5.2g/dl
		0.54~0.86mmol/L	0.1538	3.5~5.6g/dl
S	球蛋白	23~36g/L	10	2.3~3.6g/dl
S	免疫球蛋白			
	IgG	8~16g/L	0.01	800~1600mg/dl
	IgA	1.4~4.2g/L	0.01	140~420mg/dl
	IgM	0.5~1.9g/L	0.01	50~190mg/dl
	IgD	3~40g/L	10	0.3~4.0mg/dl
	IgE	0.1~0.7g/L	10	0.01~0.07mg/dl
S	铜盐蓝蛋白（铜氧化酶）	1.53~3.34μmol/L	0.0667	23~50mg/dl
S	铁蛋白	0.043~0.653nmol/l	0.002174	20~300ng/dl
S	肌红蛋白	0.35~4.97nmol/l	0.05848	6~58ng/dl
U	总蛋白	0.01~0.15g/24h	0.001	10~150mg/dl
U	白蛋白	0.01~0.10g/24h	0.001	10~100mg/dl
U	肌红蛋白	<87.7nmol/24h	58.48	<1.5mg/dl
含氮化合物				
S	α-氨基酸	2.1~3.9nmol/l	0.714	3~6mg/dl
B、P	氮（胺离子）			
	扩散法（次氯酸盐显色）	34~100μmol/l	0.7139	氨氮 48~140μg/dl
	滤液法	34~81μmol/l	0.7139	氨氮 48~113μg/dl
	酶法	22~44μmol/l	0.5544	胺离子 40~80μg/dl
	树脂法	11~35μmol/l	0.5874	18~60μg/dl

（续表）

标样	项目	法定单位值	系数	旧制单位值
S、P	肌酐（男）	62~124μmol/l	88.4	0.7~1.4mg/dl
	肌酐（女）	53~115μmol/l	88.4	0.6~1.3mg/dl
	肌酐（儿童）	35~106μmol/l	88.4	0.4~1.2mg/dl
S	5-羟色胺	<1.36μmol/l	4.54	<0.3μg/dl
S、B	尿素（碳酰胺）	1.8~8.9mol/l	0.357	5~25mg/dl
S	尿酸（男）	210~450μmol/L	59.48	3.5~7.5mg/dl
	尿酸（女）	150~390μmol/L	59.48	2.5~6.5mg/dl
	尿酸（儿童）	120~360μmol/L	59.48	2.0~6.0mg/dl
U	尿酸	1.5~4.5mmol/24h	0.00595	250~750mg/d
U	肌酐	0.13~0.22mmol/kg·24h	0.00884	15~25mg/kg·d
U	肌酐、肾血流速酯类	1.7~2.1ml/s	0.01157	150~180mg/d
S、P	总胆固醇			
	酶法	3.10~5.70mmol/L	0.02586	120~220mg/dl
	高铁法	3.36~5.95mmol/L	0.02586	130~230mg/dl
S	总胆固醇	0.60~0.75	0.01	60%~75%
S	HDL-C			
	<40岁（男）	1.17（0.78~1.53）mmol/L	0.02586	45（30~59）mg/dl
	<40岁（女）	1.43（0.86~2.2）mmol/L	0.02586	55（33~77）mg/dl
S	HDL-C<40岁	1.81~4.92mmol/L	0.02586	70~190mg/dl
S	VLDL-C	0.21~0.78mmol/L	0.02586	8~30mg/dl
S	磷脂（P）	2.9~5.2mmol/L	0.3229	9~16mg/dl
S	总脂	4~10mmol/L	0.01	400~1000mg/dl
S	总脂肪酸	7~15mmol/L	0.0352	190~420mg/dl
S	甘油三酯	0.45~1.70mmol/L	0.0113	40~150mg/dl
S	乙酰乙酸与丙酮	0.05~0.34mmol/L	0.172	0.3~2.0mg/dl
糖类及其他				
S	葡萄糖	3.89~6.11mmol/L	0.0555	70~110mg/dl
S	乳酸（静脉血）	0.56~2.22mmol/L	0.111	5~20mg/dl
	乳酸（动脉血）	0.33~0.78mmol/L	0.111	3~7mg/dl
S	总胆红素	0.9~20.5μmol/L	17.1	0.05~1.2mg/dl
U	葡萄糖	<1.39mmol/24h	5.551	<0.25mg/d
U	总儿茶酚胺	<0.59μmol/24h	0.0059	<100μg/d
U	尿胆原	0.08~4.22μmol/24h	1.687	0.05~2.5mg/dl
氧化还原酶				
S	乳酸脱氢酶（LDH）			
	2,4-二硝基苯肼法	1.7~5.0μKat/L	0.01111	150~450U/dl
	比色法	2.5~6.0μKat/L	0.01111	225~540U/dl
	紫外法	2.1~4.8μKat/L	0.016667	125~290U/L
S	苹果酸脱氢（MDH）			
	紫外法（成人）	0.21~0.83μKat/L	0.016667	12.5~50.0U/L

（续表）

标样	项目	法定单位值	系数	旧制单位值
转移酶				
S	谷草转氨酶			
	Reitman 法	0.06~0.22μKat/L	0.008	8~28Karmen 单位
		23~0.32μKat/L（临床可疑值）	0.008	29~40rmen 单位
	酶联紫外法	0.10~0.42μKat/L	0.016667	6~25U/L
S	谷丙转氨酶			
	Reitman 法	0.04~0.20μKat/L	0.008	5~25Karmen 单位
		0.21~0.28μKat/L（临床可疑值）	0.008	26~35Karmen 单位
	酶联紫外法	0.05~0.50μKat/L	0.016667	3~30U/L
S	肌酸激酶（CK）			
	双乙酰法	0~0.89μKat/L	0.27778	0~3.2 单位/ml·h
	酶联紫外法（男）	0.17~1.67μKat/L	0.016667	10~100U/L
	酶联紫外法（女）	0.17~1.00μKat/L	0.016667	10~60U/L
同工酶				
S	乳酸脱氢酶同工酶			
	琼脂糖电泳法			
	LDH_1			26.4%~43.6%
	LDH_2			24.4%~51.6%
	LDH_3			15.4%~24.2%
	LDH_4			0.7%~7.1%
	LDH_5			0.3%~6.3%
S	肌酸激酶同工酶			
	CK_1（BB）	0	0.016667	0
	CK_2（MB）	0~0.10μKat/L	0.016667	0~6U/L（6%总酶）
	CK_3（MM）	0.17~1.57μKat/L	0.016667	10~94U/L（94%~100%总酶）

附录三　相对离心力与离心机转数的换算

离心力和转数可以用下列公式换算，也可以用离心机列线图来推算。

$RCF=11.18\times(N/1000)^2\times r$

RCF：相对离心力，单位为重力加速度 g。

N：转头旋转速度（转数），用 rpm 表示（revolation per minute）。

r：转头半径，为离心管中轴底部内壁到离心机转轴中心的距离，单位为厘米(cm)。

下面介绍离心机列线图的用法：

（1）在半径轴上标出本次离心使用转头的半径数。

（2）将预得到的离心力（g）标记在 RCF 轴上。

（3）将半径轴上标记点与 RCF 轴上标记点用直线连接，其延长线与 N 轴的交叉点即表示应设定的转数。

（4）如已设定好转数应将半径轴的标记点与 N 轴转数标记点连接成直线。该线与 RCF 轴的交叉点即为该转数情况下所得到的相对离心力。

注意：RCF 轴和 rpm 轴左右两侧各有数字，如 RCF 轴标记使用左侧数字，rpm 也应适用左侧数字；反之亦然。见下图。

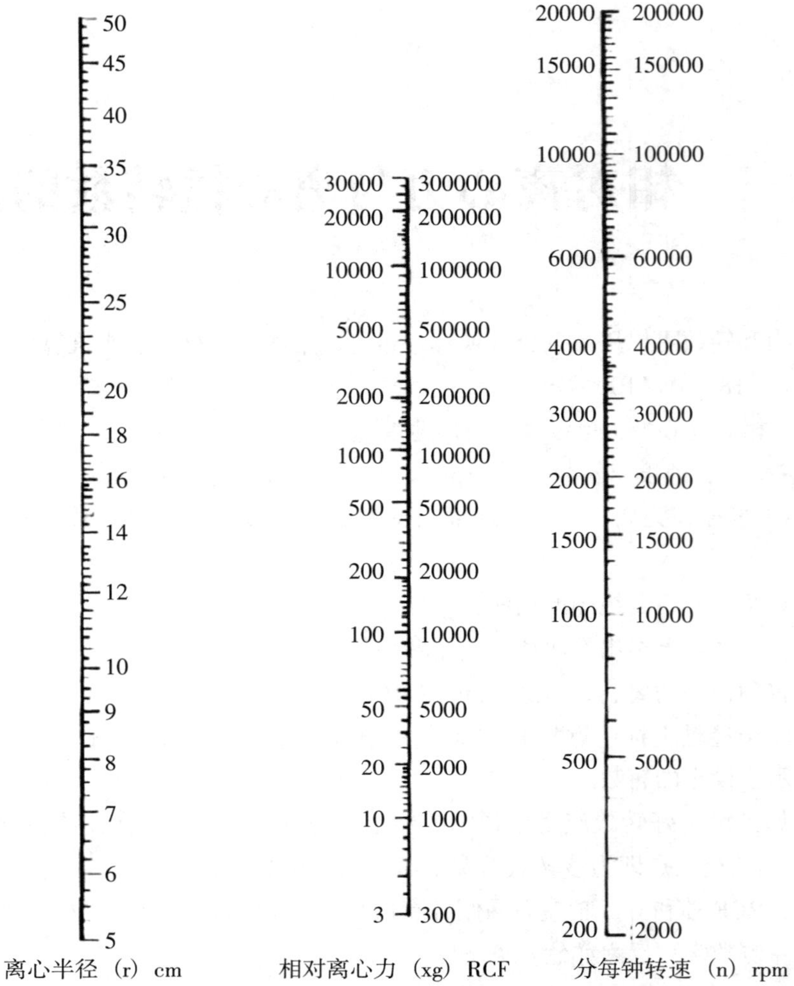
50
45
40
35
30
25
20
18
16
14
12
10
9
8
7
6
5
离心半径（r）cm
30000 3000000
20000 2000000
10000 1000000
5000 500000
2000 200000
1000 100000
500 50000
200 20000
100 10000
50 5000
20 2000
10 1000
3 300
相对离心力（xg）RCF
20000 200000
15000 150000
10000 100000
6000 60000
4000 40000
3000 30000
2000 20000
1500 15000
1000 10000
500 5000
200 2000
分每钟转速（n）rpm

离心机列线图

附录四　分析实验室试剂水的规格

1992 年，我国参照采用国际标准 ISO 3696（1987）《分析实验室用水规格和实验方法》作为我国分析实验室用水的国家标准，即《分析实验室用水规格和实验方法》（GB 6682-92）。此标准对我国分析实验室用水进行了规范。在这个标准中，分析实验室用水被分为三个级别：一级水、二级水和三级水。各级水的规格见附表 4-1。实验室可根据实际工作需要选用不同级别的水。

附表 4-1　分析实验室用水规格（GB6682-92）

名称	一级	二级	三级
pH 值范围（25°C）	-	-	5.0~7.0
电导率（25°C，mS/m）	≤0.01	≤0.10	≤0.50
可氧化物质［以（O）计，mg/L］	-	<0.08	<0.40
吸光度（254nm，1cm 光程）	≤0.001	≤0.010	
蒸馏残渣（105°C±2°C，mg/L）	-	≤1.0	≤2.0
可溶性硅［以（SiO_2）计，mg/L］	<0.01	<0.02	

注：-为未作规定。

生化实验室虽然与分析实验室有许多相同之处，但也有其特殊的方面。例如，分析实验室的用水标准适用于化学分析和无机痕量分析等，生化实验室同样有化学分析和无机痕量分析，但更多测试项目是和酶、微生物、蛋白质、血液等生物样品有关的。因此，有机物、微生物的污染会严重干扰样本的测试。而分析实验室用水标准对微生物等的污染并没有规定。基于生化实验室这一特殊性，分析实验室的用水标准不能完全适用。而我国目前尚未制定出生化实验室用水标准。

在美国，有不同的标准对实验室用水进行规范。如 American Chemical Society（ACS），American Society for Testing and Materials（ASTM），the College of American Pathologists（CAP），the United States Pharmacopeia（USP）等几个组织均制定有针对不同用途、不同实验室的用水质量标准。对于临床实验室用水，美国国家临床实验室标准委员会（National Committee for Clinical Laboratory Standards；NCCLS）自 1976 年提出《临床实验室试剂级水的制备与检测；核准指南；Preparation and Testing of Reagent Water in the Clinical Laboratory；Approved Guideline》草案直到 1980 年正式颁布，它是 NCCLS 为美国临床实验室制定的第一个用水标准。目前的第 3 版 C3-A3 是 NCCLS1997 年颁布的，NCCLSC3·A3 对临床实验室试剂水的制备、分装及储存的材料、规

格、取水、水质检测等都做了非常详尽的说明。

NCCLS 文件中将临床实验室试剂水也分为三级，见附表 4–2。除此之外，在三级水分级的基础上，NCCLS 还为一些特殊的或高灵敏度的分析过程提出了特殊试剂水的要求，如高压液相色谱（HPLC）和染色体分析、细胞培养以及微生物直接荧光检测等。

附表 4–2　NCCLS 临床实验室试剂水规格

名称	一级	二级	三级
微生物含量（CFU/ml）	≤10	≤1000	–
pH 值范围（25°C）	–	–	5.0~8.0
电阻率（Ω·cm，25°C）	10	1.0	0.1
硅酸盐［以（SiO_2）计，mg/L］	≤0.05	≤0.1	≤1.0
微粒物质 *	0.22μm 过滤	–	–
有机污染物 *	活性炭或蒸馏或反渗透	–	–

注：* 是对纯化过程的要求，非用户测定指标；–未作规定。

附录五　常用缓冲溶液的配制方法

一、广范围的缓冲液（pH 值 2.6 ~ 12.0）

配制方法

甲液：6.008g 柠檬酸，3.893g 磷酸二氢钾，1.769g 硼酸和 5.266g 巴比妥酸混合溶于 1000ml 蒸馏水中，上述四种成分在混合液中的浓度均为 0.02875mol / L。

乙液：0.2M 氢氧化钠，8g 氢氧化钠用蒸馏水定容至 1000ml 容量瓶中。

使用时按附表 5–1 分别吸取甲液和乙液混合均匀即可得到相应 pH 值的缓冲液。

附表 5–1　广范围的缓冲液

pH 值	甲液/ml	乙液/ml	pH 值	甲液/ml	乙液/ml
2.6	100	2.0	7.4	100	55.8
2.8	100	4.3	7.6	100	58.6
3.0	100	6.4	7.8	100	61.7
3.2	100	8.3	8.0	100	63.7
3.4	100	10.1	8.2	100	65.6
3.6	100	11.8	8.4	100	67.5
3.8	100	13.7	8.6	100	69.3
4.0	100	15.5	8.8	100	71.0
4.2	100	17.6	9.0	100	72.7
4.4	100	19.9	9.2	100	74.2
4.6	100	22.4	9.4	100	75.9
4.8	100	24.8	9.6	100	77.6
5.0	100	27.1	9.8	100	79.3
5.2	100	29.5	10.0	100	80.8
5.4	100	31.8	10.2	100	82.0
5.6	100	34.4	10.4	100	82.9
5.8	100	36.5	10.6	100	83.9
6.0	100	38.9	10.8	100	84.9
6.2	100	41.2	11.0	100	86.0
6.4	100	43.5	11.2	100	87.7
6.6	100	46.0	11.4	100	88.7
6.8	100	48.3	11.6	100	92.0
7.0	100	50.6	11.8	100	95.0
7.2	100	52.9	12.0	100	99.6

二、磷酸缓冲液（pH 值 5.7～8.0）

配制方法

甲液：0.2M 磷酸二氢钠溶液（$NaH_2PO_4 \cdot 2H_2O$），1000ml 中含有 31.2g。

乙液：0.2M 磷酸二氢钠溶液（$NaH_2PO_4 \cdot 7H_2O$），1000ml 中含有 53.7g。

用时根据所需要的 pH 值，按附表 5-2 分别吸取甲液和乙液，混合均匀即得。

附表 5-2　磷酸缓冲液（0.2M）

pH 值	甲液/ml	乙液/ml	pH 值	甲液/ml	乙液/ml
5.7	93.5	6.5	6.9	45.0	55.0
5.8	92.0	8.0	7.0	39.0	61.0
5.9	90.0	10.0	7.1	33.0	67.0
6.0	87.7	12.3	7.2	28.0	72.0
6.1	85.0	15.0	7.3	23.0	77.0
6.2	81.5	18.5	7.4	19.0	81.0
6.3	77.5	22.5	7.5	16.0	84.0
6.4	73.5	26.5	7.6	13.0	87.0
6.5	68.5	31.5	7.7	10.0	90.0
6.6	62.5	37.5	7.8	8.5	91.5
6.7	56.5	43.5	7.9	7.0	93.0
6.8	51.0	49.5	8.0	5.3	94.7

三、醋酸缓冲液（pH 值 3.6～5.6）

配制方法

甲液：0.2M 醋酸钠溶液，1000ml 中含有 11.15g。

乙液：0.2M 醋酸钠溶液，1000ml 中含有 10.40g。

根据需要的 pH 值，按附表 5-3 分别吸取甲液和乙液，混合均匀即得。

附表 5-3　醋酸缓冲液（0.2M）

pH 值	甲液/ml	乙液/ml	pH 值	甲液/ml	乙液/ml
3.6	92.6	7.4	4.8	40.0	60.0
3.8	88.0	12.0	5.0	29.6	70.4
4.0	82.0	18.0	5.2	21.0	79.0
4.2	73.2	26.4	5.4	17.6	82.4
4.4	61.0	39.0	5.6	9.6	90.4
4.6	51.0	49.0			

四、磷酸氢二钠—柠檬酸缓冲液（pH 值 2.2～8.0）

配制方法

甲液：0.2M 磷酸氢二钠溶液，1000ml 中含 Na_2HPO_4 28.4g 或 $Na_2HPO_4 \cdot 2H_2O$ 61g，或 $Na_2HPO_4 \cdot 7H_2O$ 53.7g。

乙液：0.1M 柠檬酸溶液，1000ml 中含 $C_6H_8O_7 \cdot H_2O$ 21.01g。

使用时根据需要，按附表 5-4 分别吸取甲液和乙液，混合均匀即可得到。

附表 5-4 磷酸氢二钠—柠檬酸缓冲液（0.15M）

pH 值	甲液/ml	乙液/ml	pH 值	甲液/ml	乙液/ml
2.2	2.0	98.0	5.2	53.6	46.4
2.4	6.2	93.8	5.4	55.8	44.2
2.6	10.9	89.1	5.6	58.0	42.0
2.8	15.9	84.1	5.8	60.5	39.5
3.0	20.6	79.4	6.0	63.2	36.8
3.2	24.7	75.3	6.2	66.1	33.9
3.4	28.5	71.5	6.4	69.3	30.7
3.6	32.2	67.8	6.6	72.8	27.2
3.8	35.5	64.5	6.8	77.3	22.7
4.0	38.6	61.4	7.0	82.4	17.6
4.2	41.4	58.6	7.2	87.0	13.0
4.4	44.1	55.9	7.4	90.9	9.1
4.6	46.8	53.2	7.6	93.7	6.3
4.8	49.3	50.7	7.8	95.8	4.2
5.0	51.5	48.5	8.0	97.3	2.7

五、柠檬酸—柠檬酸钠缓冲液（pH 值 3.2～6.6）

配制方法

甲液：0.1M 柠檬酸溶液，1000ml 中含 $C_6H_8O_7 \cdot H_2O$ 21.01g。

乙液：0.1M 柠檬酸钠溶液，1000ml 中含 Na_3 $C_6H_5O_7 \cdot 2H_2O$ 9.078g。

使用时根据需要，按附表 5-5 分别吸取甲液和乙液，混合均匀即可得到。

附表 5-5　柠檬酸—柠檬酸钠缓冲液（0.1M）

pH 值	甲液/ml	乙液/ml	pH 值	甲液/ml	乙液/ml
3.2	86.0	14.0	5.0	41.0	59.0
3.4	80.0	20.0	5.2	36.5	63.5
3.6	74.5	25.5	5.4	32.0	68.0
3.8	70.0	30.0	5.6	27.5	72.5
4.0	65.5	34.5	5.8	23.5	76.5
4.2	61.5	38.5	6.0	19.0	81.0
4.4	57.0	43.0	6.2	14.0	86.0
4.6	51.5	48.5	6.4	10.0	90.0
4.8	46.0	54.0	6.6	7.0	93.0

六、磷酸氢二钠—磷酸二氢钾缓冲液（pH 值 4.92 ~ 9.18）

配制方法

甲液：1 / 15M 醋酸钠溶液，1000ml 中含 $Na_2HPO_4 \cdot 2H_2O$ 11.876g。

乙液：1 / 15M 醋酸钾溶液，1000ml 中含 KH_2PO_4 9.078g。

使用时根据需要，按附表 5-6 数量分别吸取甲液和乙液，混合均匀即可得到。

附表 5-6　磷酸氢二钠—磷酸二氢钾缓冲液

pH 值	甲液/ml	乙液/ml	pH 值	甲液/ml	乙液/ml
4.92	1.00	99.00	7.17	70.00	30.00
5.29	5.00	95.00	7.38	80.00	20.00
5.91	10.00	90.00	7.73	90.00	10.00
6.24	20.00	80.00	8.04	95.00	5.00
6.47	30.00	70.00	8.34	97.50	2.50
6.64	40.00	60.00	8.67	99.00	1.00
6.81	50.00	50.00	9.18	100.00	0
6.98	60.00	40.00			

七、碳酸钠—碳酸氢钠缓冲液（20℃，pH 值 9.16 ~ 10.83；37℃，pH 值 8.77 ~ 10.57）

配制方法

甲液：0.1M 碳酸钠溶液，1000ml 溶液中含 $Na_2CO_2 \cdot 10H_2O$ 28.62g。

乙液：0.1M 碳酸氢钠溶液，1000ml 溶液中含 $NaHCO_3$ 8.40 g。

使用时，根据需要和温度条件，按附表 5-7 数量分别吸取甲液和乙液混合均匀即可得到（注意：Ca^{2+}、Mg^{2+}存在时不得使用）。

附表 5-7　碳酸钠—碳酸氢钠缓冲液（0.1M）

pH 值		甲液/ml	乙液/ml
20℃	37℃		
9.16	8.77	1	9
9.40	9.12	2	8
9.51	9.40	3	7
9.78	9.50	4	6
9.90	9.72	5	5
10.14	9.90	6	4
10.28	10.08	7	3
10.53	10.28	8	2
10.83	10.57	9	1

八、Tris-盐酸缓冲液（25℃，pH 值 7.10～8.90）

配制方法：

甲液：0.1M 三羟甲基氨基甲烷（Tris）溶液，1000ml 溶液中含三羟甲基氨基甲烷 12.1g

乙液：0.1M 盐酸。

附表 5-8 列出了在不同 pH 值时，50ml0.1M 三羟甲基氨基甲烷溶液需要的 0.1M 盐酸的体积（用 X 表示）。使用时根据需要，按表中数值，在 50ml0.1M 三羟甲基氨基甲烷溶液加入 Xml0.1M 盐酸混合均匀后加水至 100ml 即可（三羟甲基氨基甲烷溶液可以从空气中吸收二氧化碳，使用时应该将瓶盖严）。

附表 5-8　Tris-盐酸缓冲液

pH 值	x/ml	pH 值	x/ml
7.10	45.7	8.10	26.2
7.20	44.7	8.20	22.9
7.30	43.4	8.30	19.9
7.40	42.0	8.40	17.2
7.50	40.3	8.50	14.7
7.60	38.5	8.60	12.4
7.70	36.6	8.70	10.3
7.80	34.5	8.80	8.5
7.90	32.0	8.90	7.0
8.00	29.2		

九、Tris- 马来酸缓冲液（pH 值 5.2～8.6）

配制方法

甲液：1000ml 溶液中含 24.2g 三羟甲基氨基甲烷加 23.2g 马来酸或 19.6g 马来酸酐。

乙液：0.2M 氢氧化钠溶液。

使用时，取 25ml 甲液，根据所需要的 pH 值按附表 5-9，吸取乙液混合均匀后加水至 100ml 即可。

附表 5-9　Tris—马来酸缓冲液

pH 值	甲液/ml	乙液/ml	pH 值	甲液/ml	乙液/ml
5.2	25	3.5	7.0	25	24.0
5.4	25	5.4	7.2	25	25.5
5.6	25	7.8	7.4	25	27.0
5.8	25	10.3	7.6	25	29.0
6.0	25	13.0	7.8	25	31.8
6.2	25	15.8	8.0	25	34.5
6.4	25	18.5	8.2	25	37.5
6.6	25	21.3	8.4	25	40.5
6.8	25	22.5	8.6	25	43.3

十、巴比妥钠—盐酸缓冲液（18℃，pH 值 6.8～9.6）

配制方法

甲液：0.04M 巴比妥钠溶液，1000ml 溶液中含巴比妥钠 8.25g。

乙液：0.2M 盐酸。

使用时，按附表 5-10 所列数值吸取甲液和乙液混合均匀即可，一般是取甲溶液 100ml，要求不同 pH 值时，乙液用量不同。

附表 5-10　巴比妥钠—盐酸缓冲液

pH 值	甲液/ml	乙液/ml	pH 值	甲液/ml	乙液/ml
6.8	100	18.4	8.4	100	5.21
7.0	100	17.8	8.6	100	3.82
7.2	100	16.7	8.8	100	2.52
7.4	100	15.3	9.0	100	1.65
7.6	100	13.4	9.2	100	1.13
7.8	100	11.47	9.4	100	0.70
8.0	100	9.39	9.6	100	0.35
8.2	100	7.21			

十一、甘氨酸—盐酸缓冲液（pH 值 2.2～3.6）

配制方法

甲液：0.2M 甘氨酸溶液，1000ml 溶液中含甘氨酸 15.01g。

乙液：0.2M 盐酸。

使用时，按附表 5-11 中所给数值分别吸取甲液和乙液混合均匀后，再加蒸馏水液至 200ml 即可。

附表 5-11　甘氨酸—盐酸缓冲液（0.05M）

pH 值	甲液/ml	乙液/ml	pH 值	甲液/ml	乙液/ml
2.2	50	44.0	3.0	50	11.4
2.4	50	32.4	3.2	50	8.2
2.6	50	24.2	3.4	50	6.4
2.8	50	16.8	3.6	50	5.0

十二、邻苯二甲酸—盐酸缓冲液（pH 值 2.2～3.8）

配制方法

甲液：0.2M 邻苯二甲酸溶液，1000ml 溶液中含邻苯二甲酸 40.85g。

乙液：0.2M 盐酸。

使用时，按附表 5-12 所给数值分别吸取甲液和乙液混合均匀后，再加蒸馏水液至 200ml。

附表 5-12　邻苯二甲酸—盐酸缓冲液（20℃，0.05M）

pH 值	甲液/ml	乙液/ml	pH 值	甲液/ml	乙液/ml
2.2	50	46.70	3.2	50	14.7
2.4	50	39.60	3.4	50	9.90
2.6	50	32.95	3.6	50	5.79
2.8	50	26.42	3.8	50	2.63
3.0	50	20.32			

十三、磷酸二氢钾—氢氧化钠缓冲液（pH 值 5.8～8.0）

配制方法

甲液：0.2M 磷酸二氢钾溶液，每 1000ml 溶液中含磷酸二氢钾 27.22g。

乙液：0.2M 氢氧化钠溶液，每 1000ml 溶液含氢氧化钠 8g。

使用时，按附表 5–13 所给数值分别吸取甲、乙两液，混合均匀后，再加蒸馏水液至 200ml 即可。

附表 5–13　磷酸二氢钾—氢氧化钠缓冲液（20℃，0.05M）

pH 值	甲液/ml	乙液/ml	pPH 值	甲液/ml	乙液/ml
5.8	5	0.372	7.0	5	2.963
6.0	5	0.570	7.2	5	3.500
6.2	5	0.860	7.4	5	3.950
6.4	5	1.260	7.6	5	4.280
6.6	5	1.780	7.8	5	4.520
6.8	5	2.356	8.0	5	4.680

十四、硼酸—硼砂缓冲液（pH 值 7.4～9.0）

配制方法

甲液：0.05M 硼砂溶液，每 1000ml 硼砂溶液中含硼砂（$Na_2B_4O_7 \cdot 10H_2O$）19.07g。

乙液：0.2M 硼酸溶液，每 1000ml 硼酸溶液含硼酸 12.37g。

使用时，按附表 5–14 所给数值分别吸取甲、乙两液，混合均匀后即可。

附表 5–14　硼酸—硼砂缓冲液

pH 值	甲液/ml	乙液/ml	pH 值	甲液/ml	乙液/ml
7.4	10	90	8.2	35	65
7.6	15	85	8.4	45	55
7.8	20	80	8.7	60	40
8.0	30	70	9.0	80	20

十五、硼砂—氢氧化钠缓冲液（pH 值 9.3 ~ 10.1）

配制方法

甲液：0.05M 硼砂溶液，每 1000ml 硼砂溶液中含硼砂（$Na_2B_4O_7 \cdot 10H_2O$）19.07g。

乙液：0.2M 氢氧化钠溶液，每 1000ml 溶液含氢氧化钠 8g。

使用时，按附表 5-15 所给数值分别吸取甲液和乙液混合均匀后，再加蒸馏水液稀释至 200ml。

附表 5-15　硼砂—氢氧化钠缓冲液（0.05M）

pH 值	甲液/ml	乙液/ml	pH 值	甲液/ml	乙液/ml
9.3	50	0.0	9.8	50	24.0
9.4	50	11.0	10.0	50	43.0
9.6	50	23.0	10.1	50	46.0

十六、甘氨酸—氢氧化钠缓冲液（pH 值 8.6 ~ 10.6）

配制方法

甲液：0.2M 甘氨酸溶液，每 1000ml 溶液中含甘氨酸 15.01g。

乙液：0.2M 氢氧化钠溶液，每 1000ml 溶液含氢氧化钠 8g。

使用时，按附表 5-16 所给数值分别吸取甲液和乙液混合均匀后，再加蒸馏水液稀释至 200ml。

附表 5-16　甘氨酸—氢氧化钠缓冲液（0.05M）

pH 值	甲液/ml	乙液/ml	pH 值	甲液/ml	乙液/ml
8.6	50	4.0	9.6	50	22.4
8.8	50	6.0	9.8	50	27.2
9.0	50	8.8	10.0	50	32.0
9.2	50	12.0	10.4	50	38.6
9.4	50	16.8	10.6	50	45.2